从启元到思源

我的德育科研之路

康建军 —— 著

Cong Qiyuan Dao Siyuan

Wo de Deyu Keyan Zhilu

文匯出版社

图书在版编目(CIP)数据

从启元到思源：我的德育科研之路 / 康建军著. —
上海：文汇出版社，2023.1
ISBN 978-7-5496-3933-5

Ⅰ.①从… Ⅱ.①康… Ⅲ.①学校教育-德育-研究
-中国 Ⅳ.①G41

中国版本图书馆 CIP 数据核字(2022)第 228811 号

从启元到思源——我的德育科研之路

作　　者 / 康建军
策划编辑 / 张　涛
责任编辑 / 汪　黎
封面装帧 / 梁业礼

出版发行 / 文汇出版社
　　　　　上海市威海路 755 号　（邮政编码：200041）
经　　销 / 全国新华书店
排　　版 / 南京展望文化发展有限公司
印刷装订 / 上海新文印刷厂有限公司

版　　次 / 2023 年 1 月第 1 版
印　　次 / 2023 年 1 月第 1 次印刷
开　　本 / 787×1092　1/16
字　　数 / 300 千字
印　　张 / 19

ISBN 978-7-5496-3933-5
定　　价 / 66.00 元

·版权所有　侵权必究·

序
Preface

《从启元到思源——我的德育科研之路》是康建军老师长期在基层学校开展学校德育工作研究、实践的心得,是一份德育工作者不断学习、探索和实践的成果,也是康老师带领基层老师开展德育课题研究所积累的成果。

全书分为三个部分:

第一部分"启元",诠释了"德育科研从这里起步"。作者和团队老师们因为学校德育工作的需要,克服了思想上的畏难情绪,开始德育课题研究。在导师的指导与鼓励下,康老师学习用课题引领德育工作,对自己在开展德育工作中所遇到的问题进行思考,在践行与探索中克服了种种困惑,逐步明确了开展德育科研实践是教师自我发展、自我成长的有效途径,也是教师专业发展的必由之路。从起步之时,康老师和团队老师们已决心走上一条科学、思考、科研之路。

第二部分"结缘",介绍了康老师和团队老师们在德育课题研究中是如何学会研究的。每个课题都经历了"申请立项—确立研究目标—明确研究重点与难点—实施践行—破解难题—总结成果—反思再实践"一个个不易的实施过程,充分反映了基层老师在一线参加德育科研坚守的思想与行动,课题研究把老师们眼中的"说"与"做"和谐地融合在一起,进一步明确了德育科学研究需要遵循的规律。通过实践,让一贯害怕搞课题研究的老师们在践行中获得了成果,尝到了德育科研的甜头,这样的鞭策使老师们慢慢与德育科研结下了良缘。

第三部分"思源",康老师和他的团队立足实践,在研究过程中,逐步培植了"反思"的意识,在不断反思教育教学的理念和行为中,及时发现问题,解决困惑,进行自我调整、自我建构。康老师将"自我反思"视为研究长河中的源头,他认为唯有不断"思源",才能反思现状,解决问题,拓展思维空间,在学校德育工作中获得新的提升。

"启元—结缘—思源"三个板块，构成了一个完整的开展德育工作的科研篇章。每个板块前半部分是老师们开展德育科研的收获与感悟，后半部分附录了一个德育科研的实例，为读者提供了学习的范例，在基层学校层面具有一定的辐射和推广意义。

本书反映了康老师立足基层德育工作的实际，通过德育课题研究进一步提升了对学校德育工作价值的认识，明确了基层德育工作者该如何结合学校德育现状及问题开展课题工作，在探索中学会研究，学会反思，以期更好地开展学校德育工作。在"启元""结缘"和"思源"三个板块中，有作者对德育科研的认识，有教师寻找德育科研方法解决问题的实践，有课题组对学校德育科研问题的反思。十多年来，在康老师的主持引领下，《中小学"两纲"教育资源整合的策略研究》《立足校园文化培养中小学生文化自信的实践研究》《社区资源融入社会主义核心价值观教育的实践研究》[①]三个市级德育课题的实践都取得了预期的成果，呈现了康老师倾心于基层学校德育科研的心路历程。

长期以来，基层教师对德育科研有不同程度的畏难情绪，担心能力不够、没有时间等问题，康老师和他的团队长期坚持开展科研实践的实例，一定会打开基层老师的研究视野，增强自信，在学会做德育课题中获得开展学校德育工作的新认识、新方法、新自我！

衷心希望这本书能为正在致力于学校德育工作、提高德育实效的德育工作者带来深刻的思维变革，为新时代学校德育科研带来生动的实践启示。

张蔚芹

2022年7月30日

（张蔚芹，上海市特级教师，上海市特级校长，上海市劳动模范，新中国成立以来上海百位杰出女教师。）

---

① 编者注：因本书中所涉及的绝大部分德育科研课题最终均以论文或报告形式呈现成果，故本书在提及课题名称时均统一加以书名号。

目 录
Contents

Ⓐ 启 元

点睛之处就是标题 …………………………………………… 003

课题名称的拟定是有讲究的 ………………………………… 006

课题选题需要关注什么 ……………………………………… 008

德育科研中的"问题意识" …………………………………… 011

把问题变课题 ………………………………………………… 013

发现研究的问题有多难 ……………………………………… 015

怎样寻找德育科研的真问题 ………………………………… 018

研究的意义怎样确定 ………………………………………… 020

德育科研常用的方法（1） …………………………………… 025

德育科研常用的方法（2） …………………………………… 031

课题的重点与难点 …………………………………………… 034

认识参考文献 ………………………………………………… 037

参考文献怎么写 ……………………………………………… 039

论文摘要如何"摘" …………………………………………… 042

论文摘要的实例 ……………………………………………… 046

开题就是按下课题研究的启动键 …………………………… 050

德育科研报告 实例一

中小学"两纲"教育资源整合的策略研究 …… 053

附件1：整合教育资源落实"两纲"教育现状调查与分析 …… 064

附件2：整合经典文化　落实"两纲"教育 …… 075

附件3：《彩豆画》教学设计 …… 081

附件4：建设班级文化　渗透"两纲"教育 …… 085

Ⓑ 结　缘

课题立项的准备 …… 091

确定好课题研究的思路 …… 093

学会画好研究思路图 …… 097

学会撰写"技术路线" …… 100

研究的课题要有特色 …… 104

力求做到有新意 …… 106

德育课题的申报 …… 108

从一个主题到一个蓝本 …… 111

德育科研需要遵循的环节 …… 113

德育科研这样起步 …… 115

读出文献的味道 …… 117

我们眼中的"说"与"做" …… 119

撰写中的字词句 …… 121

写好课题的中期报告是一种鞭策 …… 123

德育科研报告 实例二

立足校园文化培养中小学生文化自信的实践研究 ………………… 129
附件1：校园文化建设的现状与分析 ………………………………… 144
附件2："阳光学校"文化建设的整体架构和思考 …………………… 155
附件3：自主社团争春艳　文化自信众显才 ………………………… 158
附件4：润物细无声 …………………………………………………… 161
附件5：应天时·讲地利·求人和 …………………………………… 164
附件6：培养学生文化自信的探索与实践 …………………………… 168
附件7：走进家乡的桃园 ……………………………………………… 173
附件8：以豆为媒打造学校特色 ……………………………………… 176

Ⓒ 思　源

这样的写作流程可以尝试 …………………………………………… 183
我们可以这样写 ……………………………………………………… 187
总结与反思不能只挂嘴上 …………………………………………… 191
逼一下是个办法 ……………………………………………………… 193
德育科研需要阅读来积累 …………………………………………… 195
学做小课题研究是个好习惯 ………………………………………… 197
我们该怎样阅读 ……………………………………………………… 199
阅读是个好习惯 ……………………………………………………… 201
学会专业的思考 ……………………………………………………… 204
掌握修改的技巧 ……………………………………………………… 206

不要害怕修改 ·· 208

选择合适的才是最好的 ······································· 211

结题是分享研究的成果 ······································· 213

德育科研报告 实例三

社区资源融入社会主义核心价值观教育的实践研究 ············ 217

附件1：各校利用社区资源开展教育活动现状调查与分析 ········ 236

附件2：整合社区教育资源开展教育活动的策略 ················ 241

附件3：中小学开展社会实践活动的现状调查 ·················· 248

附件4：利用农耕展示馆进行社会主义核心价值观教育的实践思考 ····· 262

附件5：社会主义核心价值观教育与社会实践活动相融合的研究 ····· 268

附件6：以桃为媒　润德无痕 ·································· 273

附件7：校园吉祥物与社会主义核心价值观教育的教育融合点 ···· 278

附件8：在"成长俱乐部"里践行社会主义核心价值观教育活动 ···· 284

附件9：彩豆文化：为了民族精神的弘扬 ······················ 288

附件10：融合乡土资源　培养爱乡情怀 ························ 291

启元

A

德育科研从这里起步

对于科研的感觉,就是"高深""不懂""无关"……

因为工作的需要,开始接触德育科研的相关内容。"试试吧,不用担心!把自己的工作怎么做的,做些思考与研究,形成自己的想法,并去再实践!"引领我们工作的导师们就是这样鼓励的。

做德育课题需要我们脚踏实地,以求取得预期的研究成果。为此,我时刻提醒自己,"厚积"方能"薄发",不断学习,才有"积"的飞跃。

开展德育科研的实践,是我们教师自我发展、自我提升的有效途径,更是教师专业化发展的必由之路。正如"每一棵树都想开花"那样,每一位老师都有实现自身价值的愿望。

教学、思考、科研是一条辛苦但又充满着诗意的路,让我们在这条通往梦想的小路上继续漫步,去领略德育科研道路上不一样的风景……

点睛之处就是标题

从学生时代学习写作开始,老师时常会引导我们,要起好标题。因为,一个好的标题,可以让读者看出该课题是否有创新性、技术方法是否先进、研究目标能否实现。工作后,我们与写作没有分手过。工作汇报需要写作,活动方案需要撰写,课题论文需要起草,常常会为了一个好的标题而烦恼。正是因为经历这么多年的写写改改,对标题有着不一样的理解。

标题,透射着什么信息? 我们是否有这样的阅读方式:先浏览一下文章的标题,然后选择感兴趣的去阅读。这里所说的"兴趣",无非是因这个标题而引发的。其实,不要小看了标题的重要性,它是以最恰当、最简明的词语反映论文或报告中最重要的、具有特定内容的逻辑组合。

新颖独特,即题目要具有新意和创意,要反映出该研究领域的前沿,起点应尽可能高一些,具有独具特色、独树一帜的特点;简练自明,文字简练、概念准确、语意清晰;富于信息,题目的信息量要大,含义深刻;有吸引力,让人难忘。记得在向市少工委申报一项假日小队活动的成果时,开始用的题目是《红领巾温暖着孤寡老人的故事》,几易其稿,就是觉得题目不够亮。几次讨论后,闪出了这样一个题目——《童心映染夕阳暖》,大家都觉得到位了!

标题,如何才能点睛? 一个好的文章标题,当然包括德育科研的标题,应该具有新颖醒目、感染力强、独特具体、坦诚明了、正确清楚、字数适中等六个方面的质量要求标准。

新颖醒目,最好能鲜明地体现创新性,新颖夺眼球,让人有"眼前一亮"的感觉;感染力强,具有召唤力和可信度,让读者第一眼就感兴趣,产生强烈继续阅读的欲望;独特具体,与其他人的题目要有所区别,显示出特色和新颖;坦诚明了,让人直接地知道研究者具体要做什么研究,或研究对象是什么,或拟解决什么问题；正确清楚，避免一长串起修饰作用的名词，让人阅读后不解其意或感觉文题不符。

标题，需要注意什么？ 实践告诉我们，德育科研的标题要注意以下的问题：

不必要的词。这里"词"是指"废词"，如"……的实验""……的观察""……的思考""……的探讨"等。如果我们去掉"实验""观察"或"思考""探讨"等"废词"，会影响我们意思的表达吗？当然不会。

不必要的大。不可过大或过小。过分夸大或过于缩小的命题，都会产生"不切题义，与内容不符"的后果。不要误以为题目越大越显得有分量，其实，好的德育科研课题往往是"以小见大""以小见深"，只要能发现规律就有价值，不在题目的大小。

我们以《中小学文化育人的实践研究》为题申报区级德育课题，在论证时，觉得这个题目不太合适。在商议中，我们都认为需要加上限定，于是确定了《新时代背景下中小学文化育人的实践研究》这一题目，这样研究的内涵更为贴切了。

所以，今后我们在写教育类文章时，可以这样思考标题：

抛出好奇问题＋设置悬念。如何才能勾起读者的探究欲，让读者想要立马点开标题呢？最简单直白的方式，就是抛出好奇问题，让读者感觉到陌生，勾起读者的求知欲望，便能够吸引读者打开文章阅读。比如：《你离特级教师有多远？来和特级教师面对面聊》《新教师与家长沟通有多难？不难不难》。

直接引语＋犀利观点。直接引语就是将通俗易懂的一句话，或者大众普遍关注的一句话放在前面，吸引人点击标题。其后再加一句犀利观点，打破人的认知，或者疑问句，引起读者的好奇心，吸引读者不断往下读。比如：《"教师做科研，真是苦"：苦中作乐》《"请打我一巴掌吧"：一位班主任的请求》。

颠覆认知＋巧用对比。颠覆认知，打破常识，最容易吸引人的关注。如果在一开始就能吸引读者的目光，那么他们在标题上停留的时间就会较长。比如：《完全听孩子的吗？错了！》。

高洞察观点（现象）＋直接引语。对现象的细节观察，其实也是对用户痛点的精准把握。在写这类标题时，要注意落地、具体，并且切合痛点。比如：《班主任的甘与苦，写在孩子们的脸上》。

高热度话题＋犀利观点。高热度话题，一方面可以追热点，将热点内容放在前边，一方面要充分识别痛点，了解大家对什么最关心。比如：《输在起跑线上的不只是你——有感于校外培训机构》。

亮点前置＋陈述惊人事实。撰写标题，一定要把标题里最重要的、最能吸引眼球的、反映最新或本质变动的关键词放在标题的前一部分。比如：《孩子，放弃吧，我们不学了》。

课题名称的拟定是有讲究的

与一般文章的标题不同,德育科研课题名称的拟定更有研究。在选择所要研究的问题时,我们可以先对问题进行粗略的陈述,然后通过查阅文献、系统地加以限制,最后完成一个课题名称的表述。但是,选择了研究的问题并不等于确定了研究的课题,还需要对课题名称做进一步的明确和规范,才能确定研究课题。

概念内涵,需要在课题名称中准确表达。要使课题成为一个有确定含义的具体问题,就要对课题名称中核心概念的内涵和外延加以限定。否则,研究过程中就会出现目标的变更或研究方向的偏移、研究范围的扩大或缩小,甚至概念的混淆。为了准确地表达课题名称,使用一些术语或特定概念是必要的。有的课题名称中用一些特定的概念和术语对研究内容进行限定。例如,《新时代背景下主题式劳动教育的实践研究》《图式理论在主题教育活动中的运用研究》中的"主题式劳动""图式理论"都是特定概念。通过这些特定概念对研究内容进行限定,可以使课题研究具体而明确,便于操作。

逻辑关系,需要在课题名称中清晰揭示。在《通过案例分析促进班主任专业水平的提升》《以问题成因促进学生健康品德的发展》这两个课题中,前半部分表现手段,是自变量,后半部分是目的,是因变量。在表述有关研究问题和整体研究方向的具体信息时,课题名称中涉及的自变量与因变量的逻辑关系一定要表述清楚。自变量是研究者掌握并主动操作,能够促使研究对象发生变化的变量,在教育研究过程中具体表现为研究人员所采用的改革措施。因变量是自变量的变化引起的研究对象在行为或有关因素特征方面相应变化的变量。

结构模式,需要在课题名称中完整呈现。一个合理的课题名称应该能够反映出研究问题的最主要信息。这些信息包括:研究对象、研究内容、研究方法、研究手段、研究目标、研究背景等。当然,一个名称里要反映出所有这些信息不太现实，但应该侧重最想突出、最应该突出的内容。因此，上述信息之间可以根据需要进行组合，由此形成课题名称表述的不同模式。一般情况下，课题名称表明课题的研究对象、研究内容和研究方法。例如《初中生校外劳动教育的行动研究》，研究对象是初中生，研究内容是校外劳动教育，研究方法是行动研究。又如《九年一贯制学生就近入学情况的调查研究》，研究对象是九年一贯制学生，研究内容是就近入学情况，研究方法是调查研究。

当然，还有一些其他模式，比如"理论依据＋研究目的＋研究方法""理论依据＋具体手段＋研究目的""理论依据＋研究对象＋研究内容""研究对象＋具体做法＋研究目标""研究背景＋研究对象＋研究内容"等。

在实践中，我们可以尝试着这样来进行德育科研的选题，即提出问题、查阅文献、建立假说、确定选题、选题论证。

提出问题。提出问题是进行德育科研的起点，是开展德育科研成败的关键。只有提得出问题，才有可能选好题，才能有所创新。

查阅文献。提出问题，属于科研意念，只是一个粗浅和局限的认识，是否具有创新性，前人或其他人是否曾做过研究？必须通过查询文献来解决。查阅文献时要注意发现学科领域的空白点与薄弱环节，留意作者是否建立工作假说，采取什么类型的试验设计和技术路线，有无值得借鉴之处，实验数据和结论能否支持假说。整理分析出目前存在的关键问题，解决问题的方法和前景，寻找解决问题的正反两方面的支持证据。根据文献提供的信息建立和完善选题的工作假说。

建立假说。假说是指科学的猜测或设想，是关于事物因果性的一种假定性的解释，是依据一定科学原理和事实，对亟待解决的问题提出猜测性、尝试性方案的说明方式。

确定选题。在题目中要标明研究因素、受试对象及研究工作的性质与特点。在题目中要能够含蓄地体现出假说的内容。对研究结果的预测要加以限定，说话要留有一定的余地。

选题论证。目的性论证，论证课题的目的是否为了适应社会和科技发展的需要；根据性论证，论证课题是否具有一定的科学事实和科学理论依据；创造性论证，论证课题在理论和方法上是否具有先进性、新颖性和突破性；条件性论证，论证完成课题的主客观条件是否具备；实用性论证，论证课题所取得的成果是否实用。

课题选题需要关注什么

选题是指经过选择来确定所要研究的中心问题。选题包括两方面含义,一是确定科学研究的方向,二是选择进行研究的问题。选择和确定研究课题是进行科学研究的第一步,并且是关键性的一步,它不仅决定研究者现在和今后科研工作的主攻方向、目标与内容,而且在一定程度上规定了科学研究应采取的方法与途径。课题选题需要关注什么?把自己近三年的前期成果拿出来仔细看看,这一点很重要。如果前期成果刚好是围绕着某一问题来谈的,而这些问题现在自己依然非常关注,感兴趣,那么,就在这里确定题目。这样做的好处是:比较熟悉的领域,有前期成果支撑。

关注自己的前期成果。如果有前期成果——去知网检索一下,看看自己前期成果方面最近学界研究的情况。建议只检索"核心期刊",看看该领域的牛人都是怎么说的,主要观点是什么,研究进展如何。一般把选题的关键词检索之后,核心期刊数量少于20,或者多于1 000的,这个选题我就不做了。太少,缺乏文献材料支撑,研究起来会非常吃力;太多呢,基本你能想到的别人都研究得差不多了,想突破很难。换句话说,这里我想强调的是选题一定要在已有文献的了解基础上来选。

如果没有前期成果——就在自己专业领域内选择最感兴趣的、有把握做好的方向上做。

关注自己的目前问题。我的德育科研实践告诉我:课题选题应关注这样的一些关键词,比如大小适中、立足实际、力求创新。

大小适中,指课题研究的内容与范围,而不是指课题研究的价值。

第一,选题是否适合我们教师,就是教师选择的课题的大小是自己能够把握的。对于刚刚踏上教学科研之路的教师,我们的建议是从小课题做起。

第二,选题是否适合研究领域,所选题目在整个研究领域是中观层面的研究,因为微观层面的选题价值有限,宏观层面的选题设计不容易做出来。

立足实际。从研究目的的角度来看,教师课题研究的目的是解决教育教学实践中的问题,包括自己教育教学实践中所面临的个别问题和广大教师在教育教学实践中所面临的共同问题。从研究资源优势角度来看,教师的课题研究拥有教育教学实践的优势资源。从研究的可行性角度看,教师对教育教学实践问题比较容易把握,且可以在自己的教育教学中展开研究。

力求创新。任何一个课题的研究都应该为这个专业、这个领域带来一些新的东西。这里的"新"指的是新的、真实的问题,而不是新名词,切忌跟风。创新课题研究的前提条件是不能涉及道德层面与法律制度不允许的论题。

第一,已有一定研究还须进一步研究的问题。

第二,人类尚未充分认识的问题。

第三,材料新+理论新+视角新。

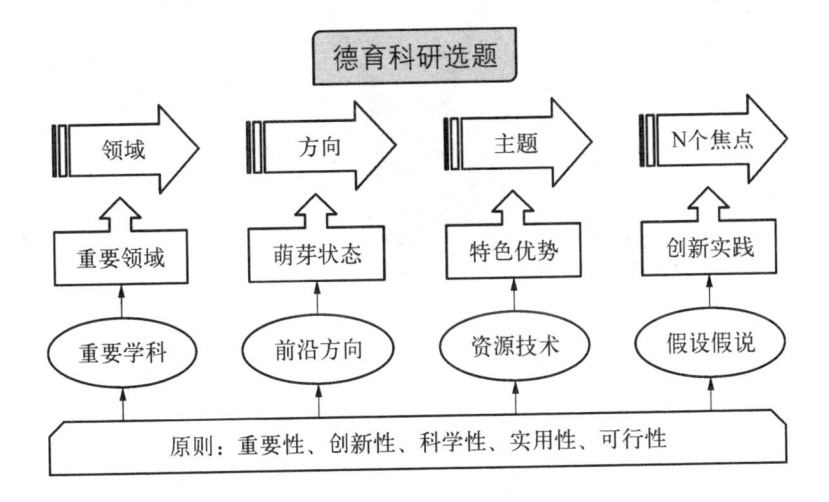

```
                          ┌──────────────┐
                          │  德育科研选题  │
                          └──────────────┘

    ⇨ 领域        ⇨ 方向        ⇨ 主题        ⇨ N个焦点

      ↑             ↑             ↑             ↑
   ┌──────┐     ┌──────┐     ┌──────┐     ┌──────┐
   │重要领域│     │萌芽状态│     │特色优势│     │创新实践│
   └──────┘     └──────┘     └──────┘     └──────┘
      ↑             ↑             ↑             ↑
   (重要学科)    (前沿方向)    (资源技术)    (假设假说)

   ┌────────────────────────────────────────────────┐
   │ 原则:重要性、创新性、科学性、实用性、可行性     │
   └────────────────────────────────────────────────┘
```

关注自己擅长的方式。在进行德育科研选题时,我们更应关注自己比较擅长的研究方式或方法,这样便于我们从选定的所要研究的问题中,获取预期的研究成果。

思辨选题法。运用思辨分析求变、求异,从老论题、旧论题中多角度地开发选题,通过多角度的思辨从不同的侧面、不同的方法去考查、分析选题,在老论题、旧论题上有所发现,有所突破。

逆向选题法。摆脱思维定式禁锢、打破常规式影响,转到方向相背或相去甚远的方面选题。要具有逆向思维、发散思维和求异意识,积极寻找那些被人们忽视的领域和问题。

延伸选题法。对已有论题的延续和扩展,通过借鉴、参考他人研究思路和原创成果,进一步开拓选题的内涵与外延。

在选题时,有一个在"宽度"和"深度"之间权衡的问题,建议是"口子"小一些但挖掘得深一点!这一问题看似简单,实则不然。"口子"太大,涉及的领域太宽,既受时间限制,也受自身研究经验和学术能力有限的制约。"口子"太小,则弹性空间有限,却很难展开。

德育科研选题了解什么

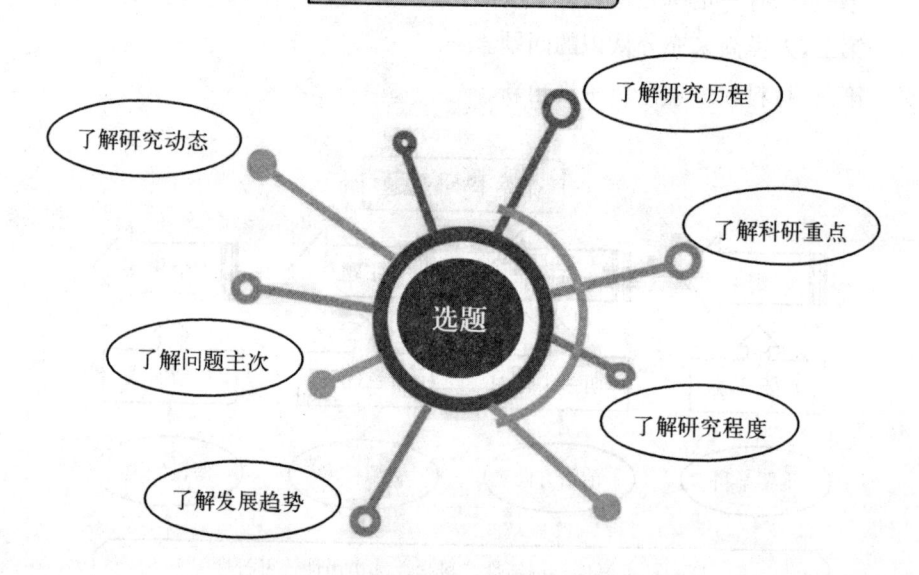

选题
- 了解研究历程
- 了解研究动态
- 了解科研重点
- 了解问题主次
- 了解研究程度
- 了解发展趋势

德育科研中的"问题意识"

德育科研，是要解决实践中的某一问题，那么问题哪里来？如何树立科学的"问题意识"？都需要我们在德育科研中进行思考。如果我们提不出真正的德育工作问题，就不会有真正的思考和研究。

什么是问题意识？ 我们可以这样认为，主体在进行认识活动时，通过对认识对象的深刻洞察、怀疑、批判等多种方式，产生了认知冲突，经过深入思考后仍然困惑不解时，出现的一种具有探索情景的真实问题或想做出发现式创新的心理状态。

问题意识的含义。 "问题意识"的实质是"理论意识"，经验可以成为理论的一部分，但经验不等于理论。"问题意识"与"方法论意识"相辅相成，但形成什么样的"问题意识"并配之以什么样的"方法论意识"，却差别巨大。"问题意识"最终是要发现问题，并为这些问题寻求合理的解决之道。其实，有些人并不具备发现真正问题的思维水平，更不具备解决实际问题的能力，赶时髦，追时尚，人云亦云，乱找问题，乱提问题，把"问题意识"理解成挑毛病、找缺点，无限扩大问题的负面，结果是满眼问题、一团漆黑。

在我们的德育研究中，"问题意识"的薄弱主要表现为以下两种形式：一是不敢或不愿提出问题，二是不能或不善于提出问题。

当然，我们没有"问题意识"，就不可能做出德育科研的成果。我们应该不带任何成见、任何预设，而是带着欣赏的眼光去大量阅读、接触原始材料，在欣赏的过程中发现问题，在培育情怀的过程中超越问题。面对自己的德育实践，我们必须关注现实，发现问题，解决问题。

事实上，并非所有的问题都具有解决的价值或当前必须解决的必要，并非所有的"空白"都要花大力气去填补。从原始资料中发现问题，从实践中感受问题,这样得到的问题才具有持续性和永恒性,而不至于是伪问题和假问题。有了问题意识,才会促使我们对未知的事物进行探索,对已知的事物求真求实。

树立合理的问题意识。"究天人之际,通古今之变。"带着深切的人文关怀去研究,这才是学术的最高境界。适当淡化对问题意识的追求,并非是抛弃"问题意识",而是对"问题意识"的调整。归根结底,并非什么人都具有"问题意识",更不是什么人都具有解决问题的能力,妄称"我解决了这个问题",只能是自我欣赏、自欺欺人罢了,各人应各自发挥所长,踏踏实实做事,脱离幼稚和浮躁。

我们都要做有心人,炼就一双"火眼金睛",善于从纷繁复杂的教育教学中发现问题,然后围绕问题去学习理论,再进行筛选,建立起有价值的研究课题,开展研究,并进行反思总结、形成规律、上升到理论。

把问题变课题

有了敏锐的问题意识,接下来需要我们把问题变成课题。在我们的教育实践中,每天都会出现大量的问题。对于这些问题,有些是需要通过专门研究或专业人员参与才可回答或解决的,有些则可以随着时间推移而自我发展和自我解决的。

问题的来源。要做好德育科研,选择一个好的、有意义的和有价值的问题是至关重要的。

记得刚开始做德育课题时,真的是为了做课题而想一个问题。没有去思考,为什么要做这样的德育课题。其实,在实践之后才明白,课题来源于直接经验或是间接经验,而这两种来源并无优劣之分。

事实上,问题的来源最终是直接经验。就我们的德育研究而言,有关课堂教学、学生学习和师生交往等教与学的存在就是典型的直接经验。从我们的职业特点出发,应该尽量去选择那些与自己日常的教育教学工作紧密相关的议题。这些议题对我们教师而言,就是鲜活的直接经验。

有了可靠的值得研究的问题,能够清晰地用语言表达出来也至关重要。一般而言,课题或论文名称在表达上首先要简洁。为此,要尽可能地用最简单的句式和最少的字。假如研究对象是 W 的话,常见的句式可以是:W 是什么?为什么是 W?如何成为(或改革、变革)W?影响 W 的因素有哪些?其次,名称的表达要力求准确。准确的要求是指不能让读者产生歧义或疑问。最后,名称一定要使读者感受到清晰的问题。

问题的分类。可以按照某种规则将所研究的问题予以归类。这样做的好处是便于为不同类别的研究课题确定适合的研究方法或是结构。在我们的德育课题研究中,常见以下四种类型。

第一,描述型研究。这类研究旨在通过描述、归纳等手段和方式来揭示德育过程中的未知现象。与其他类型的研究相比,描述型研究是研究中最基本的也是初学者入门的研究类型。描述型研究的关键特征是其所揭示或归纳的结论或发现必须是前人未曾完成或留有研究不足或缺陷的。其本质是有关教育教学现象"是什么"或"怎么样"。

第二,预测型研究。这类研究旨在对某教育现象在未来某一时间点或时段的状态予以预测。预测的前提和基础是依据该教育现象在当前或之前某一时段的表现状态或基本信息。预测型研究的关键特征是基于当前看未来,其所给出的结论在当前是没法验证或判断的。其本质是有关教育教学现象未来"会怎样"或"成为怎样"。

第三,改进型研究。这类研究旨在通过寻找和发现那些阻碍或促进某教育教学现象存在或发展变化的影响因素并最终给出改进性的建议或方案。改进型研究的关键特征是寻找影响因素并在此基础上有针对性地给出解决方案或政策建议。其本质是有关教育教学现象"怎么做"或"如何做"。

第四,解释型研究。这类研究重在对教育教学现象的产生、发展和变化规律予以总结、概括或归纳。其关键特征是揭示出抽象的规律或对现象予以概念化的命名以便人们能够更为准确地认识和理解。其本质是有关教育教学现象"为什么"或"为何这样"。

发现研究的问题有多难

古希腊哲学家亚里士多德认为：不同重量的物体，从高处下降的速度与重量成正比，重的一定较轻的先落地。这个结论到伽利略时期，差不多误导了人们近2 000年，并且从未有人公开怀疑过。伽利略经过再三的思辨分析，发现这是错误的，于是他大胆地向被尊为圣人的亚里士多德的观点进行了挑战，并且通过比萨斜塔实验，向人们证明了自己观点的正确性。

进行德育科研同样如此。选题的关键在于选择有价值的问题，没有问题，就没有研究；没有真问题，就没有真研究。要解决问题，首先需要发现问题。

你能发现问题吗？ 在我们的教育实践中，有些人不仅看不起身边那些"显而易见"的小问题，而且又不愿意发现和探讨那些大问题，高不成低不就。也有些人，本来发现了前人的错误，但是缺乏自信，不敢挑战权威，不敢质疑，以致错过了可贵的发现。作为一名德育工作者，我们要对进入头脑中的事物和现象进行"为什么"的思考和追问，思考其存在的合理性，追问其所以然。因此，我们在日常生活和教育教学实践中时刻存有问题意识，便可从中发现有价值的问题，进而形成课题。

第一，对问题的关注度。对问题的关注是指头脑中几乎时刻有留意问题的心理准备。这种心理准备表现为，遇到事情时会有"这里可能存在值得研究的问题"的想法，把注意力集中在可能出现的问题上。对问题的关注表现为两种状态。一种是对问题的模糊关注，即不知道是什么问题，但能够意识到问题存在的可能性。第二种是对问题的明确关注，这种状态下，人对某一问题已经清晰明确，能够带着这一问题去看待其他相关的事物或材料。

第二，对问题的敏感性。一旦出现有价值的问题，能够迅速地感知到它的存在。对问题的敏感，又表现为两个层面：一是迅速地感知问题的存在，二是迅速地判断问题的价值。

你会把握来源吗？把握问题的来源，从中发现问题，提出问题，进而就可以确立课题。从不同的角度看，问题源有不同的来路。

问题在教材使用中。教材是教师接触最多、最为熟悉的教学工具之一，对教材的研究和使用是必做的工作，因此也应该最能够从中发现问题、提出问题。比如，教材分析中存在的问题，这类问题可以多元理解，自圆其说；教材使用中存在的问题，这类问题可以提出策略以改进之。

问题在教学设计中。教学设计是课堂教学的前提，教学设计的质量在一定程度上决定了课堂教学的质量。比如，如何进行学情分析，如何进行教学环节的设置，如何选择使用教学方法，如何进行板书设计，如何进行作业设计，如何进行教学设计的创新，都值得不断探讨。

问题在课堂教学中。问题就存在于课堂教学过程之中，比如，课堂教学实施与教学设计之间总会有差距，差距在哪里，为什么会产生这样的差距，如何改变它？课堂教学实施过程中总会出现一些意想不到的事件，为什么会出现这样的事件，原因是什么，应该怎样预防或应对？

问题在学生教育中。这里的学生教育是广义上的，不仅指学生学科教育中的知识传授、能力培养，也指对学生学科教学之外的教育改变和管理。比如如何改变学业成绩落后的学生，如何管理不遵守纪律的学生，如何教育屡教不改的学生，如何树立良好的班风，如何搞好班级管理活动，等等。

问题在教学反思中。我们在教育教学之后的反思中，发现其中存在的问题，或者值得总结提炼的经验，对问题的反思和对经验的提升同样可以成为研究的对象，成为研究的题目。

思维转向发现问题。常规思维往往不太容易看出问题，只有调整思维的方向，才可能从熟悉的事物中发现原来看不到的问题。在选择课题时，多运用发散思维、逆向思维、质疑思维等思维方式，有助于发现问题。

视角转换发现问题。转换视角就是把事物放到一个更大的或新的参照系中进行思考。转换视角就是更换参照系统，进行换位思维。比如，在很多研究中，教师一般是作为教育教学的主体出现的，现在转换一下视角，把教师看作课程资源，研究"作为课题资源的教师""教师课程资源的开发与利用"等课题，这就与以往的研究有些不同了。

学科交叉发现问题。从学科交叉的角度思考看待事物,往往能够发现一些新的、有价值的问题,这就为寻找和发现新的问题提供了可能的空间。学科交叉型问题在两个学科的交叉处,需要同时兼顾两个学科的内容才能够寻找到。因此,需要我们在本学科之外,多学习其他学科的知识,以便在学科交叉中发现问题。

两相比较发现问题。对事物进行比较可以更加清楚地看清事物的本质。在比较中,往往可以发现有价值的问题。比较有异同比较、纵横比较等不同的方式,可以运用这些比较方式提出问题。通过异同比较、纵横比较等,可以发现一些有价值的问题。

专题聚焦发现问题。当把具有相似性质的事物归为一类时,就会发现它们之间的很多共同之处,这时就可以从中提炼概括出一些具有普遍性的东西,问题就隐藏其中,这些共同的东西是什么呢?怎样才能把它们提炼出来呢?于是,问题就产生了。

理论运用发现问题。当把理论运用于具体的教育教学实践时,会产生理论运用上的问题。比如,该理论是否能够运用到教学中?适切性怎样?会遇到哪些困难?如何解决这些问题呢?问题就这样伴随着理论运用而产生。选择其中有价值的、需要迫切解决的,就可以生成课题了。

怎样寻找德育科研的真问题

困惑是我们探索世界的第一动力,没有问题的研究是没有灵魂的研究,基本属于无病呻吟。在发现问题之后,还要对问题进行筛选,辨析问题与问题域、真问题与假问题。

问题与问题域。我们在德育科研中,除了存在对"问题"缺乏认识之外,还存在的问题是没有区分"问题"与"问题域",往往把"问题域"当作"问题"来看待。"问题域"是指提问的范围、问题之间的内在关系和逻辑可能性空间。当我们把问题域作为一个研究课题时,往往会出现研究指向不明、研究范围宽泛、研究无法完成的情况。因此,需要区分问题与问题域,把问题域中的具体问题作为选题的对象、作为研究的对象。

我们可以思考:下面哪些是问题域,哪些是问题?
- 校本德育资源的研究
- 校本德育资源家乡特产图片的研究
- 校本德育资源图文配合的研究
- 校本德育资源家乡特产图片的错误研究
- 校本德育资源家乡特产图片在德育活动中的运用研究
- 校本德育资源家乡特产图片对学生爱国情怀的影响研究

"校本德育资源""校本德育资源中的家乡特产图片"只是"研究材料",而不是"研究对象",构不成事物之间的矛盾和因果关系,因此前两个不是问题,是问题域。"校本德育资源图文配合研究"关注的是图片与文字是否相配的关系问题,它可以简单回答为配合得好或不好,是一个问题,而不是问题域。后面的三个也是问题,而非问题域。

可见,判断一个题目是问题还是问题域,可以简单地看它是否可以转化为问句的形式,看它能否给予简单的回答;如果可以转化为疑问句的形式,而且可以给予简单的回答(真正的回答要等研究之后才能给出),那么基本可以判断是一个问题。

真问题与假问题。如何来判断一个问题是真问题还是假问题呢?

第一,是否客观真实的存在。真问题是客观真实的存在,不是虚无的、主观臆想出来的。真问题是符合事实的问题,能够揭示事物真相的问题;假问题则可能是主观臆想出来的,缺乏存在的根据。

第二,是否揭示事物之间的真实矛盾、因果关系。判断一个问题是真问题还是假问题,不在于这个问题是否有人研究过,或者是否从某个角度研究过,关键要看它是否揭示事物之间的真实矛盾、因果关系。真问题揭示事物之间的真实矛盾、因果关系,假问题则不能。真问题涉及多个变量,而不是一个变量;假问题则不是。

第三,是否具有可探讨的答案。可探讨的答案是指根据问题可以得出一个结论,而不是一个不能被肯定、也不能被否定的结果。真问题一般具有一个可探讨的答案,但目前尚没有得出这个答案,需要探讨;假问题没有可探讨的答案,也无法探讨。

第四,是否具有可解决性。可解决性是通过一定的努力,这个问题会得到解决,可以获得问题的答案。具有可探讨的答案,指向问题研究的结果;可解决性,指向问题研究的过程。真问题必须具有利用相关手段和资料解决的可能性,假问题则没有解决的可能性。可解决性,不是说它一定解决,不解决就没有价值。很多重大的问题是猜想,自己解决不了,而且也不知道能不能解决,这个猜想本身对于科学进步有重大意义,有时比解决一个问题更有意义。

研究的意义怎样确定

在做德育科研课题时,经常会与"本课题国内外研究""理论意义与实践意义""研究内容"等碰面,如何与它们相处?如何呈现自己课题的内涵?这是需要我们思考的。

本课题国内外研究现状述评。国内外研究现状的述评是衡量我们学术水平的一个重要方面。如果我们不能把握前人的研究成果,又怎么能谈得上超越呢?因此,对课题国内外研究现状的述评要翔实、全面、充分,并做适当的归类,同时提出我们对本课题独特的视角或选题的价值所在。我们要从研究现状中找出不足,找到问题,最后落在问题上,或补充或纠正前人的结论,或形成对立的观点,或找出困惑。

在资料分析上,我们要找同类研究中的优秀论著(专著、论文),要找前沿的理论研究或实践,分析资料时要注意:真实性——资料要准确,尽可能找到一手的资料;全面性——不能仅凭一两篇文章就下结论;针对性——不要把与本题不相关的资料也罗列出来;实效性——要以当前近期的资料为准,不要用过时的资料,要找到最新的观点。

对研究成果的表述要准确,重要人物与代表作,一定要点出来。千万不要去贬低前人或别人的东西,如填补空白之类,也不要对别人的成果评价过低。

为了写好研究述评,最好的办法是上网检索中国期刊网,查阅所有能看到的论文,还要在图书馆或其他途径找同类的专著来看,这样写出的述评就比较好。

下列问题是我们在做德育科研课题时都容易犯的:

对国内外研究现状几乎没有述评;不是述评前人的研究状况,而是介绍有关名词概念(恰恰这是同行专家所熟知的);述评前人研究状况时过于笼统,没有实质性研究,或仅罗列了某些书,没有阐述其观点与课题主持人的观点有何不同,从而体现其研究的重要性;不是述评国内外研究现状,而是以自己的观点替代之。

例1

《语文实践活动对学生学习兴趣的激发》中的国内外研究现状

《语文课程标准》在教学建议中指出:"在教学中努力体现语文的实践性和综合性。沟通课堂内外,充分利用学校和社区等教育资源,开展综合性学习活动,拓宽学生的学习空间,增加学生语文实践的机会。"可见开展语文实践活动的重要性,语文实践活动是语文教学的扩展和延伸,能提高学生综合运用语文知识的能力、让学生的听说读写能力得到整体的发展,这正是我们学语文的最终目的。

多年来,语文课程在改革的进程中确实取得了长足的发展,但本人在几年的语文教学中仍然存在着很多疑惑和担忧:

一、没有真正转变落后的教育观念

目前实施的九年制义务教育,本应是全面发展的素质教育。但我县实行了教师工资二次分配、考绩末位淘汰制,分数已不再是学生的命根,而成了教师的命根。为了保住自己的饭碗,应试教育在教师头脑中已根深蒂固,考什么就教什么,怎么考就怎么教,目标瞄准能直接得分的,而忽视了语文实践活动的实践性,忽视了学生在实践中的能力,也就影响了语文阅读能力与写作能力,由此可见这样的教学背离了素质教育的轨道,学生丧失了实践的机会。我认为这是语文实践活动开展不足的最重要原因。

二、对课标的认识和教材的把握不够

由于传统教学在教师心中已根深蒂固,他们已习惯于传统语文教学,将精力集中在课堂上,认为语文实践活动浪费教师精力,耗费教学时间,影响教学质量等,使语文活动无一方天地。同时,有的教师对新课标不甚了解,对新教材把握不够,导致语文教学活动得不到正常开展。

三、多方面评价学生未能真正实施

国家教育主管部门虽然推行多元化评价体系,但在实际操作过程中对教师、对学生仍然是一把尺子,以学生卷面上的分数作为评价教师与学生的有效依据,并且也仅凭语文中招、高招的一张试卷决定学生的命运,语文考试也仅仅限于笔试方式,使学生语文活动中的参与能力得不到真实的评价,尽管在考试中设计了个别试题,但最终还是体现在学生的书面表达能力上,对学生语文活动能力没有本质帮助。于是,在一切为了考分的应试教育影响下,教师自然而然地忽视了语文实践活动。

我们认为除了上述原因外,各地各校或多或少都受到了安全第一(教师宁可让学生待在教室,也不让学生走出户外,担心户外发生安全事故)、经费紧张、场地紧张、器材不配套等因素的影响,在一定程度上也影响了语文实践活动的开展。

本课题研究的理论意义与实践意义。这就是要求我们回答清楚:为什么要做这个课题?实际上是考量这个选题的学术价值或应用价值,也就是理论意义或实践意义。我们最好侧重于具体问题来谈,预期价值体现在理论创新或实际价值之上,一般来说,联系实际就有价值,切忌大而空的毛病。建议:问题最好是从自身出发,即问题说明是来自实际工作当中,是自己的困惑,也是社会上目前没有解决好的问题。要用数字说话,可以是自己前期的调查数据,也可以借用别人的。

下列问题是我们在做德育科研课题时都容易犯的:

对课题意义强调过分、过高。据一些统计资料显示,一般没选中的项目中,有 1/5 都强调诸如填补空白、在国内独创等;意义过于宏观,究竟有什么意义,看不出来;意义过于庞杂,仅意义一项就写了六七百字。

例 2

《语文实践活动对学生学习兴趣的激发》中的研究意义与研究价值

语文实践活动过程是一种新的学习方式,它重在学习过程,重在激发学生的创新潜能,能较好地整合知识和能力并运用于实践。

> 所谓语文综合实践活动是指学生自主、合作、探究为学习方式；以语文课程与其他课程相沟通，书本学习与社会实践相结合的语文实践活动为主体活动；体现听说读写能力与情感态度、价值观的协调发展和语文素养的整体提高的学生自主学习过程。
>
> 第一是体现了活动课开放性的特点。引导学生走出校门，走向社会，走向大自然，使学生开阔眼界，增长知识。
>
> 第二是体现了全面提高学生素质教育的精神。社会实践活动课把对学生的思想品德素质、文化知识素质、身体心理素质教育融为一体，有助于增强课程育人的整体功能，有利于全面落实义务教育的培养目标。
>
> 第三是有利于提高学生的动手动脑能力，有助于学生个性健康发展。社会实践是学生教育的重要环节，为促进学生了解社会、了解国情、增长才干、奉献社会等提供了有效途径。
>
> 另外，在评价体系中，语文实践活动应树立重视过程而不仅是结果的评价体系。过去的语文课堂教学看重的是结果——分数，师生都满足于贴上标签，习惯于问题的简单定论，语文实践活动强调自主、合作、探究，所以，考虑的是学生思维是否有发展；智力是否有提高；能力是否有增强；知识是否更全面，我们在评价学生语文实践活动成否时就要改变其评价方式，应强调其过程，只要学生在其中能付出辛苦，能锻炼其能力，训练发展其思维，有一定创造性，我们就应该认为该生有所得，这种评价体系就突出了发展，学生们在学习中会拥有自信，充分认识到自己的不足与长处，就会在不同方面取得长足进步，语文实践活动也就实现了其目的。

本课题研究的主要内容。这里需要我们回答：研究什么问题？主要内容就是研究框架，像一本书一样，主要章节是什么，但不能列得太细。

先把概念交代清楚，研究的主要问题是什么，要具体确切。研究内容观点新颖，有创新性，且注意重点突出，详略得当，或分为几大部分，或分为几大主题进行论述，最好不要搞成一本书的框架。关键在于通过主要内容体现申请者的主要观点。

有时,我们可以附一个详细提纲,但一定要避免写成教科书的提纲。要把申请者的创新点写出来,如用黑体字区别开来,使人一眼就能看出,突出闪光的文字。

下列问题是我们在做德育科研课题时都应注意的:

主要观点不能缺位,不能以研究思路和方法代替观点;主要观点要鲜明,不能一般论述,要有吸引人眼球的地方;研究内容不能过于庞大,不能淹没主要观点,根本无法表达。

总之,最重要的是从哪个角度切入,在前期研究的基础上提出申请者自己的观点。如自己有前期研究,最好能从主要内容和观点上挑出来写进课题论证中。

例3

《语文实践活动对学生学习兴趣的激发》中的研究内容

1. 如何有效地开展语文综合实践活动?
2. 如何建设和使用语文综合实践活动的校本教材?
3. 如何在语文综合实践活动中体现语文的人文性与工具性统一的特点?
4. 如何全面提升学生的语文素养?

德育科研常用的方法(1)

德育科研常用的研究方法有文献研究法、教育观察法、经验总结法、个案研究法、行动研究法、实验研究法、历史研究法、调查研究法、比较研究法、叙事研究法等。在德育科研的实践中,需要我们灵活并准确把握每种研究方法的概念、特征、步骤、方法。

文献研究法

概念特征:主要指围绕某个教育问题,搜集、鉴别、整理相关文献,并通过对文献的阅读与研究,形成对教育问题及其事实的科学认识的方法。

主要渠道:书籍;报刊;档案(含文件);非文字资料(图片、音像、实物、歌曲等);网络数据库,如中国国家图书馆:http://opac.nlc.gov.cn;中国期刊网:http://www.cnki.net。

查阅核心:代表著作和论文;研究问题的程度和主要观点;存在的不足或有待进一步研究的问题。

成果形式:文献综述、研究述评或研究背景等。

教育观察法

教育观察法,是我们研究者在比较自然的条件下,通过感官或借助于一定的科学仪器,在一定时间、一定空间内进行的有目的、有计划的考察并描述教育现象的方法。其特点是目的明确、真实自然、直接翔实。根据不同的标准,教育观察法可以划分为不同的类别。教育观察法在教育科学研究中起着十分重要的作用,具有自身优点,如简单易行,但也存在局限性。不同类型的教育观察法所需的设计有不同特点,但下列步骤是共同的:明确观察目的和内容;大略调查和试探性观察;选择观察方法;编制观察记录表。

成果形式主要有观察日记、观察笔记、观察报告。

个案研究法

个案研究法就是对单一的研究对象进行深入而具体研究的方法。主要特征是对单一的研究对象(可以是个人或者团体机构)进行深入而具体研究的一种方法,又称"解剖麻雀法"和"个案追踪法",其特征是个案的典型性、深入性、全面性。

观察或追踪一个人、几个人、一个团体、一节课……的过程,时间可长可短,依需要而定,进行分析概括,透过现象看本质,得出规律性的结论,找出解决问题的办法。(个案研究的对象少,研究规模也较小;同时个案研究一般都是在没有控制的自然状态中进行的,也不要在一段时间内突击完成。所以,个案研究就特别适合教师的研究。教师可以抓住一两个典型的学生或一类学生,结合教学、教育工作实践进行研究。对于每一个教育实践工作者来说,总可以在班上找到研究对象,而且也不需要什么特殊的处理,不影响正常的教育活动。)

经验总结法

经验总结法是指通过调查、总结、归纳、解决问题的经验和教训,揭示教育现象的本质及规律的一种研究方法。其特征是经验的新颖性、普遍性、实践性、发展性、实用性。

我们可以按这样的基本步骤进行,确立总结对象、搜集相关材料、现场相关调查、分析关键资料、撰写总结报告。

叙事研究法

叙事研究法是指通过描述和分析有意义的教学事件、师生生活和教育教学实践经验,来发掘或揭示内隐于日常工作、事件和行为背后的意义、思想或理念,从中发现教育问题,探究教育思想,揭示教育活动特点和规律的一种方法。

最明显的特点是,以"故事"为研究载体,以叙事为主要研究途径,采用口述、现场记录、日记、开放式访谈、自传等方式开展研究。

首先是确定研究问题,其次是选择研究对象,记录教育故事,最后分析得出结论。

行动研究法

行动研究法指由教育工作者和教育教学管理者共同参与,从教育工作需要中寻找课题,在实际教育工作中进行研究,使研究成果为教育工作者理解、掌握和实施,从而解决教育实际问题的研究方法。

该方法始于英国的"教师即研究者运动",强调行动与研究的结合,"为行动而研究,在研究中行动,在行动中研究"。

在运用本方法时,一般可进行两轮。第一轮中,针对这样一个问题,学生认为科学只是回忆事实,而不是探索事实!那么,怎样才能使学生积极主动地去探索和研究?我们的计划是改变课堂提问策略,把提问的中心转移到鼓励学生为解决自己的问题而寻找答案。然后就是实施,在课堂教学中,经常设计这样一些问题,这些问题能够激发学生探究的兴趣,能够使他们主动说出自己的想法,能够自己尝试归纳答案和结论。在实施的过程中需要进行观察,即通过录像和录音,记录学生在这样的问题情境下各自的表现,特别留意学生与以往不同的行为,关注那些利于达成目的的行为。同时,我们应进行反思。

在第二轮中,继续贯彻原初的基本设想和计划,在以后的课堂中减少控制性陈述。需要观察的是,记录学生在控制性陈述减少的情境下的表现和行为。最后反思存在的不足是什么。

实验研究法

实验研究法指借鉴自然科学的实验方法,在教育实践中采取"假设→求证"的方式,来揭示教育规律的过程(教育实验只能是准实验)。

首先,提出研究假设。对数学作业题结构进行调整,即每次作业模仿性练习和创造性练习题的比例为 7∶3 或 8∶2,就能够在一定程度上提高学生完成作业的兴趣和质量。自变量——原因变量;因变量——结果变量;无关变量——教师、学习内容等。

其次,选择实验对象。一(1)班为实验班;一(2)班为对比班。两个班级平时的数学学习成绩相近。

最后,进行实验前测。实验前,运用有关心理测试量表、学习质量和学习效果测试量表,对两个班级学生的数学学习兴趣、学习水平等进行测试。对一(1)班的数学作业题结构进行调整,即每次作业模仿性练习和创造性练习题的比例为 7∶3 或 8∶2,一(2)班仍用以前的作业布置方式。实验结束后,运用有关测量工具,对两个班级学生的数学学习兴趣、学习水平重新进行测试。

当然,需要分析检测数据。对实验前测和实验后测所获得的各种数据进行数理统计分析。最后撰写实验报告。

例1

《信息化背景下农村学校班主任专业化研究》
开题报告中的研究方法

随着教育理论和教育科学研究方法的发展和变革,行动研究法已成为教育科研中的一种主要方法。本课题的研究以行动研究法、经验交流法和个案研究法为主,辅之以文献研究法、问卷调查法等方法。

行动研究法:设计课题方案—付诸行动—及时反馈—合理调整—再行动,在实施过程中注重方案每一阶段实施的实效,不断总结经验,及时发现问题,每一阶段进行论证(反馈)。根据反馈调整研究方案,使其合理化、科学化。

经验总结法:通过查阅有关资料和信息,更新课题组老师的教学观念,获取一些有关比较前沿和先进的经验,珍惜一切外出听课机会,不断总结,不断反思,在接受—反思—提升的反复探索中逐步整理归纳出有规律性的理性认识。

交流法:定期开展班主任工作经验交流会,及时汲取他人先进的想法和做法,丰富每个人的自我认识。

调查法:采取多种形式如座谈、书面小调查、分类整理。学生之间调查日常生活中运用解决问题的方式以及策略。

文献资料法:搜集国内外先进的理论,为课题的研究提供理论支撑。

例2

《建构"阳光育人"学校文化的实践研究》
开题报告中的研究方法

调查研究:基于学校文化建设对构建和谐社会的不同认识,学校通过问卷、访谈、统计、实验、观察等方式,结合学校实例,将隐性的观点逐步显性化,从而更好地落实"阳光育人,和谐发展"的办学理念。

行动研究：以学校"阳光育人，和谐发展"的办学理念，通过计划、行动、考察、反思的行动步骤，以"学生文化、教师文化和领导文化"的实践研究为基本策略，体现其科学性、社会实践的改进功能及批判性。

案例研究：将学校文化所生成的经典智慧与各种经验范式，通过学生、教师和领导三个层面的团队引领，以教育教学中鲜活的个案为载体，加之文化传承与理念创新的"阳光育人"策略，从而更好地省思以往的研究绩效，也为今后的研究提供范式，体现其应用价值。

例3

《小学语文课堂读写结合的方法与途径研究》开题报告中的研究方法

调查分析法：调查分析学生的基本资料，如家庭拥有电脑情况、学生兴趣爱好、网上行为、是否有QQ号等。

文献研究法：运用文献研究法收集、整理和应用现今国内外与课题相关的先进教育教学理论，在分析比较的基础上为课题提供充实可靠的理论依据；运用文献研究法研究培养目标、课程内容等，在开展对课程资源的比较研究的基础上，借鉴已有的研究成果和经验教训找到新的生长点。

行动研究法：在本课题研究过程中，我们将有针对性地采取"五个一"措施，即营造一种科教氛围、磨炼一支师资队伍、建立一套机制、搭建一个资源平台、探索一种教学模式进行实践研究。通过网络资源在小学语文教学中的利用研究，为学习者的双向交流提供广阔的空间，达到"人—机—人"相互交流，即学习者（人）通过多媒体网络（机）与教师和其他学习者（人）互相交流、协作学习。在整个课题实际操作过程和实施的过程中认真进行行动过程的研究，边实践边探索，边修改边完善，使理论与实践成果与应用有机地统一起来。

经验总结法：对"网络资源在小学语文教学中读写结合的利用"研究过程中一些有效的课程资源及时积累，对有效的教法和学法进行总结、推广。

德育科研常用的方法(2)

前面,我们分享过常用的研究方法,现在,我们再来看看下面这些研究方法,也很实用!

归纳方法与演绎方法。归纳就是从个别事实中概括出一般性的结论原理,演绎则是从一般性原理、概念引出个别结论。归纳是从个别到一般的方法,演绎是从一般到个别的方法。归纳与演绎是辩证统一的关系,是两种相辅相成的推理方法。它们是科学研究工作都必须应用的逻辑方法。

归纳是从经验事实中找出普遍特征的认识方法,是各门学科在积累经验材料的基础上,总结出科学定理或原理的一种重要方法。通过归纳人们只能知道"是什么",不能知道"为什么"。归纳必须建立在大量的个别事实的基础上,事实不可靠和不充分,都不可能通过归纳得出科学的结论与原理。归纳是从个别到一般的推理,因而它是一种扩大知识的方法,但它又总是不完全和不严密的。因为我们永远只能观察到部分事物,不可能穷尽个别。所以列宁说:"以最简单的归纳方法所得到的是最简单的真理,总是不完全的,因为经验总是未完成的。"

演绎的主要形式是三段式,就是以大前提和小前提推出结论来。推出的结论能否正确,取决于推理的前提是否正确,推理的形式是否合乎逻辑规则。因此,进行演绎推理的前提必须真实,演绎过程必须遵守严格的逻辑规则。

分析方法与综合方法。分析就是把客观对象的整体分为各个部分、方面、特征和因素而加以认识。它是把整体分为部分,把复杂的事物分解为简单的要素分别加以研究的一种思维方法。分析是达到对事物本质认识的一个必经步骤和必要手段。分析的任务不仅仅是把整体分解为它的组成部分,而且更重要的是透过现象,抓住本质,通过偶然性把握必然性。分析的过程是要着重弄清事物在运动变化中各方面各占何种地位，各起何种作用，又以何种方式与他方面发生制约和转化。简言之，分析的过程，就是揭露矛盾和认识矛盾的过程。因此，科学的分析必须从实际出发，对所分析的对象进行实事求是、系统周密的调查研究。分析方法最基本的职能就是深入事物内部了解它的细节，搞清它的内部结构、内部联系，抓住事物基础的东西。

要科学地、正确地分析事物，必须做到：

第一，对事物做全面的分析。要分析客观事物矛盾的多方面：既要看到正面，又要看到反面；既要把握肯定方向，也要理解否定方向；既要分析主要方面，又不能忽视次要方面，否则就会出现片面性。

第二，对事物做历史的分析。考察事物，应该分析它们的过去、现在和将来的状态。从事物的发生、发展和灭亡的过程中，揭示事物的本质，预见未来的发展。

第三，对事物做具体分析。就是对不同的研究对象采取不同的分析方法，就是具体问题具体分析。

第四，坚持从实际出发的原则，进行调查研究、实验、观察。

任何科学研究都离不开分析方法。但是分析的方法有它的局限性，由于它着眼的是事物的局部，就可能出现以偏概全，只见树木，不见森林。为了克服这些缺点，就必须用综合的方法把分析与综合结合起来。

综合是同分析相反的一种思维方法。它是在分析的基础上，把客观对象的各个部分、方面、特性和因素的认识联结起来，形成对客观对象的统一认识，从而达到把握事物的有机联系及其规律性。综合不是把各个部分、各个方面简单相加和随便凑合，也不是任意的、主观的臆造，而是按照对象各部分间的内在的有机的联系，从整体上把握事物的本质和整体的特征。

因果分析法。分析现象之间的因果关系，认识问题的产生原因和引起结果的辩证思维方法。使用这种方法一定要注意到真正的内因与结果，而不是似是而非的因果关系。要注意结果与原因的逆关系，一方面包括"用原因来证明结果"，同时也包括"用结果来推论原因"。不同的事物，一般都一身二任，既是原因，又是结果，而且一个结果往往有不同层次的几个原因。因此，在研究过程中，对所分析的问题必须寻根究底。

比较分析法。比较分析法又称类推或类比法。它是对事物或者问题进行区分,以认识其差别、特点和本质的一种辩证逻辑方法。在资料不多,还不足以进行归纳和演绎推理时,比较分析法更具有价值。康德说:"每当理智缺乏可靠论证的思路时,类比这个方法往往能指引我们前进。"

比较有多种形式,如纵向比较、横向比较、经验教训比较、正反比较、各种异同的比较。

定性分析法与定量分析法。通过确定事物质的关系和数量关系以认识问题和分析问题的辩证思维方法。任何事物或任何问题都是质和量的统一,事物的质量,既表现为一定的量,又表现为一定的质。因此,我们在研究中,只有弄清质的方面,又弄清量的方面,才能找出其中规律性的问题。在研究中,定性分析就是据事论理,划清事物质的界限。定量分析就是对问题的规模、范围、数目等数量关系的情况及变化,进行精确的统计、计算、分析、对比,就是弄清事物发展中量的变化关系。

定性分析与定量分析是对同一问题从不同方面进行研究,二者必须结合,才能得出比较科学、完整的结论。

课题的重点与难点

在课题申报书中,重点和难点是要体现的,即要说明在课题研究中,可能要遇到的重点和难点是什么,以及有什么有效的方法来解决。那么,课题重点和难点怎么写?

围绕一个选题展开设计,课题负责人要有清晰的思路,能够明确界定课题研究的具体内容以及研究的难度和重点。若研究上没有轻重之分,代表对于课题研究剖析得还不够彻底。课题重点是指解释或解决问题的关键环节,分环节地一步一步去写,每一个节点就是一个重点。

课题难点主要围绕三个方面展开。一是理论突破,要把自己想实现的理论突破说清楚。二是要彻底说清楚自己的研究到底有什么应用价值,做到跟实践衔接,也要注意在表述上清晰简洁。三是技术层面或者叫方法层面的难点。

申报德育研究课题,需要我们对研究的课题进行透彻的分析。不仅仅是要理清研究的思路,还要掌握研究课题的重点和难点,这样才能知道自己研究这个课题要攻克的是什么,侧重的是什么。

课题的重点,应该突出要做的内容中最重要的,即什么问题最会影响研究主旨的达成和研究目标的实现。一旦研究重点没研究出来,没有形成结论、达到目标,就代表研究失败了。

课题难点,应该是做这些内容中需要克服的关键技术、方法等,即什么问题在研究实施过程中最为复杂、最具变数、最不可控。

研究内容设计的重点、难点应与申报书中提出的假设保持逻辑上的一致性。撰写课题重点和难点,各列1~2个为宜,重点要切中要害,难点要说明应对措施。

课题的重点和难点,会因课题不同而异,每一个课题负责人都应该根据所要研究的课题,来找出该课题的重点和难点是什么,若找不出来,那课题要不没有研究价值,要不就是不具有可行性。

重点和难点是有一定区别的,但是又有联系,有的重点也是难点。有时不能截然分开。

例1

课题《主题教育课中对话教学策略研究》

重点:通过对师生有效对话的研究,提高课堂教学效率,营造民主平等的课堂教学氛围。

难点:探索适合农村小学生的更为有效的课堂教学模式。

例2

课题《中小学学生传承民族歌舞的实践研究》

重点:传承民族歌舞的途径和方法。

难点:课题主持人需要对民族文化,尤其是民族歌舞有比较深入的研究,但事实上我们的老师对民族歌舞的了解和研究是不多的,当地也比较难于找到合适的指导专家;再有,优秀民族歌舞的传承,需要擅长民族歌舞的有关专家的指导和帮助,而课题研究是需要在一定的时间内完成的,因此对课题研究有效程度的准确判断存在一定的难度。

例3

**课题《培养学生自主学习能力的
实验研究》的重点与难点**

第一,研究学生自主学习能力的评价标准和评价方法;

第二,调查学生自主学习能力的状况;

第三,分析学生自主学习能力偏低的原因,提出提高学生自主学习能力的对策;

第四,探讨学生自主学习能力形成的有关规律;

第五,探究从课堂教学、课外活动、社会实践活动、家庭等途径培养学生自主学习能力的有效方法;(重点)

第六,构建课堂教学中培养学生自主学习能力的教学模式(含各学科)。(重点、难点)

例4

课题《小学语文课堂读写结合的方法与途径研究》的重点

第一,组织参加人员认真学习原成果的理论体系,深入领会其精神实质,在教学实践中运用其操作方法和模式,验证原成果。

第二,寻找阅读习作教学的结合点,探索阅读教学中读写结合、以读促写训练的系列方法和途径,丰富、完善、发展原成果的理论和实践,创出自己的特色。

认识参考文献

参考文献是德育科研项目的重要组成部分,要尽量使用最近的、关键的参考文献。参考文献可体现研究项目的科学价值,也可体现研究项目的时效性,还能体现我们课题申请人员的科学态度。正确选择和引用参考文献时要注意以下四个方面。

注重文献的质量。参考文献原则上应引用最近三年的,之前年份的经典文献也可以引用,但不可以过多。尽量在一些质量较高的期刊上查找,主要是核心期刊或 CSSCI 上的期刊。一定不要在百度上查找一些报道当作参考文献。

引用权威性文献。文献的权威性包括观点的权威性、期刊的权威性、作者的权威性。权威文献指的是本领域那些经典的、开创性的、具有重大影响力的文献,一般都刊登在各研究领域具有较高威望的期刊上,作者一般都是公认的专家或学者。选取与研究课题紧密相关的权威性文献作为参考文献,能为申请者的研究课题提供强有力的理论支持,可以增加立项依据的权威性。

引用前沿性文献。能为我们的研究课题提供强有力的理论支持的参考文献应具有前沿性。前沿性的文献指近年内对所属研究领域有前瞻性、观点新颖、论述独特的文献。选用与研究课题紧密相关的前沿文献做参考文献,可以说明我们对研究课题的最新动态有所掌握,更重要的是可以体现出申请项目研究领域的前沿性和选题的新颖性。

引用直接相关的文献。在一个特定的主题中,引用富有权威性和前沿性的、众所周知的文章是非常重要的,但千万不要忽视参考文献与研究课题的相关性。引用那些能直接说明你的研究体系,甚至具体涉及你的研究问题的参考文献是非常重要和明智的。

注重文献的时效。课题主持人应该尽可能选用新近发表的文章,即使在某些情况下早期文章仍会被人们当作具有重大影响的参考资料。一般来说,大多数引用的文献都应该是在近十年内发表的。引用一些最新的文章会使我们的课题申请书显得很新颖。引用陈旧的参考文献,会让评阅专家认为课题的申请人员对最新的研究进展不熟悉,甚至给人以选题陈旧之感。

因此,申请者要紧紧围绕科学问题,在满足权威性、前沿性和直接相关性的基础上,选用近十年内发表的文献,并以近三年内为主,最好有申请者当年发表的文献。这对同行专家判定该选题的创新性具有直接的作用。

关注国外的文献。主要参考文献既要反映国外最新研究动态,还要显示国内研究进展。文献的参阅程度反映了申请者对其课题研究现状全面掌握的程度,可以增加立项依据的权威性。但有的申请者为了显示其研究紧跟国际前沿,全部采用国外学者的文献,对国内同行的研究现状和成果视而不见,这同样不会得到评审专家的认可。

在主要参考文献中,国内外学者的文献比例应适当,国内外关键性的研究工作都应有所体现,国内主要课题组的工作必须提及。

参考文献怎么写

一篇论文里面包含多个部分,每个环节紧紧相扣,各有用处,从摘要、前言、结论,再到参考文献,这是一个大的写论文标准框架,少了哪一个都不行。

基本认识

参考文献,便于及时查阅校正。有人也把参考文献称为参考书,因为一篇论文的字数5 000字以上,内容比较多,论文里面用到的论证、论据,分析问题时想到的点是在参考文献里看到的,当写论文的引言出现了错误,还可以根据参考文献来查看错误的地方在哪里,便于修改,这是参考文献存在的一个原因。

参考文献,便于了解论文深度。在论文里面选择用的引言越多,文献越多,其实也就表明论文写作时在查阅资料方面的付出就多,一篇论文的质量好坏虽然和参考文献的使用多少没有直接的关系,但是也有间接关系。论文的引文用得好,论据十足,写的论文有理有据,清晰明白,这样的论文才有广度和深度。

参考文献,便于读者阅读理解。读者在参考文献上就可以看出来是从哪里出来的观点、材料,也便于读者查阅。在写作中查阅用到的著作、报刊论文的要点,就要标注出来,要写清楚书名、篇名、作者、出版者、年份,参考文献有明确的格式要求。

基本常识

根据GB3469-83《文献类型与文献载体代码》规定,以单字母标识:M-专著(含古籍中的史、志论著);C-论文集;N-报纸文章;J-期刊文章;D-学位论文;R-研究报告;S-标准;P-专利;A-专著、论文集中的析出文献;Z-其他未说明的文献类型。

电子文献类型以双字母作为标识:DB-数据库;CP-计算机程序;EB-电子公告。

非型载体电子文献,在参考文献标识中同时标明其载体类型:DB/OL-联机网上的数据库;DB/MT-磁带数据库;M/CD-光盘图书;CP/DK-磁盘软件;J/OL-网上期刊;EB/OL-网上电子公告。

基本格式

期刊

[序号]主要作者.文献题名[J].刊名,出版年份,卷号(期号):起止页码.

例如:[1]袁庆龙,侯文义.Ni-P合金镀层组织形貌及显微硬度研究[J].太原理工大学学报,2001,32(1):51-53.

专著

[序号]著者.书名[M].出版地:出版者,出版年:起止页码.

例如:[2]刘国钧,王连成.图书馆史研究[M].北京:高等教育出版社,1979:15-18,31.

论文集

[序号]著者.文献题名[C].编者.论文集名.出版地:出版者,出版年:起止页码.

例如:[3]孙品一.高校学报编辑工作现代化特征[C].中国高等学校自然科学学报研究会.科技编辑学论文集(2).北京:北京师范大学出版社,1998:10-22.

学位论文

[序号]作者.题名[D].保存地:保存单位,年份.

例如:[4]张和生.地质力学系统理论[D].太原:太原理工大学,1998.

报告

[序号]作者.文献题名[R].报告地:报告会主办单位,年份.

例如:[5]冯西桥.核反应堆压力容器的LBB分析[R].北京:清华大学核能技术设计研究院,1997.

专利文献

[序号]专利所有者.专利题名[P].专利国别:专利号,发布日期.

例如:[6]姜锡洲.一种温热外敷药制备方案[P].中国专利:881056078,1983-08-12.

国际、国家标准

[序号]标准代号,标准名称[S].出版地:出版者,出版年.

例如:[7]GB/T16159-1996,汉语拼音正词法基本规则[S].北京:中国标准出版社,1996.

报纸文章

[序号]作者.文献题名[N].报纸名,出版日期(版次).

例如:[8]谢希德.创造学习的思路[N].人民日报,1998-12-25(10).

电子文献

[序号]作者.电子文献题名[文献类型/载体类型].电子文献的出版或可获得地址,发表或更新的期/引用日期(任选).

例如:[9]王明亮.中国学术期刊标准化数据库系统工程的[EB/OL].

基本要求

参考文献可体现立项依据是否充分。参考文献反映了科学研究最新发展动态,评审专家能发现申请者有没有仔细查阅其课题的相关最新研究动态。

参考文献可以看出该课题的研究起点、研究的深度和广度、课题的研究价值。

参考文献可以看出课题申请者的研究领域是否较为前沿,选题是否新颖。

参考文献要慎重考虑引用与自己的观点相矛盾的文献。

参考文献要强调不带偏见的重要性。

参考文献要考虑是否每个观点都值得引用。

参考文献的引用必须准确无误(作者、题目、期刊名、出版年卷期和页码)。

论文摘要如何"摘"

在撰写课题报告时,总会要求写个"摘要"。怎么写?有什么要求呢?其实一开始真有点搞不清楚。在几个来回的操作后,对这个"摘要"有了新的认识。

论文摘要的含义。对论文内容不加注释和评论的简短陈述。摘要又称概要、内容提要,是以提供文献内容梗概为目的,不加评论和补充解释,简明、确切地记述文献重要内容的短文。这样的摘要,是论文内容的提要,是在对论文进行总结的基础之上,用简单、明确、易懂、精辟的语言对全文内容加以概括,提取论文的主要信息。

论文摘要的作用。不阅读全文即能获得必要的信息。让读者尽快了解论文的主要内容,以补充题名的不足。现代科技文献信息浩如烟海,读者检索到论文题名后是否会阅读全文,主要就是通过阅读摘要来判断。所以,摘要担负着吸引读者和将文章的主要内容介绍给读者的任务。

为科技情报文献检索数据库的建设和维护提供方便。论文发表后,文摘杂志或各种数据库对摘要可以直接利用,论文摘要的索引是读者检索文献的重要工具。

论文摘要的分类。根据摘要的不同功能来划分,大致有以下3种类型。

报道性摘要。报道性摘要是指明一次文献的主题范围及内容梗概的简明摘要(相当于简介)。报道性摘要一般用来反映科技论文的目的、方法及主要结果与结论,在有限的字数内向读者提供尽可能多的定性或定量的信息,充分反映该研究的创新之处(篇幅以 300 字左右为宜)。

指示性摘要。指示性摘要是指明一次文献的论题及取得的成果的性质和水平的摘要,其目的是使读者对该研究的主要内容(即作者做了什么工作)有一个概括性的了解(篇幅以 100 字左右为宜)。

报道-指示性摘要。报道-指示性摘要是以报道性摘要的形式表述论文中价值最高的那部分内容,其余部分则以指示性摘要形式表达(篇幅以100~200字为宜)。

论文摘要的内容。摘要的内容应包含与论文同等量的主要信息,供读者确定有无必要阅读全文。

目的。指出研究的范围、目的、重要性、任务和前提条件,不是主题的简单重复。

方法。简述课题的工作流程,研究了哪些主要内容,在这个过程中都做了哪些工作,包括对象、原理、条件、程序、手段等。

结果。陈述研究之后重要的新发现、新成果及价值,包括通过调研、实验、观察并剖析其不理想的局限部分。

结论。通过对这个课题的研究所得出的重要结论,包括从中取得证实的正确观点,进行分析研究,比较预测其在实际生活中运用的意义,理论与实际相结合的价值。

论文摘要的撰写。文字简明扼要,内容需要充分概括;编写时要客观、如实地反映一次文献,切不可加进文摘编写者的主观见解、解释或评论;结构严谨,表达简明,语义确切。摘要先写什么,后写什么,要按逻辑顺序来安排;句子之间要上下连贯,互相呼应,句型应力求简单,慎用长句,每句话要表意明白,无空泛、笼统、含混之词;要着重反映文稿中的新观点。

论文摘要的规范。应以第三人称写作,摘要是完整的短文,具有独立性,可以单独使用,即使不看论文全文的内容,仍然可以理解论文的主要内容,作者的新观点和想法以及论文所要实现的目的,采取的方法,研究的结果与结论;叙述完整,突出逻辑性,短文结构要合理;文字简明扼要,无须赘言,采用直接表述的方法,不使用不必要的文学修饰,做到用最少的文字提供最大的信息量。

论文摘要的雷区。不能冗长,少写无关的东西,语句不能含糊不清。论文摘要不要列举例证,不讲研究过程,不用图表,不给化学结构式,也不要做自我评价。

应排除本学科领域已成为常识的内容;切忌把应在引言中出现的内容写入摘要;一般也不要对论文内容做诠释和评论(尤其是自我评价)。

要使用规范化的名词术语,不用非公知公用的符号和术语。新术语或尚无合适汉文术语的,可用原文或译出后加括号注明原文。

除了实在无法变通以外,一般不用数学公式和化学结构式,不出现插图、表格。

不用引文,除非该文献证实或否定了他人已出版的著作。

缩略语、略称、代号,除了相邻专业的读者也能清楚理解的以外,在首次出现时必须加以说明。

例1

规范的范例

《德育在小学语文教学中渗透的案例研究》摘要

在实际教学实践中,教师可以探索多方位策略,在语文教学中巧妙将德育内容融入到教学中,引导学生知行统一,全方位培养学生优秀的道德品质。笔者从"在课前预习和课文背景分析中提升学生的环保意识""借助生活化的情境提升学生的生活感悟和感恩之心""贯彻传统儒家文化思想,提升学生的德育素质和文化涵养""组织德育实践性和社会服务性活动,提升学生的德育素养"四方面入手,就德育在小学语文教学中的渗透案例进行浅显的探索和研究。

例2

错误的示范

本文简述西方高等教育膨胀历史与阐释西方高等教育膨胀的主要理论,分析大众高等教育学说在汉语语境中的误读,揭示西方大众高等教育背后种种事实与大众高等教育带给西方国家的种种两难困境,指出大众高等教育不适合中国国情,中国高等教育应该走大众教育与精英教育并举的发展道路。

例 3

错误的示范

本文第一节界定职业教育文化课与述评中职高职衔接教育文化脱节与重复现象;第二节一般性探讨课程衔接与课程衔接策略;第三节具体研究两种共同性课程衔接策略,并提出以共同性衔接策略为平台寻求特殊性衔接策略。

(说明:上述例 2 和例 3,把论文摘要写成了论文的简介或是论文的简评,而没有写成论文的浓缩观点。)

论文摘要的实例

或许因为是撰写的需要,经常需要学习他人写作经验。平时在学习时,拿到一篇文章后首先看的就是"论文摘要",这也已成了一种习惯。因为,论文摘要是整篇文章的精华,它以简短而易懂的文字客观、如实地陈述论文的内容,很多人是不看论文正文,只看论文摘要,就大概知道了论文的水平如何。它虽然被排放在论文的首要位置,但在实际的写作当中,却是和结论一样,都是最后才动笔写的。论文摘要切不可加入主观见解,不加注释和评论,清楚而完整地显示出论文的概貌,必须符合客观性原则、简练性原则、规范性原则和排除性原则。

在实际撰写的时候,我们应该注意这样的一些问题:

过于简单,不能真实反映。摘要应在最简约的字数内向读者表达论文的观点或者结论,提供尽可能完整的定性或定量信息,充分反映论文的创新点和特色。但如果过于简单,一语带过,则会导致摘要无法真实反映论文观点。

例1

《中学生实践活动心态的现状与对策》的摘要

实践活动不单单是学校和实习基地的工作,也不只是学生自己的事情,而是三方共同努力的结果。对每一位学生而言,保持良好的实践心态是顺利完成实践任务的法宝。分析影响学生顺利完成实习的心态,提出帮助学生顺利完成实习的策略是至关重要的。

分析:这是比较典型的摘要写作本末倒置、繁简失当的问题。作者对关于实践工作这一常识问题介绍过多,而对本应详述的"影响学生完成实践的心态""如何帮助学生完成实践的策略"等未反映,使读者看过此摘要后,不明白作者想表达的观点是什么,也不清楚作者提出什么策略帮助学生顺利完成实践。此摘要写作不规范可能是作者对摘要写作规范不够重视,只想简单介绍论文大概内容所致;也有可能是作者对摘要存在认识误区,把摘要与内容简介混淆。

此摘要修改的要点为:首先,精练实践活动中学校、基地、学生三方的关系;然后,补充完善三方应为实践创造什么条件,以取得什么效果。

把例1修改后:

实践活动需要学校、实践基地、学生三方相互配合,才能获得实效。而学生保持良好的实践心态对顺利完成专业实践至关重要。学校和实践基地应为学生营造一个良好的实践环境,学生自我调节好实践心态,实现学校、实践基地和学生共赢的和谐局面。

例2

《英语学习型词典中Black释义方式的认知特征》的摘要

英语学习型词典的释义是以符合使用者认知心理的方式来对语义进行表征。从认知角度出发,以"Black"一词为例,探讨相关释义方式的认知特征。

分析:这也是比较常见的摘要写作不规范,是典型的摘要过于简单。这类"摘要"字数较少,缺少基本要素,没有概括出论文的观点,也没有体现出论文的创新点与特色之所在,提供的信息量不足,不能发挥摘要应有的功能。

把例2修改后:

> 英语学习型词典的释义是以符合使用者认知心理的方式来对语义进行表征。对"Black"一词本义的释义加入了科学义值和语文义值,有利于学习者对该词的精确理解,也为转义的形成提供了理据;同时,它的词类排列顺序也要以所指释义为基础,符合认知规律,从本义到转义的排列建议以逻辑顺序排列为主,可以有效地展现义项间的认知联系,提高学习效率。

过于复杂,不能凸显观点。规范的摘要应准确、简洁地向读者传递与论文等量的信息,让读者能迅速了解论文的观点,确定是否有必要继续阅读全文,同时也为二次文献的编写提供了方便。但如果把论文摘要的内容写得过多,会使读者看了云里雾里,感觉不知所云,不能凸显论文观点;或是论文摘要铺垫过长,将无关紧要的文字植入其中,字数一大堆,但是内容空泛、言之无物,甚至连一句有价值的信息都没有。对于这类摘要应精练内容,去掉常识性内容,开门见山地直陈论文观点,在最简约的字数内把论文观点呈现出来,使读者一目了然。

例3

《〈策林〉中政治经济思想述论》的摘要

> 白居易不仅是中唐大诗人,有自己完备的诗歌理论,而且在政治经济、思想文化、教育军事诸多领域也有一定的理论建树。笔者以他前期名作《策林》为考察中心,较全面地梳理其政治经济思想。其政治经济思想主要体现在:一是仁政爱民,重农薄赋;二是统一政令,严格吏制;三是均衡发展,调控思想;四是勤俭节约,珍惜民力,等等,在当时具有明显的进步意义,对当今社会也有一定的借鉴价值。当然,白居易的政治经济思想具有明显的复古色彩,甚至有脱离当时社会实际的地方,具有不可操作性甚至是虚幻性。但它仍然是我国古代政治经济思想史的宝贵遗产。

分析:虽然是直陈作者的观点,但它没有遵循"准确、简洁地向读者

> 传递与论文等量的信息"这一标准,使读者有种读之意义含混之感;这个摘要还存在罗列论文小标题的问题,是摘要写作中易犯的一个错误。这种社科类综述性论文,摘要应采用非结构性摘要,这样,既可增加论文的文字特色,显示作者的文化底蕴,也可以此增加论文的阅读性。此摘要修改的要点为:精简摘要内容,采用非结构性摘要的写法,客观、简洁、完整、规范地反映论文观点。
>
> 把例3修改后:
>
> 《策林》体现了白居易在农业、吏制、国家宏观调控等方面的政治经济思想,他的政治经济思想虽然具有明显的复古色彩,甚至有脱离当时社会实际的地方,具有不可操作性甚至是虚幻性,但它仍然是我国古代政治经济思想史的宝贵遗产。

相互混淆,不能区分要点。摘要应该客观、简洁、准确地反映论文观点,摘要是原文献的浓缩,它的信息量与原文等值。摘要的主要目的在于向读者客观呈现论文的观点或创新点,方便读者判断是否有再读原文的必要。而提要主要目的是向读者展示文章的主要内容、社会作用与价值等,起提示、推荐作用。

表达欠妥,不能体现重点。语言表达欠妥当也是摘要中常见的问题。语言表达欠妥当主要表现在几个方面:

第一,摘要中加入主观性过强或过于夸大的结论。比如出现"国内首创""填补了空白""首次报道了"等夸大性评价。这类表述是学术论文中必须避免的。这类评价不宜作者自己来说,会给人以自吹自擂之嫌,还可以看出作者学术作风不严谨、不谦虚。

第二,摘要中出现"本文""本研究""笔者"等做主语。这是由摘要必须客观报道文献内容、不加评论性文字的基本特点决定的。摘要中用"本文""笔者"等字眼属画蛇添足,摘要本来就是反映这篇论文观点的,所以无须再注明"本文";观点也就是作者本人的,无须再用"笔者"。

第三,过多使用抒情式的语言,如疑问句、感叹句或文学描写性语言,而论文需要严谨的学术态度。摘要必须以严肃的态度,客观、公正地反映论文的观点,彰显其学术性,也不需要进行描写或抒情。

开题就是按下课题研究的启动键

一个课题被立项后,紧接着要考虑的、要做的事就是开题了。课题开题,从某个角度说比结题还重要,因为它关系到整个课题研究的方向、结果,因此做好开题工作是整个课题研究的关键。开题报告是由选题者把自己所选的课题的概况做相关的陈述。开题报告写得好,可以起到事半功倍的效果。

课题研究的背景。所谓课题背景,主要指的是为什么要对这个课题进行研究,所以有的课题干脆把这一部分称为"问题的提出",意思就是说为什么要提出这个问题。当然背景所叙述的内容还有很多,既可以是社会背景,也可以是自然背景。关键在于我们所确定的课题是什么。

课题研究的内容。课题研究的内容,就是我们的课题要研究的是什么。

课题研究的目的。应该叙述自己在这次研究中想要达到的境地或想要得到的结果。比如,课题《开展重走长征路教育活动的实践研究》的研究目标是通过再现长征历程,追忆红军战士的丰功伟绩,对长征概况、长征途中遇到了哪些艰难险阻、什么是长征精神,有更深刻的了解和感悟;通过小组同学间的分工合作、交流、展示、解说,培养合作参与精神和自我展示能力;通过本次活动,使同学的信息技术得到提高,进一步提高信息素养。

课题研究的方法。应该提出本课题组关于解决本课题问题的路径或者说程序等。在课题研究中,应该根据自己课题的实际情况提出相关的课题研究方法,不一定面面俱到,只要实用就行。

课题研究的步骤。当然就是说本课题准备通过哪几步程序来达到研究的目的。所以在这一部分里应该着重思考的问题就是自己的课题大概准备分几步来完成。一般来说课题研究的基本步骤不外乎以下几个方面:准备阶段、查阅资料阶段、实地考察阶段、问卷调查阶段、采访阶段、资料的分析整理阶段、对本课题的总结与反思阶段等。

课题研究的经费。一个课题要开展,必然需要一些经费来启动,所以最后还应该大概地估算一下本课题所需要的资金是多少,比如搜集资料的费用、实地调查的费用、宣传印刷的费用等。课题的经费也必须在开题之初就估算好,未雨绸缪,才能真正把本课题的研究做到最好。

课题研究的论证。习惯上,我们还需要召开课题开题论证会。课题组负责人,要按照确定的开题会日期,邀请所聘请的专家,确保开题论证会的实效性和指导性。开题论证会程序一般包括介绍参加会议的专家、学校领导以及课题组成员;课题负责人做开题汇报;课题组成员做补充发言;专家提问并逐一发表意见;课题组成员答疑、聆听;专家组合议,形成开题论证意见;课题组填写开题专家论证意见表,交专家组签名;课题负责人做表态发言。

德育科研报告 实例一

中小学"两纲"教育资源整合的策略研究

上海市浦东教育发展研究院　康建军

一、课题的提出

上海市科教党委、市教委根据新时代形势需求和学生实际情况制定了《上海市学生民族精神教育指导纲要》和《上海市小学生生命教育指导纲要》（以下简称"两纲"），对中小学德育工作目标、内容、方法、途径提出新的实践与研究方向。在近几年的教育实践中，我们各中小学从拟订"两纲"教育的实施规划，到总结课内与课外落实"两纲"教育所取得的成功经验，可以说各校都取得了富有学校特色的可喜成效。但也显现了不少值得我们关注和研究的问题。

（一）**轻视隐性课程资源**。很大一部分教师只关注显性课程的浅层次教育，除了诸如语文、音乐、地理等人文精神比较浓郁的学科中教师的因势利导比较自然以外，其他如数学、物理、化学、信息科技等学科中教师就比较容易忽视"两纲"精神的导入，使学生在课堂这个"主渠道"中未能"润物细无声"地接受到教师水到渠成的"两纲"精神的教育。

（二）**特色资源未能同步**。随着家乡鳞次栉比的高楼大厦、高端企业的拔地而起，家乡越来越呈现出都市的魅力。但在一项调查问卷中，我们很明显地看到还有不少学生对于家乡的建设不够了解，可见，地区特色教育资源的综合利用，是我们德育工作者应思考的问题。

（三）**人文资源发挥欠佳**。我们在对教师及家长的访谈中发现，他们普遍对"德育为先，育人为本"的观念比较认同，但在教育教学实践中却不能真正摆正"育人"与"育分"的关系，片面追求分数的现象比较严重，教育方法呈现成人化、简单化、固定化。

由此分析，我们在扎扎实实开展"两纲"教育活动的时候，对现有的教育资源如何进行挖掘和整合，是我们德育工作者应思考和研究的问题。通过本课题的研究，旨在探索解决这一问题的方法和策略，把现有的教育资源予以充分地挖掘和整合，使"两纲"教育取得更为突出的成效。

二、课题的设计与实施

（一）课题研究的界定

整合是指一个系统内各要素的整体协调、相互渗透，使系统各要素发挥最大效益，整合就是把校内外分散的、多元的教育资源整理后重新合成，使之最优化，以避免资源的浪费。

资源整合，是企业战略调整的手段，也是企业经营管理的日常工作。本课题所指的整合，就是要优化"两纲"教育资源的配置，根据教育实际的需要进行有进有退、有取有舍的整体最优。

"两纲"教育资源整合是指我们中小学在落实"两纲"教育的过程中，对不同来源、不同层次、不同结构、不同内容的教育资源进行识别与选择、汲取与配置、激活和有机融合，使其具有较强的柔性、条理性、系统性和价值性，并创造出新的教育资源的一个复杂的动态过程。

（二）课题研究目的与意义

通过研究梳理的问题、总结现有的经验，旨在对中小学在落实"两纲"教育过程中典型的、有效的经验进行筛选、归纳和提炼，对现有的"两纲"教育资源进行挖掘、梳理和整合，进一步拓展"两纲"教育的途径，形成比较完善的操作策略。

（三）课题研究内容

本课题根据各学校开展"两纲"教育的实际情况，在研究的准备阶段，了解并分析对部分中小学如何运用"两纲"教育资源开展教育活动的情况，梳理各学校在推进"两纲"教育过程中存在的问题，确定研究的切入点。在研究的实践阶段，研究"两纲"教育资源整合的原则、"两纲"教育资源的内容和"两纲"教育资源整合的策略。针对各类丰富而复杂的"两纲"教育资源，如何有计划、有重点、有目的地进行梳理和整合，使这些教育资源在推进和落实"两纲"教育活动中发挥真正的教育作用。

（四）课题研究的实施过程

第一阶段：准备阶段（2010年4月—2010年9月）

课题组成员召开专题讨论会，分析各校在开展德育工作中遇到的困惑，研讨在推进"两纲"教育、整合教育资源的操作上存在的问题。在学习与本课题有关的理论基础上，搜集相关材料，确立了课题，并拟订了课题研究计划。

第二阶段：实践研究阶段（2010年10月—2012年10月）

课题组拟定了调查研究的专题，并分工负责，设计相关的调查问卷，选择相关的学校，进行问卷调查并对问卷调查所采撷的信息进行了分析研究。根据研究计划，在研究过程中收集、整理相关的个案，总结并提炼已取得的成功做法和经验。通过召开学校领导、资深专家、班主任、家长代表及学生代表等不同层面的座谈会，探讨整合"两纲"教育资源操作的策略。

第三阶段：成果总结阶段（2012年11月—2013年1月）

通过调查现状—分析问题—实践探讨等研究过程，课题组对研究成果进行有侧重点的总结，充分挖掘"两纲"教育资源整合时的规律性，探索"两纲"教育资源整合有效性的途径，并撰写结题报告。

三、课题研究的成果

本课题针对"两纲"教育有哪些资源和如何整合这些资源，并根据调研的情况和落实"两纲"教育的总体情况进行了分析、实践与思考。各学校都能根据"两纲"教育的要求，通过课内与课外、专题教育活动等途径，并结合本地区的教育资源，积极构筑一个能促进中小学生身心和谐发展的工作平台，营造一个能促进中小学生健康成长的良好环境，而开展了富有地区特色、学校特色的"两纲"教育活动。

（一）关注"两纲"要求，遵循整合原则

"两纲"教育资源的整合要贴近学生实际、贴近教育目标、贴近教育内涵，也需要遵循相应的原则。

1. 开放性原则。开放性原则是"两纲"教育资源整合的逻辑思路，打破被定式化的教育资源框架，使教育资源整合更切合实际。这主要体现在学科的开放性、参与的开放性和时空的开放性。教育资源丰富多样，在不同学科有着不同的体现。根据教育目标，有针对性地进行整合，打破学科间的"围墙"。如在

整合乡土资源中,丰富的彩豆来自家乡,彩豆画教学在美术课堂中可发挥得淋漓尽致,而在语文、数学、劳技等课中运用各种彩豆,同样把生命教育、劳动教育、爱家乡教育融合在一起。在资源整合的过程中,除了教师和学生的参与外,还吸引了家长、社区等社会人士的参与,为开展"两纲"教育集结了独特的、优质的教育资源。当然,教育资源的整合,不能只停留在书本上、课堂中,应让学生走出课堂、参与实践、融入社会,真正实现全方位、多层次的资源利用。

2. 过程性原则。"两纲"教育资源的整合要强调参与和体验的过程性,使教育获得更大的效果。制定好教育目标、选择好教育内容、确定好教育方法后,要精心设计教育活动过程的每一个环节,不要因为某一形式的效应而设计活动,而应思考通过某一方式达到怎样的效果,关注每一位学生的情感发展与体验,着眼于学生动态发展的全程。通过整合,"两纲"教育的内容更多的是去接触大自然、接触社会,目的就是为促进学生的健康发展、提升教育的效果,所以关注过程很重要。同时,在整合的过程,我们需要不断调整与完善,力求去粗取精、去伪存真,这本身就是关注整合过程的重要部分。

3. 多元性原则。在整合社会资源、学校资源、家庭资源和学科资源的过程中,要依据现代社会和教育发展的要求,关注教育资源的多元性。围绕一个教育目标,作为一个教育整体,在丰富的教育资源中整理出需要的资源,既体现着资源的多元性,也体现着整合的整体性。通过整合,这些"两纲"教育的资源或具地方文化特色、或具校园文化特色、或具课程改革特色,目的在于让这些资源陶冶学生的心灵、提升学习的情趣、锻炼学生的能力,同时,也将这些资源纳入课程体系,为我们的学科课程做有效的补充。

(二) 梳理"两纲"资源,明确教育内涵

课题组从学校实际和学生需求出发,对这些资源进行整理、归纳、综合,便于各中小学开展符合学生年龄特征的、丰富多彩的主题学习和综合活动。"两纲"教育资源主要包括以下六个方面:

1. 学校资源。校内良好的"两纲"资源包括硬件资源和软件资源两方面。硬件资源是德育工作者有意识地利用德育的艺术与技巧营造而成的,如学校的小桥流水、温馨舒适的班级布置等;软件资源一方面是形成"人人是德育工作者,事事都与德育相关"的德育氛围;另一方面是形成一种轻松、自然、和谐、民主的活动氛围。

如：A校园内人文景观、古文物建筑错落有致,有着深厚的文化底蕴。坐落在校园东侧的南汇古城墙,筑于明洪武十九年(1386年);由古城墙向西眺望,一座高大、雄壮的古建筑——孔庙,巍然屹立在南汇一中校园内西侧。学校依托这一良好的教育资源,规划、设计、开展极富学校特色的"两纲"教育活动。学校在教学楼的走廊、校内道路的两侧、办公区域等场所安放《论语》《孟子》名句赏析,让墙壁说话,用环境育人,在日常的学习生活、工作中浸润优秀的儒学文化;开展了一系列"学古诗文,扬民族魂"的校园诗文竞赛;举行了"孔子文化月"活动,进行师生的情景剧展演、辩论赛、专题讲座等相关活动;在初、高中起始年级开设《论语》选读和《孟子》选读课程,组织新生和毕业生开展了"走近孔子""大成殿前的沉思""在圣贤的光芒下成长"系列主题活动。至此,孔庙大成殿成为南汇一中师生感受传统礼仪、诚信仁义的孔子文化熏陶的重要场所,也为南汇一中构建具有儒学特质的学校文化提供了重要基础。

2. 社区资源。在调查中我们发现,85.6%的学生希望能走出校园,走向社区,充分享用各种社区资源。对社区丰富教育资源的积极开发与充分利用,不仅可以开阔学生的眼界,丰富学生的经验,拓展课程的内容,还可以发展学生的社会意识,引导他们更加关心社会,更加关注自己周围的生活。社区的很多资源都是我们中小学生生活学习的教材,真正体现了"生活即教育、社会即学校"。要把社区各种有利的资源转化为"两纲"教育活动的资源,为学生开辟一方学习生活的新天地,真正使他们走出校门,走出课堂,走向生活,走进社区。

如：B小学在开展"两纲"教育活动时,充分考虑了社区的教育资源。通过这样的教育活动,引导学生走向社会、服务社会、融入社会。

资源一：节日生活。"给春节不休息的人写封信"活动——从快快乐乐过新年说起,引导学生观察周围的人并讨论：哪些人过新年是不休息的？他们为什么不休息？他们在干什么呢？组织学生给这些人写封信,通过书信让学生意识到：自己一家人在团聚的时候,还有许多人坚守在他们的工作岗位上,默默无闻地为大家服务着……引导学生学会关心人、关注社会,萌发对劳动者的热爱,懂得对生活的含义,初步培养学生的责任意识。

资源二：自然环境。学校依托中国第一枚探空火箭在老港成功发射的资源优势,挖掘"火箭精神"内涵,寻求树根立魂的结合点,整合资源,为学生创设发展平台。学校每月设立不同的教育主题,以班级特色墙报、专题班会、队会、小火箭广播、小火箭报等为宣传阵地,通过开设网上科技虚拟博物馆,使学生了解与认识火箭的历史发展、我国的火箭创业发展之路。以火箭文化的传承、培育与发展为主线,构建学校特色校本德育课程,注重师生的精神文化和行为文化的提升,突出教育的熏陶与导向功能。

资源三:社会事件。上海废弃物处置公司就在老港,就此引发的社会事件屡屡出现:空气质量问题、居民健康问题等。学校善于发现、捕捉学生的兴趣点,并抓住其兴趣点生成和深化教育。组织开展社会小调查,"空气质量问题与废弃物处置有内在联系吗""居民的健康状况有何变化"等等,通过活动,引导学生关心生活、关注社会、了解社会生活,融入社会生活,培养他们的社会意识与社会责任感。

3. 家庭资源。家庭是学生成长的第一所学校,家庭中的亲情、民俗、礼仪、习惯养成对子女品德的形成、行为个性的发展、家庭文化及成员的职业、自身教育水平及观念、家庭成员之间的沟通与交流、家长对孩子的教养方式等都有着不可代替的作用。充分挖掘家庭潜在的教育资源,发挥家庭教育资源的优势,对未成年人而言十分重要。

如:C学校结合家庭教育中出现的困惑和问题,进行家校沟通,提高家长的育人水平。每学期除了正常召开一次家长会,向家长介绍学校开展的活动和汇报学校、学生取得的成绩外,我们还借家长会进行家教座谈会,广泛听取家长的意见。开展"亲子同读一本书""两代人讲文明、树美德演讲比赛""小手拉大手,我跟文明走"等活动,促进学生和社区居民道德水平的共同提高。通过引导学生查找自身和周围存在的各种问题和现象,以画漫画、写故事、演小品、说道德等形式对不道德行为给予批评纠正,并倡导学生与家长签订文明协议,互相监督,互相激励,对家庭文明和良好社会风气的形成起到了积极的促进作用。同时,挖掘家庭教育的潜力,让家长成为学生心中的榜样。学校结合学习型家庭的创建,通过孩子、家长的家庭事、身边事来整合诚信教育的多种有效资源,使学生在健康、和睦的家庭环境中成长,提高教育的深度。

4. 自然资源。指大自然的壮山、秀水、沃土、宝藏,这些资源具体形象、充满情趣,让学生融入自然,亲近自然,引导学生在大自然中体验,学会做人,学会生活,激发他们爱祖国、爱家乡的情感,增强了学生的社会责任感和环保意识,铸造学生的坚强毅力和生存能力。

如:D小学以"品牌立校、特色发展"为主要目标,成功开发了"彩豆画"校本课程。通过"彩豆宝宝""彩豆制作""彩豆情怀"等一系列活动,让师生感悟生命的多彩和珍贵,体验民族的骄傲和自豪感。阶段设标、目标导行——根据彩豆画的特点,结合学生身心发展的规律和不同年级学生的特点,将教育的内容分解为不同层次和侧面,分阶段、有计划、有步骤地由浅入深、循序渐进地对学生进行教育,突出了彩豆画教学的针对性与学科性、人本化与本土化。主题突出、梯度进行——在彩豆画的开发、研制中,学校引导学生深入探究生命的价值——珍爱生命;充分挖掘家乡的教育资源——新场古镇的保护与建设;紧紧把握家乡的发展契机——海港空港的发展与建设;适时传承民族文化——精彩纷呈的系列主题教育。学科融合、课程并行——以学科为平台,通过彩豆画基本知识的学习与基本技法的练习,通过生活化的实践与拓展性的探究,来进行教育活动,比如引导学生如何构图——点、线、面的有机结合;如何选豆——形状、颜色、大小的协调组合;如何摆放——平面、立体、层次的相得益彰。

5. 乡土资源。伟大的人民教育家陶行知先生曾经说过:"社会即学校,生活即教育。"乡土资源是道德教育最肥沃的土壤,因为,乡土资源反映着某一个地区地域自然特色的内容,其基调是健康的、积极的、向上的;乡土资源也能够反映特定范围内受众文化心理的内容,其主题是人们所熟悉的和亲切的。心理学研究表明,人们对于身边的事物总有着特殊的亲切感,更有深入了解的强烈愿望。乡土资源为我们开展"两纲"教育活动提供了重要的资源保障,"人、事、景、物""天文地理、历史文人"无不可以成为教育活动的选用资源,而且这样的资源在不断地发展变化,新资源在不断地生成,充分挖掘这些资源,有利于增强学校"两纲"教育工作的实效性。

如:E小学在开展"两纲"教育活动时充分挖掘并整合了乡土资源,使教育活动贴近生活、贴近实际。学校确立了《以乡土文化为载体,培养学生爱乡情怀的行动研究》的市级研究课题,通过调查分析,了解存在的问题,确定了研究的总体目标,进而推进了校本课程"感受六灶 热爱家乡"的整体开发和利用。校本课程分为"江南水乡,农家风貌""悠久历史,民间风俗""爱国激情,光辉战斗""现代工、商业,发达农、副业""文化繁荣,社区新貌"五个部分,通过开展"江南水乡,农家风貌""渊源历史,民间风俗""家乡俗语谚语知多少"等主题教育活动,引导学生了解乡土文化知识、感受乡土文化底蕴、培养学生爱乡情怀。

6. 网络资源。其最大特点是开放性、平等性、虚拟性,网络资源把现实中具体的"两纲"教育资源做了适当的延伸和铺垫。

如:F小学根据教育的实际需求,建立了班级网站,旨在通过这样一个互动虚拟的班级网站平台见证学生的成长,增强班级凝聚力,在互联网上形成了一个班级教育的阵地。

(三)落实"两纲"策略,提升教育效果

课题组在调研的基础上,分析梳理了"两纲"教育的资源,并结合学校的实际特色,创造性地运用各种策略,整合各类教育资源,包括知识整合、资源来源整合、获取途径整合等。

1. 整合课堂学习与社会实践资源

课堂学习与社会实践资源的整合,即以课堂教学中的"两纲"教育内容为基础,以社区教育资源为拓展,以体验感悟为桥梁,让教育资源发挥出真正的效能。结合学习的内容,组织学生走进社会进行调查研究,带领学生走入自然进行体验活动,组织学生开展研究性学习,解决单节课中无法深入开展综合实践活动的难题。在整合内容上既考虑了社区环境——根据各年级段学生的生理心理特点,安排适合该年级段学生的社区服务实践项目,主要目的是通过参与性的社会实践学习,让学生了解本地区的地理风貌、基础设施、资源环境及经济发展状况等;又考虑了社区发展——根据学生的年龄特点,分年级开展主题实践活动和学生自主小课题研究活动。旨在开阔学生的视野,提供学生接触社会的机会,获得课堂上得不到的生活体验。

根据课堂教学的设计,在课堂上将超市购物、医院就医、报刊订阅、快件投递包裹邮寄、ATM机存取款等方面的知识与技能细化为程序教给学生,并组织学生到社区进行社会实践,锻炼和培养他们的生存技能与生活习惯,这就是教育的意义所在。在课堂上组织学生讨论"为什么在公共场所随处可见口香糖"。我们组织学生到社区广场上,让学生实地观察与记录、测量与计算,想尽各种办法清除随意丢弃在地上的口香糖。再回到教室上网查阅相关资料,进行小组讨论交流,各小组形成了翔实的报告,真切体会到"清除口香糖的残迹是多么的不易""清洁工人的劳动多么的辛苦"。于是,发出了《拒绝口香糖的倡议书》。空洞的说教不如实在的体验,主题活动后,校园内的口香糖残迹逐渐匿迹。

2. 整合学生社团与家庭教育资源

参与学生社团是学生丰富校园生活、培养兴趣爱好、丰富内心世界的重要形式。一个优秀的社团,其成员能够通过加入社团、参与社团活动、参与社团管理等多种途径紧密地与社团联系在一起,由归属感发展到认同感,由认同感上升到荣誉感,由荣誉感发展为对集体的责任感,因此,社团对学生思想道德水平的提升起到了潜移默化的影响。当然,社团也为学生能力的提高提供了广阔的空间。学生可以在社团成员群体中自觉地发展自己的兴趣爱好,陶冶自己的身心,激发对生活的热爱,可见,社团促进了学生知识结构的不断完善。

在实际工作中,许多学校有机整合了社团资源与家长资源,结合社团活动需要,在校内建立了陶艺、烹饪、木工、刺绣等场所,学生自主组建了属于自己的学生社团。学校积极挖掘家长资源,开展"家长志愿者"活动,让有特长的家长走进校园、走进社团,让更多家长更深入地了解学生的情况和学校的办学理念。比如,有的家长志愿者来校讲授蔬菜的种植,有的传授学生珠编技艺,有的来校举办青春期讲座,有的带学生们到自己的企业进行参观学习,这些活动深受学生们的喜爱。由于社团活动是以学生为主体,学生主动参与实践活动,自我管理,充分调动了学生活动的积极性和自觉性,学生在活动中的身体力行强化了保护环境、节约资源、尊重他人、尊重文化的多元性和差异性等可持续发展意识,达到了良好的自我教育效果。

3. 整合本土资源与校本课程资源

校内外"两纲"教育资源是多方面的,尤其是本土教育资源极具地方特色。为了有效地利用这些资源,许多学校坚持"开发校本课程、实施综合渗透"的原则。实践证明:只有真正整合这些资源并落实到课程层面,才能持久地、有效地对学生进行教育。许多学校以综合实践活动为载体,集传统文化、安全教育、环境教育等内容,重组了学习内容,按"走进社会""动手操作""拥抱自然""体验生活"等板块,编写了贴近学生生活实际、具有学校文化特色的系列校本课程,充分体现了校本课程涉及领域广、活动范围大、教育内容多的特点。

从人与自然、人与社会、人与自我三个维度,对传统文化、安全教育、环境教育等学科,以及思想品德、科学等有关学科的内容进行了重新整合。通过这样的整合,巧借了校内校外的教育资源,突出了地域特色,激发了学生的兴趣。结合航天博物馆资源,开设了"宇航"和"航模"校本课程;结合彩豆文化资源,开设了文化气息浓厚的"京剧"和"面塑"等校本课程;结合家乡的古镇特色,开设了"大团故事"校本课程;结合家乡特产水果,开设了"桃花、桃园、桃品"校本课程……在这些课程资源的整合中,倡导"综合渗透、有效突破",即突破校内外的界限,呈现校内外一体化;突破学科的界限,呈现可持续发展教育资源的有效整合。这样,又拓展了"两纲"教育的途径。

4. 整合学科教育与网络信息资源

各学校在多年的"两纲"教育实践中,结合各学科教育的特点,在"润物细无声"的课堂教学、活动参与中适时适机地进行着。为进一步拓展"两纲"教育的途径,丰富"两纲"教育的内涵,各学校尝试整合不同学科中的教育资源,并以丰富的网络信息资源链接相应的教育目标:研究教育目标→确立教育主题→寻找教育资源→选择重构方式→链接网络资源。根据所选定的"两纲"教育主题,通过丰富的网络信息资源来链接相应的教育目标,使"两纲"教育的形式更为活泼、内容更加充实。

通过这样的资源整合,积极为学生提供了多角度、多层面的思考和理解问题的机会,更有利于学生综合分析问题能力的提高。在网络学习平台上建立"教育资源库",为教师提供优质的教育资源和优秀的教育范例;开通"教育研讨区",为教师们解决教育中遇到的各种困惑与问题;设立"资源学习包",为学生们准备了丰富的精神食粮,从而真正实现教师间的同步、联动与互动,学生间的互学、互帮与互进。同时,家校互动不再只是班主任和家长的沟通,每位任课老师都能参与其中,使学校、家长和社会的资源得到充分利用。

四、课题研究的思考

通过实践研究,我们认识到:充分整合和利用各种教育资源、综合和依托各种资源优势开展"两纲"教育活动,效果是明显的。以学校为主体、整合家庭资源和社区资源深入开展"两纲"教育活动,需要我们有耐心、恒心和爱心,顺应发展的要求,要时时关注、处处倾注。

（一）**整合教育资源开展"两纲"活动需要考虑地域特色**。在课题研究中,我们发现,资源整合受制于本地区的社会政治、经济和文化的发展水平,因此如何利用本地区所特有的"天时、地利、人和"等优越条件,因地因人因时而宜地开展教育活动,融地区特色于"两纲"内涵中并逐步显示本地区的鲜明特征,从而形成自身的特色,还有待我们做进一步探索。

（二）**整合教育资源开展"两纲"活动需要考虑整体规划**。教育资源整合应纳入各学校和地区各自发展的总体规划,进行总体设计,并从人力、物力等方面统筹安排,拧成一股绳,统筹兼顾,调动所有潜在的教育资源为"两纲"教育这个大课堂服务,立足于中小学生的需求和社会发展的要求,方能使"两纲"教育健康和谐发展。

（三）**整合教育资源开展"两纲"活动需要考虑综合建构**。对于丰富的教育资源,我们如何筛选、如何组合、如何利用,需要我们整体架构。我们要处理好大量社会教育资源闲置浪费与教育资源严重不足和存在结构性阻碍的矛盾,处理好学生学习的大量知识需要应用深化和学生实践学习机会严重匮乏的矛盾。在这个大课堂中,要呈现鲜活的前沿的资源,让课堂内外的知识能够得到应用、深化、整合和建构。

参考文献：

[1] 方轮,胡艳曦.城市社区教育资源开发与整合[M].广州:广东人民出版社,2009.
[2] 杨文娟.小学品德课程中的资源整合[M].北京:中国书籍出版社,2011.
[3] 孟万金.协作互动:资源整合的教育力量——新课程教师专业化发展理论与实务丛书[M].上海:华东师范大学出版社,2004.
[4] 洪雨露.玩的教育[M].上海:上海教育出版社,2011.

（本课题荣获2014年上海市第六届"健生杯"德育科研成果评选二等奖）

《中小学"两纲"教育资源整合的策略研究》附件1

整合教育资源落实"两纲"
教育现状调查与分析

《上海市学生民族精神教育指导纲要》和《上海市中小学生生命教育指导纲要》(简称"两纲")的颁布,打破了课内外的界限,串联起年级的脉络,勾勒出了上海德育工作的新格局。以国家意识、文化认同、公民人格为主要内容的民族精神教育和以帮助青少年学生认识生命、珍惜生命、尊重生命、热爱生命,促进身心健康发展的生命教育从此纳入上海市基础教育中。近几年来,新区各中小学紧紧围绕"两纲"精神,整合本土资源,深入推进和开展"两纲"教育,取得了一定的效果。为了较全面地了解新区各中小学整合教育资源开展"两纲"教育的实际情况,我们对部分学校的学生和老师进行了调查,并在调查的基础上对如何进一步深化和完善"两纲"教育做了初步的分析和思考。

一、调查对象与方法

(一)调查对象:我们选取了新区的小学4所和中学4所,在每所学校中抽取教师8名、学生10名进行调查。

(二)调查方法:对学生采用调查问卷的方法,当场发卷,当场回收。对老师采用问卷和访谈的方法,选取5名教师完成问卷调查,抽取3名教师(班主任、主科老师、体卫艺科老师各1名)进行访谈。另外,对部分学校的德育主任也进行了访谈。

二、调查结果与分析

(一)调查结果:我们对抽取的8所学校进行了学生和教师的问卷调查,获得了如下的问卷数据。

学生问卷一("两纲"教育综合卷)

序号	问 题	选项及百分比(%)			
1	你知道"生命教育"和"民族精神教育"吗	知道 95	只知道其中之一 5	不知道	
2	哪些课上老师渗透"两纲"	所有学科 30	语数英 23.75	部分学科 46.25	
3	"两纲"教育与自己关系密切吗	非常密切 92.5	比较密切 6.25	一般 1.25	
4	你觉得自己学校文化有无特色	有,特色明显 85	有,特色明显,但没有有效成果 13.75	没有特色 1.25	
5	你认为学校什么活动体现"两纲"	社会实践 1.25	校内主题活动 6.25	以上全是 92.5	
6	学校有无心理辅导室	无辅导室,无辅导活动 1.25	无辅导室,有辅导活动 3.75	有辅导室,很少有辅导活动 36.25	有辅导室,经常开展辅导活动 58.75
7	学校有无寒暑假返校及假期活动	有 97.5	很少 2.5	没有	
8	在学校中能否和同学友好相处	很好相处,互帮互助 77.5	可以相处,必要时帮助 18.75	相处一般,互不关心 3.75	相处不好,关系紧张
9	是否知道首都、国旗、国徽、国歌	知道首都、国旗,不知国徽 12.5	知道首都、国旗、国徽,但不会唱国歌	都知道 87.5	都不知道
10	是否知道上海的"金融中心""两港"	知道 83.75	不太清楚 13.75	不知道 2.5	

学生问卷二(生命教育问卷)

序号	问 题	选项及百分比(%)			
1	你觉得学习生活	充满乐趣 67	一般 18.5	很没劲 5.5	
2	你上学读书是为了	为自己 59.5	替老师学习 3.5	替父母学习 16	说不清 11

续 表

序号	问 题	选项及百分比(%)			
3	受到委屈时	为自己辩解 82	与人争吵 3	独自生闷气 15	
4	做事不成功时,你是	不服气,再做 23	总结教训 15	请别人帮助 60	不再做 2
5	当你在学校里遗失贵重物品时,首要的处理方法是	自认倒霉 11	及时向老师或学校保卫部门汇报 42	打110报警 2	自己找 45
6	如果与同学发生摩擦时,不正确的处理是	宽容处理,互相体谅	请同学调解 1	报告老师,让老师处理 8	互不相让,大打出手 91
7	过马路时,最重要的是	快速冲过去	看见附近有车,抢在前面跑过去	看清路面情况,快速冲过去 3	看清红绿灯及路面情况,走横道线 97
8	你选购食品时,最关键的是	价格 12	好吃 80	生产日期、保质期、有效期及相关检验证明 2	产品包装 6
9	考试成绩不好,应该采取的正确方法是	怕父母打骂离家出走	不把考试成绩告诉父母 24	实话告诉父母 62	请求老师在父母面前讲好话 14

学生问卷三(民族精神教育问卷)

序号	问 题	选项及百分比(%)		
1	你觉得我校学生缺乏弘扬中华民族精神的意识么?	说得没错 15	一般 62	不觉得 23
2	在路上,碰到升国旗,你怎么做	停步瞻仰 10	不睬,继续走 26	看别人怎么做,就怎么做 64
3	你清楚知道中华民族精神的具体内涵吗?	非常清楚 19	记得一点 72	不太清楚 9

续 表

序号	问题	选项及百分比(%)			
4	你如何看待中华民族精神?	很重要,民族的脊梁 40	不重要,很多内容都需要与时俱进 15	很难说 45	
5	你对我校进行民族精神教育活动的看法是	做得挺好,非常支持 63	太单一了,应该选择更丰富多样的方式	对我而言,开展什么样的活动无所谓 31	学校并没有开展相应的活动
6	在马路上,如果你看见一位老人不小心跌倒了,会主动去搀扶吗?	去帮助 60	叫大人帮助 38	不睬 2	
7	如果有机会,你会选择参加各式各样的志愿活动吗?	会 77	不会 23		
8	学校组织清明扫墓活动,你愿意参加吗?	非常愿意 84	愿意 12	不愿意 4	
9	吃饭时,碗中吃剩的饭如何处理?	倒掉 66	留着,下次再吃 9	给动物吃 5	给大人吃 20
10	走路时,看见地上有一元硬币,你怎么做?	不睬 8	捡起来,上交 58	捡起来,归自己了 34	

教师问卷

序号	问题	选项及百分比(%)			
1	"两纲"的认知	能完整写出名称 86.67	写出简称 13.33	写不出	
2	学校是否召开专题会议	是 100	否		
3	学校布置两纲范围	仅班主任层面 3.33	全体教职工 96.67		
4	是否有必要开展"两纲"教育	很有必要 96.67	需要一点 3.33	不需要	

续 表

序号	问 题	选项及百分比(%)		
5	是否在学科教学中渗透"两纲"	经常 80	偶尔 20	基本没有
6	交通安全广播会、主题班会是否体现"两纲"	是 96.67	否 3.33	
7	社会实践、影视观摩是否体现"两纲"	是 100	否	
8	青春期教育、心理教育是否体现"两纲"	是 96.67	否 3.33	
9	学校是否有体现"两纲"的德育课程建设	正在建设 53.33	已经建设 46.67	

另外，我们还对部分教师代表进行了专题访谈，访谈内容为：

> 1. 请问您任教什么学科？请您谈谈自己在学科教学中是如何渗透"两纲"教育的。
> 2. 据您所知，学校在课外组织学生通过哪些活动进行"两纲"教育？
> 3. 当前，您认为学校在进行"两纲"教育中哪些方面还需要加强和创新？

德育主任是学校落实"两纲"的具体策划和操作者，对"两纲"的学校实施现状把握比较全面，对"两纲"的未来发展也有一定的思考和设想，所以，我们针对部分德育主任也做了问卷访谈，内容如下：

> 1. 学校如何开展"两纲"的学习培训活动。
> 2. 学校开展过哪些"两纲"的教育教学研讨活动。
> 3. 学校有关职能部门制订落实"两纲"的课外教育活动计划，落实规定性要求，学校、年级和班级是否有相应的实施方案？
> 4. 学校是否有符合学生身心发展特点的落实"两纲"教育主题鲜明的课外教育活动特色项目？

> 5. 推进"两纲"教育的主阵地应落实在课内。学校在实行学科落实方面有哪些具体要求和方法?
>
> 6. 你觉得学校在整合教育资源落实"两纲"教育过程中存在哪些不足?
>
> 7. 你在学校进一步推进和完善"两纲"教育方面有一些什么思考和设想?

(二) 调查分析

通过一段时间对新区各中小学的走访,结合调查问卷和访谈情况,对调查结果做出如下分析:

1. "两纲"教育优势分析

(1) 比较注重"两纲"规划,有一定的教育序列。接受本次调查的所有学校都有针对"两纲"教育内容制订的专项规划,规划中根据"两纲"精神,结合学校实际情况,序列化地设计了几年内的"两纲"教育内容和形式等,规划中有工作领导小组、工作机制保障、详细的工作任务等,具有一定的操作性、层次性。对学校开展"两纲"特色教育具有较高的指导作用,使学校"两纲"教育活动开展循序渐进。

(2) "两纲"落实比较扎实,"两纲"认知程度较高。在对学生的调查问卷过程中,学生对于"两纲"的认识和学校所进行的"两纲"教育是比较认同的。说明各所学校在对"两纲"的宣传教育上还是比较到位的,学生绝大多数知道"两纲"的内容,也能感受到老师在课堂上根据"两纲"精神的有机渗透,意识到"两纲"教育对自己的成长是非常有利的。

从对教师的问卷和访谈情况来看,各校都非常重视"两纲"的宣传学习,不仅在全校层面召开过专门的会议和专门的培训,也组织了教师撰写学习体会、邀请专家进行专题讲座、举行相关论坛等多种形式深入学习"两纲"精神,使全体老师能从思想上高度认识,从意识上高度重视,从行动上积极渗透,充分认识到开展"两纲"教育的重要性,积极在自身的教育教学实践中渗透"两纲"教育思想。

(3) "两纲"落实形式比较丰富,途径比较广泛。从调查可见,教师在教育教学中主动渗透"两纲"精神的意识比较强,"人人为德育工作者"的德育为先意识已经普遍为教师所接受并努力实践。在学校的教育教学过程中,不仅仅有课堂主渠道中的"两纲"渗透,学校更是在课内外活动领域拓展"两纲"教育外延,通过形式丰富的活动形式来深化"两纲"内涵,细化"两纲"要义,有社会实践、各类主题活动、仪式教育等丰富形式,将青春期教育、心理健康教育、安全教育、法制教育、爱国爱家乡教育等丰富内容融入其中,使"两纲"教育真正落到实处,真正取得实效。同时,学校还能注重与社区资源的整合,利用社区的丰富教育资源来组织"两纲"系列实践体验活动,从而充实"两纲"内涵,活化"两纲"教育形式,深化"两纲"教育效果。

(4)"两纲"落实各有侧重,特色项目建设有效。"两纲"教育内容丰富,任何一所学校在落实实施的过程中不可能做到面面俱到,如何根据自己的本土特色和学校特点,抓住"两纲"教育的一个点来进行特色化教育,是各所学校在落实"两纲"过程中非常重视的课题。通过几年的实践和研究,不少学校寻找到了"两纲"教育的特色扎根点,以建设德育校本课程和建立特色社团等方式不断深化,并不断打响品牌,取得不错的教育效果,获得良好的社会效应。

如A小学近年来始终把"两纲"教育当作学校德育的主旋律,纳入学校教育的全过程。做到在国家课程中落实两纲教育,在校本课程中强化两纲教育,使民族精神教育以及生命教育落实在每一个教师的施教行为中,使学生的民族精神以及生命意识得到强化,并内化为自觉的行动。尤其利用学校一批生命教育实践基地(中国人民解放军某部国防教育基地、消防总队浦东支队曹路中队、科普教育基地等),整合社会优质资源,大力开展生命教育实践活动。通过多种教育形式,对学生进行生命与健康、生命与安全、生命与成长、生命与价值、生命与关怀的教育,使学生学习并掌握必要的生存技能,认识、感悟生命的意义和价值,培养学生尊重生命、爱惜生命的态度,学会欣赏和热爱自己的生命,进而学会对他人生命的尊重、关怀和欣赏,树立积极的人生观。

如B小学利用家乡的芦苇资源,开创了"魅力芦苇"教育特色,通过搓、切、粘等多种手法,不仅学会制作简单的芦苇成品,如:草绳、草鞋、风车等,更学会了用稻草芦苇制作精美的芦苇艺术画。他们选取了这拥有顽强生命力的芦苇,把它作为德育教育的一个切入口,通过组织开展丰富的实践、体验和动手创作活动,让学生感受它印证的沧桑历史,感受它浑身是宝可以充分利用的妙处。

如 C 小学"海洋科普"特色：以南汇地理与历史文化、洋山深水港与临港新城建设及海洋自然资源、海洋人文资源、海洋经济发展历史、相关海洋学术研究成果为基本教育素材，对学生开展以南汇地理、南汇历史、现代南汇、民间艺术、海洋气象、海洋生物、海洋历史、海洋国防、海洋法规、海洋环保、海洋经济、海洋科技、海洋旅游、海洋研发、海洋文化等内容的科普教育活动。突出教育内容的地方性和海洋性，强调教育过程的实践性。此外，学校还有积极创建锣鼓书艺术特色学校，使学校成为锣鼓书这一民间艺术的培训基地。陶冶学生热爱家乡、热爱祖国艺术的情感。

如 D 小学的课程理念是：学校一切有教育意义的活动都是课程。从幼儿园的孩子到小学生是一次角色的转换；从普通的小学生到戴上红领巾，成为一名少先队员，又是一次角色转换。每一次转换，都需要激发学生成长的需求，帮助他们认识自己担当了新的社会角色，既有光荣感，又有责任感，从而在实践活动中迎接新的挑战，体验成长的快乐。课程的设计遵循一条原则：以课程的审美性使学生体验成长的快乐，比如二年级我戴上了红领巾，主要是进行少先队的知识和行为要求的教育，如果不赋予美的形式，就可能枯燥无味。为此，学校把教育目标设计成"七色花瓣"，每达到一个目标学生就可获得一个美丽的花瓣。活动的设计也尽量使它富有美感。

如 E 小学系统地运用校园事件开展身边德育的行动研究，这是学校德育工作的主攻方向和主创特色。从立足校园"人""物""事"的实情入手，师生都可从校园生活里寻找鲜活的故事素材，自拍 DV，素材自成逻辑体系，积极挖掘德育资源，以学校电视台，以午会、班会为落实载体，运用多种手段凸显学校德育工作的特点和优势，起到"随风潜入夜，润物细无声"的德育效果。

各学校在张扬特色的同时，也精心制作了不少校本课程，如"魅力芦苇""中国结""我爱国球""认识海洋、走近海洋、探索海洋""我们从这里起飞"等。近一半的学校已经有自己的德育校本课程。

2."两纲"落实不足分析。虽然各所学校都在"两纲"的学习落实上下了一定的功夫，也取得了一定的实效，但是在对学生和老师的深入调查研究中，还是显现了不少问题。

(1)"两纲"教育学科落实主渠道未能充分体现。通过学习和宣传，所调查的老师基本都能了解"两纲"，并尝试在学科教学中落实"两纲"教育，但在实际操作过程中还是存在不少偏差。普遍表现为老师只关注显性课程的浅层次教育,除了诸如语文、音乐、地理等人文精神比较浓郁的学科中,教师的因势利导比较自然以外,其他如数学、物理、化学、信息科技等学科中教师就比较容易忽视"两纲"精神的导入。

(2) **课外主题教育活动覆盖面不够广博**。思想道德素质的锤炼相对于学生的成长而言,更重要的在于对知识技能的把握。被调查的学校根据"两纲"主题开展的活动形式比较灵活,活动内容比较丰富,但在覆盖面上不够广博。如心理辅导室的建设和心理辅导活动的开展比较普遍,但是仍然有近40%的学生认为学校没有心理辅导室或者没有心理辅导活动,学校应该在"两纲"教育是否普及到全体学生的问题上做进一步的思考。另外,我们还比较缺乏对特殊学生群体的关注,他们在心理上比较孤立,与其他的同学群体有一定距离,有不少学生存在着或多或少的问题,比如:心理活动的偏差,对学校德育教育主旋律的漠然,对当前社会和时代发展新事物感知的迟缓,等等。

(3) **"两纲"落实与时代发展、与浦东新区特色未能同步**。随着陆家嘴金融贸易区、深水港、空港、外高桥保税区、迪士尼等项目的开发建设,浦东新区步上了飞速发展的快车道,鳞次栉比的高楼大厦、高端企业的拔地而起,使浦东新区越来越呈现出都市魅力。在这样的发展态势下,新区的各小学在落实"两纲"教育的过程中还是比较欠缺与时代、与社会的相互衔接和融合。如在最后一题的调查问卷中,我们可以很明显地看到还有不少学生对于上海如火如荼的"两港"建设不够了解,有16.25%的学生不太清楚家乡的"两港"为何物。可见,与时代的脱节、与社会的脱节,仍然是当前德育教育中的很大弊端。

(4) **教师的人文素养欠缺影响了"两纲"的教育实效**。从对老师的访谈中我们发现,教师普遍对"德育为先,育人为本"的观念比较认同,但在教育教学实践中却不能真正摆正"育人"与"育分"的关系,片面追求分数的现象比较严重。在教育教学中的育德意识和育德能力还未能完全适应"两纲"的教育需求,德育方法比较成人化、简单化、固定化,导致德育未能达到"润物细无声"的良好效果。

三、进一步完善"两纲"教育的思考与建议

(一) **完善规划,建立长效机制**。完善的规划是指导行为的重要保障,是指

明工作方向的导航。各学校应该在原有基础上完善学校的"两纲"教育规划,使规划与学校的整体发展规划相互融合,以"两纲"精神为依托,与社会的协调发展相结合,坚持德育为先、德育创新的理念,努力形成德育本土化、校本化和人本化特色。对于制订的规划,一定要有专人负责,逐步深入实施,并建立长效管理机制(工作机制、保障机制、考核机制等),把对"两纲"的实施纳入教育教学常态管理中,使"两纲"教育真正融入学校的整体教育生命。

(二) 双管齐下,课内外双渗透、双把关。高度重视课堂主渠道作用和课外活动体系的"双管齐下",采用"两手都要抓,两手都要硬"的工作方针,把实施和反馈保障双向结合,确保双途径的共同深入。

1. 高度重视课堂主渠道作用,推进学科落实德育实效。继续深化德育教育理念,加强教师的学习培训,进一步进行"两纲"的学习内化。组织学校学科带头人、骨干教师等带领全校教师组织开展教学研讨活动,在集体备课、教学反思、专题研讨、优秀教案评选中落实"两纲",在随堂课、展示课等的评价体系中纳入"两纲"渗透指标,全方位促使教师在学科教学中自觉地进行"两纲"精神渗透,使"两纲"的渗透达到水到渠成的效果。继续加强学校校本课程建设,已经建设的学校要在实践的过程中不断予以完善,还没有建设的学校要加快研究步伐,寻找到"两纲"教育与学校文化的契合点,搜集和整理相关资料,建设好有本土特色和个性魅力的德育校本课程。

2. 拓展"两纲"教育活动外延,丰富育德内涵。"两纲"教育课外活动可以延伸到各个领域,各学校应该积极拓展"两纲"教育的新形式和新途径,寻找到适合学生身心特点和地域特色的教育活动。应充分利用青春期教育、心理教育、安全教育、健康教育、环境教育、禁毒和预防艾滋病教育、法制教育等专题教育形式,充分借助班团队活动、节日、纪念日活动、仪式教育、学生社团活动、社会实践活动等多种课外活动载体来拓展"两纲"教育外延,丰富德育教育内涵,提升德育教育效果。课外活动的开展,还应与学生家庭、社区资源、社会环境相结合,充分调动各类社会教育资源,只有与时代同步,才能让"两纲"课外活动体系更活跃,更蓬勃。

(三) 校园文化熏陶,强化教师人文素养的提高。"两纲"的落实关键在于教师,抓好"两纲"教育的全面深入,首先要有效推动教师自身素质的提高。学校应该在教师对两纲内涵的把握、人文素养培养方面做一定的研究,努力营造具有个性特色和人文特点的校园文化氛围,并根据自己学校的实情,有计划、有层次地对如何提高教师师德,强化教师人文素养做好学习培训,充分发挥学校骨干教师的引领作用,充分发挥政治学习和校本培训的阵地作用,充分调动教师的学习反思能力,充分发挥人文化校园文化的熏陶作用,提高全体教师落实"两纲"教育的意识和能力。

《中小学"两纲"教育资源整合的策略研究》附件2

整合经典文化 落实"两纲"教育

一、活动背景

中国的传统节日形式多样,内容丰富,是我们中华民族悠久的历史文化不可缺少的一个重要组成部分。传统节日的形成过程,是一个民族或国家的历史文化长期积淀凝聚的过程,每一个节日都有它的历史渊源、美妙传说、独特情趣和深广的群众基础。它们反映了民族的传统习惯、道德风尚和宗教观念,寄托着整个民族的憧憬。"要利用清明、端午、中秋和重阳等民族传统节日,引导学生了解中华民族的民俗风情和传统美德。"可见,开展传统节日教育,是弘扬传统美德、培育学生民族精神的有效载体。

二、活动目标

通过一系列教育实践活动,以开展中国传统节日教育主题活动为切入点,让学生了解这些传统节日的由来、节日的风俗习惯及其象征意义,让学生深切感受到中华民俗文化的魅力,用中华民族的优良传统和民族精神哺育他们健康成长。

(一)确立分层次的目标

1. 基础性目标。感受传统民俗文化,培养学生友爱、勤劳、自强、竞争、善良、感恩、回报等健康情感与品德,促进学生认知、情感、行为的互动发展。

2. 针对性目标。了解传统民俗文化,把学生培养成有高度民族责任心、使命感的新一代。

3. 高层次目标。以树立学生的共产主义理想,培养和提高学生的共产主义道德品质为目标。

（二）开辟广阔的民族精神教育途径

1. 课堂渗透（语文、政治、历史、音乐、美术等学科）

2. 班级建设（主题活动、小队活动、志愿服务）

3. 校园文化建设（社团活动、艺术节、体育节、科技节、网站、广播台、萌芽报等）

4. 社会教育网络（利用德育基地、社区、共建单位）

5. 社会实践载体（远足、敬老、手拉手结对互助）

6. 家庭教育平台（亲子活动、作为学校教育的延伸和巩固）

（三）教育方法

坚持以学生为主体，以"小、近、实、活"为原则，以合适、合理、有效的方法开展学校民族精神教育，以活动式和体悟式为主要教育方法。

（四）教育原则

1. 以学生为主体，重在参与。在开展活动期间，教师要尊重学生，突出学生在活动中的主体地位。要充分调动全体学生参与活动的积极性和主动性，使学生在喜闻乐见的活动中吸取传统民俗文化的精髓，弘扬民族精神，实现民族精神代代传的教育目的。

2. 以活动为主线，重在实践。要把传统民俗文化的主要内容融合、贯通到有计划、有目的的一系列实践活动中，使学生在实践活动中体验、感悟和认同传统民俗文化，并在社会生活实践中身体力行，达到知与行的统一。

3. 以课内、课外、校内、校外为主渠道，相互配合。要运用广大学生喜闻乐见的形式，把传统民俗文化的主要内容贯穿到丰富多彩的活动过程中。加强学校、家庭和社会的沟通和联系，共同支持配合，开展教育活动，深入推进弘扬和培育民族文化活动。

三、活动设计

（一）建立"两纲"教育基本框架，形成教育序列

学校根据不同年级学生的年龄特点、知识基础等实际情况，有计划地逐步推进，努力做到教育活动的序列化、常规化，从而形成校级教育内容系列、年级重点教育内容序列。

序号	节日名称	教育主题	活动年级	活动主要内容
1	春节	和谐、祥和	全校	1. 通过查询，了解春节的由来、习俗：贴春联、倒贴"福"字、红包（压岁钱）等 2. 开展"欢聚在家园，礼仪在家庭"感恩教育活动 3. 开展合理使用压岁钱的交流讨论活动，进行结对帮困活动，使学生的压岁钱用有所值 4. 开展包饺子亲子活动
2	元宵节	团圆、美好	全校	1. 了解元宵节的习俗：吃汤团、猜灯谜、观灯，知道元宵节的传说故事 2. 开展猜灯谜活动 3. 开展制作"灯笼""包汤团"亲子活动
3	清明节	怀念、感恩	六年级	1. 了解清明节的由来、习俗、清明节的诗词 2. 组织开展"校园认养树木、绿化美化校园花坛"等活动 3. 组织开展"远足扫墓"活动（口号征集、学唱扫墓歌） 4. 了解清明节的文体活动，开展体育小游戏活动 5. 组织开讲英雄烈士故事活动 6. 主题班会、开展交流"远足"感受体会活动
4	端午节	爱国、驱邪	七年级	1. 了解端午节的由来、习俗、有关的诗词 2. 组织开展"包粽子"亲子活动 3. 与伟业学校学生各自介绍当地端午节活动
5	中秋节	思念、团圆	八年级	1. 了解中秋节的由来、习俗、传说故事 2. 开展探究性课题研究《中秋前后的月亮变化》 3. 开展中秋故事、诗歌、歌曲欣赏活动 4. "同在蓝天下——与伟业学校学生共绘美景"书画活动 5. 开展"八月十五话中秋"征文、演讲活动 6. 开展家庭亲子才艺大赛活动
6	重阳节	敬老、爱老	九年级	1. 了解重阳节的由来、习俗 2. 组织开展"敬老、爱老"活动 3. 组织开展观赏"菊花"活动

由于春节、元宵节大多在寒假中度过，因此，学校将利用假日组织全体学生在家庭、社区开展"迎新春、庆元宵"系列活动。通过拜年、贺卡制作、包汤团、制作灯笼等活动，让每个学生了解春节、元宵节的由来、蕴含的寓意，使学生耳濡目染，浸润并受益于中国独有的文化情怀。

分年级教育内容系列：

1. 预备年级——了解清明节的由来，通过探讨、实践、体验，让初一年级学生认识到革命烈士抛头颅洒热血的可歌可泣的英雄事迹，同时通过远足扫墓，体会革命前辈夺得政权的艰辛，争做一个意志坚定、体魄强健、抗挫力强、能吃苦耐劳的人。引导学生感悟人生的艰辛，珍惜来之不易的生活环境和学习条件，激发学生爱国、爱家乡的情感，培养同伴间互相协作、关心他人的团队合作精神和集体荣誉感，引导队员在道德实践中了解优良革命传统，体验民族精神。

2. 初一年级——了解端午节的由来和习俗，开展包粽子活动，让学生了解屈原的故事，接受爱国主义教育。

3. 初二年级——了解中秋节的由来，让学生体验中秋节民风民俗，了解中秋节动人传说，诵读中秋诗词美文，吟唱中秋歌曲，感受中秋文化的魅力，培养学生感受美、欣赏美的能力。同时激起学生对远方亲人的思念之情，让学生感悟举家团圆的幸福。另外适当引导学生关注月球的科学常识。

4. 初三年级——了解重阳节的风俗，争做一个尊老、爱老、敬老，懂得感恩、回报的人。中国已经步入老龄社会，当前社会各界都在提倡敬老爱老的新风尚。作为21世纪的青少年，懂得尊老敬老显得更重要，尊老敬老是中华民族的传统美德，关爱老人也同样是关爱我们的将来。毕业班通过探讨重阳节的由来，不仅让学生认识"百善孝为先"的道理，还要积极组织开展敬老爱老活动，促使学生成为中华民族传统美德的传承者。由关爱老人进而上升到关爱社会，树立责任意识。

（二）构建"两纲"教育课程体系，传承民俗文化

1. 以课程为重点

在校本课程中体现民族精神教育。以校本教材《中国经典传统节日和民俗文化》对学生进行传统教育。本学期进行框架的搭建。除此之外再开设一些专门对学生进行民族精神教育的讲座或课程，如：民俗民风、民间艺术、文化遗产等等。在原有基础上，充分挖掘校内教师和学生的资源，设立"实中论坛"，通过讲座、报告、论坛等形式开展传统民俗文化教育。

2. 以学科为依托

（1）基础型课程通过试点学科落实

① 语文学科。如：收集、了解中秋节、春节、元宵节、端午节等动人的传

说,让学生体验中秋、春节、元宵节、端午节的民风民俗,诵读各个节日的有关诗词美文,吟唱各个节日的歌曲,以感受传统节日的文化魅力,培养学生感受美、欣赏美的能力。在可能的情况下开设"传统节日与艺术文学"的课程。如:可通过"赛诗会""故事会"等竞赛活动,让学生走进"中秋诗词""中秋传说",这里既要求学生讲得多,更要求学生诵得好、说得好。再如,指导学生开展"我手写中秋"活动,内容有设计黑板报、编制班级文学小报、学生写中秋的征文活动。

② 地理学科。以"中秋的月亮为什么特别圆"为主题开展研究学习,引导学生从科学和文化两个角度来研究:一是了解"中秋月圆"自然现象的成因,理解月球的相关科学常识;二是分析"中秋月圆"文化现象,理解"月有阴晴圆缺,人有悲欢离合"的感慨,明确这一现象也缘自人们对幸福美满生活的追求。

③ 艺术(音乐、美术)学科。收集、了解各个节日中所用的音乐、所唱的歌曲、所需的装饰或手工艺品,让学生体验、感受节日所带来的气氛及文化氛围,培养学生认识美、鉴赏美的能力。在可能的情况下开设"传统节日与艺术"的课程。可通过剪纸、编中国结、做灯笼等活动,让学生进一步感受传统民俗文化带来的享受。

(2) 学科教学落实措施

① 各学科根据学科内容挖掘学科教育和传统民俗文化的结合点,结合课程标准、教学目标的制定和实施,体现校本民族精神的教学内容。

② 制订切实可行的阶段性的教学计划。教研组学年、学期工作计划要体现这一要求,备课组学年、学期工作计划要落实和做相应调整、充实和完善。

③ 利用基础型课程中的教学活动,拓展内容,实施民族精神分阶段教育。

④ 针对教师和学生的教学活动,结合民族精神内涵,在实施中进行综合性评价。

(三) 构建"两纲"教育活动体系,弘扬民俗文化

1. 围绕春节开展的主要活动

(1) 了解春节的风俗:贴春联、倒贴"福"字、红包(压岁钱)、除夕夜、年夜饭(团年饭)、迎春、回娘家、拜年、新年放爆竹等。

(2) 以假日小队或团支部活动形式开展"欢聚在家园,礼仪在家庭"感恩教育活动,要求学生利用"拜年"这一中华民族的传统活动,感谢父母养育之恩,做一件孝敬父母、祖父母的好事,在家中学会一种小技能。

(3) 开展合理使用压岁钱的交流讨论活动，进行结对帮困活动，使学生的压岁钱用得有意义。

(4) 亲身体验包饺子活动。

2. 围绕元宵节开展的主要活动

(1) 了解元宵节的习俗：吃汤团、猜灯谜、观灯，知道元宵节的传说故事

(2) 开展猜灯谜活动

(3) 开展制作"灯笼""包汤团"亲子活动

3. 围绕清明节组织开展的活动

(1) 了解清明节的由来、习俗、清明节的诗词

(2) 组织开展"校园认养树木、绿化美化校园花坛"等活动

(3) 组织开展"远足扫墓"活动（口号征集、学唱扫墓歌）

(4) 开展了解清明节的文体活动，组织体育小游戏活动

(5) 组织开展讲英雄烈士故事活动

4. 围绕端午节组织开展活动

(1) 了解端午节的由来、习俗、有关的诗词

(2) 组织开展"包粽子"亲子活动

(3) 与伟业学校学生各自介绍当地端午节活动

5. 围绕重阳节组织开展活动

(1) 了解重阳节的由来、习俗

(2) 组织开展敬老、爱老活动

(3) 组织开展观赏菊花活动

6. 围绕中秋节组织开展活动

(1) 了解中秋节的由来、习俗、传说故事

(2) 开展探究性课题研究《中秋前后的月亮变化》

(3) 开展中秋传说故事、诗词朗诵比赛

(4) 开展"同在蓝天下——与学校学生共绘美景"书画活动

(5) 开展"八月十五话中秋"征文活动

(6) 开展家庭亲子小报制作

《中小学"两纲"教育资源整合的策略研究》附件3

《彩豆画》教学设计

【教学目标】

1. 知识与技能：通过欣赏彩豆画，认识、了解彩豆画的特点，并学会制作彩豆画的基本技法。

2. 过程与方法：利用彩豆画制作基本方法，独自设计创造一幅彩豆画作品。

3. 情感态度价值观：培养学生认识美、发现美、创造美的能力；农家彩豆进美术课堂，激发学生学习兴趣，培养学生爱家乡、爱学校、爱生活的情感。

【教学重点与难点】

1. 重点：探寻彩豆与画面内容的最佳结合点及制作技法。

2. 难点：利用各类豆的特征制作个性化的作品。

【教学准备】

1. 教师：各类干豆、胶水、笔、三夹板、多媒体课件。

2. 学生：各类干豆、笔、胶水、三夹板。

【教学过程】

一、兴趣导入（多媒体课件＋音乐）

1. 谈话交流

师：同学们，今天来了很多客人老师，先与老师们打声招呼吧！

师：听了你们的介绍，老师感觉到当代红领巾的风采真是不一样。今天老师可高兴了,因为有你们这群活泼可爱的学生和我在这么漂亮的教室里上课,真是幸福啊!其实我们的教室很美,校园也很美,咱们去看看。(多媒体播放校园文化,师边看边问)

问:你们看到了什么?

生:彩豆画。

问:哦,是彩豆画,你们看到校园里的彩豆画后心里有什么疑问吗?

(学生提问)

师:同学们提了好多问题,而且提得很好。不如让我们一起来研究制作彩豆画吧。

2. 课题:彩豆画(多媒体课件)

师:你们有没有信心啊?

二、引发主体、探求发现

1. 引导学生观察教师范画(多媒体课件展示3幅豆画作品)。

① 认识豆的种类及特征

师:请小朋友先来欣赏几幅彩豆画作品,仔细观察一下,你能发现老师的彩豆画由哪些豆组成吗?

生:黄豆、绿豆……

问:那么这些豆子又有什么特征呢?

生:颜色不同、大小不同、形状不同。

师小结:同学们说得很好,其实啊,豆有各种颜色、形状,它们的大小也不同。

② 通过触摸体验彩豆画

师:我们看了屏幕中的彩豆画作品,现在老师给你们看一幅真实的彩豆画,而且我要请一位小朋友来摸一摸,谁愿意试试?

问:再仔细看一看,看了真实的彩豆画后你有什么感觉?

生:我觉得……

问:谁还想再来体验一下?

(教师拿着范画走到学生之间,让学生触摸感受)

生:……

师小结:刚才我们通过摸一摸、看一看,知道了彩豆画是由各种大小不同、形状不同、颜色不同的豆排列组成的。那么我们该怎样来排列呢？

2. 认识点、线、面（多媒体课件）

问：你能发现老师圈出来的这部分表示什么吗？

生：是点。

师再指着一粒豆问：这个呢？

生：也是点。

（师概括其实点的形状是差不多的）

问：那这一部分表示什么呢？

生：是线。

问：除了竖线，还有其他形状的线吗？请你们伸出自己的手指在空中画一画。

问：咦，这部分又表示什么呢？（用箭头指着一块面）

生：是面。

问：你们知道面是怎么组成的吗？

生：是由很多点组成的。

师：你讲得真好。老师想邀请一位小朋友上来，请他找一找这幅画面中其他的点、线、面，谁愿意试试？

生：我认为这是点、这是线、这是面。

师：你真聪明，观察得也仔细。我们表扬他。

师小结：其实啊，我们每幅画都是由点、线、面组成的，在我们的生活中很多艺术家也是用点、线、面来制作出漂亮的作品。你们想不想也来做个艺术家？想知道彩豆画是怎么制作的吗？

三、启发主体、操作完成

1. 了解彩豆画的制作过程

①（多媒体播放制作过程）师边看边问：这是我们学校的彩豆画工作室，从画面中你看到了什么？

生：我从画面中看到了彩豆画制作方法。

问：你看懂方法了吗？那你说说看，你觉得彩豆画是怎样制作的？

生：……

问：其他同学有不同意见吗？

② 多媒体揭示步骤

师：我们重新来看一下制作过程图。第一步是？第二步是？第三步？第四步是？

生：……

2. 探寻科学的贴豆方法

问：彩豆画制作过程我们已知道了，猜猜看这幅作品我们是怎么制作的？

生：……

问：小朋友，动一动你们聪明的小脑筋想一想，如何粘豆会又快又好？

生随意讲。

（多媒体课件播放粘豆方法的录像）

师：让我们再走入彩豆画工作室去看看。

师边看边问：先粘哪儿？再粘哪儿？

生：先粘轮廓再粘里面，可以摆上去，大面积的可以撒上去。

师小结：同学们说得很好，观察很仔细。我们知道了一幅画面是由点、线、面组成的，又到工作室看到了制作方法。老师希望人人都是小小艺术家，一起开动脑筋，发挥团队合作精神，充分利用桌面上的材料，发挥想象创造出自己心中的彩豆画。

四、生作业、师巡辅

（多媒体课件＋音乐）

师：请同学们发挥团队合作精神，共同创作。

五、开发主体、深化知识

1. 互相参观作品。

2. 请个别较为优秀的创作者介绍自己的作品。

3. 师：你们真是富有奇思妙想，创造出了一幅幅生动的画面。

4. 问：今天你通过制作彩豆画，想到了什么呢？学生各抒己见。

5. 师总结：这些彩豆就来自我们的生活，或许是因为不起眼，所以没有引起你的注意，通过今天的学习，我们已经发现：其实生活中有很多东西，只要你善于思考、动脑筋，都可以通过自己灵巧的双手把它变成可爱的作品，来美化我们的生活。

《中小学"两纲"教育资源整合的策略研究》附件4

建设班级文化　渗透"两纲"教育

班级是学校教育教学工作的基本单位,是学生良好的健全的人格形成的主要基地。孩子到学校来不仅是学习知识,更重要的一点就是学习怎样做人,这就是我们落实"两纲"教育的根本所在。把"两纲"教育融入班级文化建设之中,努力营造健康向上的班级文化,应成为我们提高班级管理水平和促进学生发展的一项重要举措。

一、理解班级文化内涵

文化是人类社会特有的现象,是人类在社会实践过程中所创造的物质财富和精神财富的总和。而班级文化是班级成员在班主任引导下,向着班级目标迈进过程中所创造的物质财富和精神财富的总和,包含着班级内部形成的独特的价值观、共同的思想作风和行为准则,这是一门隐性课程,是一个班级内在素质和外在形象的集中体现。

二、创新班级文化建设

在同一所学校,不同的班级往往会表现出不同的精神风貌:有的班级集体意识强,有的班级学习氛围浓,有的班级热爱课外活动……这些差异不仅体现了不同班级之间的个性特征,更反映了班级发展水平的差异,其中,班级文化的建设成效起到了关键的作用。

(一) 在显性中凸显

要努力使学校的墙壁也会说话,让学校能够成为一个能耕耘出春天的"村庄",可见班级硬环境的建设在营造班级文化中所发挥的作用。

1. 精心装点教室。优美的教室环境能给学生增添生活和学习的乐趣,消除学习后的疲劳,有助于激发学生热爱班级、热爱学校的情感,促进学生奋发向上,增强班级的凝聚力。其实,这也是我们开展温馨教室建设的宗旨所在。我们结合学校的彩豆文化建设,把教室环境的装点与之紧密结合:每个班级都以孩子们熟悉和喜欢的豆宝宝的名字命名,并制作了班级铭牌悬挂在教室门上。教室的四周布置着孩子们制作的彩豆画,并配上了孩子自己设计的宣传标语,充分体现艺术化、本土化和儿童化。随着外地来沪务工子女的增加,我们在教室里把他们家乡的风土习俗、名胜古迹以不同的形式展现出来,这就是丰盛的"民族大餐"。

2. 注重仪表渲染。师生的仪表具有着"随风潜入夜,润物细无声"的隐性教育功能与教育效果。整齐的校服时时给予我们的孩子一股集体的力量,充满着朝气和焕发着精神。教师的仪表美,能提升学生对教师的亲和力;学生的仪表美,能提升教师教学的激情。这就是我们学校新三年发展规划所提出的目标——"精神像彩豆一样饱满"。

(二) 在隐性中渗透

优美的教室环境是创建班级文化的基础,而一个安静、和谐的学习与生活空间,可以催人奋进,可以影响学生对事物的判断和看法,可以改变学生的学习与生活方式。把"两纲"教育的内涵有机地融入到班级文化建设之中,更是班主任管理理念的综合体现。

1. 共酝班级目标。优良的班风像熔炉一样,对全班学生起着熏陶、感染的作用。班风是班级大多数成员的思想认识、情感意志和精神状态的综合反映,是班级文化建设的核心和精髓所在。为此,我们各班向着"身心像彩豆一样健康"的培养目标积极努力,引领师生向着目标攀登。"团结、进取、勤学、乐思""团结、互助、勤奋、向上""团结奋斗、自强不息"等一系列班训,或张贴在教室的醒目位置,或张贴在学生的课桌上,就像是GPS定位系统,让班级成员不失航向。

2. 亲和人际关系。建立良好的人际关系,包括班主任与学生、任科老师与学生、班主任与任科教师、学生与家长,是我们开展温馨教室建设和落实生命教育纲要的基本要求。我们要提倡助人为乐、心中有他人,看人要先看别人的优点和长处,正视自己的缺点和不足;确立团队意识和培养合作精神。在学校彩豆画特色课程活动中,与同伴的合作、与家长的交流等形式正是这一良好关系得以建立和改善的有效途径。相互间的理解、团结、帮助,以及平等地友好相处,都有助于形成一种使人奋发向上的气氛。

3. **创意主题活动**。结合学校的特色文化建设,把"两纲"教育的主题与班级主题活动融合起来,我们通过"观彩豆形、知彩豆神、做彩豆颂"三大层次,按低、中、高三个年级段,建设班级的特色文化。"彩豆宝宝"活动——深化生命教育主题、"彩豆制作"活动——突出民族精神教育主题、"彩豆情怀"活动——凸显"为中华之崛起而读书"主题。相信班级中的每位成员,一定能用他们略嫌稚嫩的肩膀撑起一片属于他们自己的成长天空。因而,"收获像彩豆一样丰硕"的培养目标在班级活动开展中得以落实。

4. **关注弱势群体**。弱势群体是指其行为、学习成绩或者两者都比较差的学生群体。结合生命教育纲的要求,在班级文化建设中注重"学会关爱与对社会的责任教育"。我们深入细致地调查、观察和了解这些弱势群体,从他们的家庭状况、生理和心理状况到行为习惯,加以分析思考,制订出有针对性的个性化教育方案,从而达成"个性像彩豆一样灿烂"的培养目标。放大他们的长处和优点,使其重拾信心,创设不同的场景和任务,放手让这些学生去做、去发挥,共同营造良好的周边环境。

三、发挥班级文化功能

班级文化不仅能为学生的素质发展创建良好的氛围,还能为形成一个勤奋向上充满活力的班集体起到桥梁纽带作用。

(一)发挥教育实效。班级文化对每个学生都起着潜移默化的教育作用。以周恩来"为中华之崛起而读书"为主题的班级文化,通过"胸前一枚铭章、心中一个理想、追求一位偶像"等三个层面,激励着班级成员养成良好的学习习惯,从而调动起他们参与活动的积极性、主动性和创造性。

(二)凝聚集体力量。班级文化能把班级学生的个人利益与班级利益联系在一起,使个人与班级行为及努力的方向保持一致。从而形成强烈的凝聚力、向心力和群体意识,促使学生在日常学习和生活中时刻清醒地意识到——这是我的班级,我是这个班级的学生。"雨天的小挂件——班级雨伞""粉笔的新居"等小创意,都能凝聚起每位成员的智慧和力量。

(三)监督个体行为。班级文化所形成的规范体系是一股强大的力量,使班级学生自觉地约束自己,让自己的行为符合班级规范。"当走进一间地面整洁、桌净窗明、环境优美的教室时,谁会乱扔纸屑、随地吐痰呢?当看到同学在认真做作业或看书时,谁会大声喧哗随便吵闹呢?"这就是班级文化的魅力。

(四)调节心理负担。整洁、美观、优雅的室内环境,犹如细雨润物,容易给人营造良好的心境,使学生获得心理上的平衡;一个安静、和谐的学习与生活空间,可以催人奋进,可以影响学生对事物的判断和看法,可以改变学生的学习与生活方式,使其以高昂的情绪和奋发进取的精神积极投入到学习和生活中去。"烦恼回收箱""心灵小木屋"等温馨的设施,有效地调节了班级成员的心理矛盾。

在班级文化建设中,我们把"两纲"教育融入其中,其实是优化班集体的有效途径。"培养全面发展的建设者和可靠的接班人"这一目标,就会在班级文化建设中得到潜移默化的完成,就在这渗透与融合的过程中,"两纲"教育的思想贯穿于整个班级文化环境之中,使班级中的每个孩子天天有快乐的心情、时时有奋斗的目标、处处有进步的喜悦。

结缘

B

这里有一份难舍

从懵懵懂懂起步,在"忙不完"的事务中找到了那么一点点感觉:学习不能放松,思考不能停止,研究不能落下……

一篇篇小文章聚焦到一个个点,联起来,就是一串串成长的足迹。真有意思,也很值得!

其实,德育科研的大门一直为我们打开着,只要我们有勇气迈出这一步;它并没有我们想象中的那么令人费解,只要我们愿意为之下功夫;深奥又难懂、复杂又遥不可及,也不全是,关键是我们站在什么角度去看待。

失败并不可怕,可怕的是我们面对失败没有积极的心态;从失败中吸取和总结经验,可以证明我们并没有失败;只有失败了,我们才会想尽办法去交流、去讨教、去查询相关资料以查明失败的原因。

只有经历实践,理论才有了用武之地;只有经过实践的证明,理论才具有了可靠性和普遍性;只知道做事,那是远远不够的,更远的还有研究……

课题立项的准备

申报过各级各类的课题,写课题申请书是必要一环。但要想成功立项,不要轻视这三个方面的要求:富有创新性的选题、具有扎实的研究基础、可读性极强的申请书。

确定主题,明确"做什么"。富有创新性的选题是申请成功的第一关键,选择不大不小的、合适的创新目标,并将其创新实质明白无误地表述出来。要从大处思考,从最广阔的视角来考虑科学问题。对于那些基础性的重要问题,发挥你的想象力,找到创新性的解决方案。要避免井蛙之见,要将那些需要进行多年研究的计划纳入考虑,要着力寻找和解决重要的科学问题。创新,应该是我们开展德育科研工作的灵魂,更是我们德育科研工作追求的目标。我们要审时度势,选择有前沿性、先进性的课题,让自己取得与众不同的成就,让梦想成真,让自己思维超出所研究的领域而去自由驰骋,这或许就是德育科研带来的快乐吧!

打实基础,思考"为什么"。研究基础是回答"为什么让我做"这个问题,是让我们德育科研人员回答"能不能做"的问题。那么,有预先研究和充分积累的基础,是关键的要素。研究基础包括两个层面,一方面是较为宏观的基础,指的是我们德育科研人员的个人条件,如学历、专业技术职务、科研训练经历等;另一方面就是微观的基础,指的是根据我们所要研究的课题的内容,是否做过一些探索性的前期工作。我们在课题的申请书中要尽量地、全方位地、多角度多层次地展示出自己和课题组的研究实力以及以往的相关工作积累,以证明自己能做,有研究实力完成这个德育科研课题。

撰写申请,明白"怎么做"。我们的课题申请书要有新颖的想法、好的思路和扎实的科研基础,但是仅仅有了这些还是不够,如果我们不能较好地把自己新颖的想法、好的思路和扎实的科研基础表达出来,专家读了我们的申请书后,如果无法理解我们的新颖想法和思路、无法准确把握我们的科研基础,那么,再好的想法、再好的思路、再强的研究基础,成功的把握性仍然是很小的。其实,我们课题申请书要有很强的可读性。因此,我们在撰写课题申请书时,要尽可能地做到语言规范科学、文字精练明了、语义确切清楚,避免烦琐平庸而缺乏亮点。如果我们的课题申请书能做到图文并茂,读来赏心悦目,那就是把德育科研的课题申请书做成了一个精彩而完整的科学故事。

确定好课题研究的思路

德育课题研究的思路,总体上来说就是设计者以一个什么样的大体思路来完成自己的课题设计。在课题开始研究之前,必须有一个明确的研究思路。内容主要包括规划选题的设计计划、设计步骤的主要组成部分、计划选题在什么地方有一些创新突破点、要达到什么样的设计效果,最后以一个什么样的方式展现设计成果等方面。

在这个研究思路中,我们应该思考:如何选择研究的视角和切入点?起点是什么?哪个是关键点?这是一个全景跟踪还是横截面设计?是一个单独的研究还是一系列的研究?是理论思辨性研究还是逻辑实证研究?课题研究步骤如何写?有了明确的研究思路,那么在确定研究内容时,要有强烈的问题意识,即每一个内容都是一个问题,而这个小问题是独立的,与其他问题相关。主要研究问题最好分层、逐题书写,使读者能清晰地理解研究思路。这就启示我们,应当从客观存在着的实际事物出发,从其中引出规律,作为我们行动的向导。

具体地说,我们可以这样来确定一个课题的研究思路:

研究的背景和意义是什么?主要说明所选课题的历史背景、国内外研究现状和发展趋势,历史背景部分着重说明本课题前人研究过,研究成果如何;研究的基本内容和拟解决的主要问题是什么?想说明什么主要问题,结论是什么;研究方法和措施是怎样的?选题不同,研究方法则往往不同,研究方法是否正确,会影响到课题研究的整体水平;研究工作的步骤与进度如何安排?材料的收集、初稿的写作、论文的修改等,都要分阶段进行,每个阶段从什么时间开始,到什么时间结束,都要有规定。

附：

《中小学德育校本活动的设计与评价》研究方案

一、指导思想

中小学德育已经从单一的课堂灌输拓展到了校园文化熏陶，从关注学生的道德认知转向塑造良好道德行为。要适应这样的转变，中小学德育的内容、形式、途径、评价都需要有相应的转变。校本化的德育活动就是在新时期德育新理念指导下的一种重要的德育尝试。但是，目前的很多德育校本化活动在内容上同质化严重，设计形式单一、缺乏创新，没有真正体现学校特色，尤其是针对德育活动本身的评价环节缺失，成效不明显，未能得到学生和家长的认可。本课题研究旨在对中小学德育校本活动的设计和评价两个环节进行分析研究，从而提高德育活动的有效性。

二、研究主题

狭义的德育即指学校德育，是指教育者按照一定的社会或阶级要求，有目的、有计划、有系统地对受教育者施加思想、政治和道德等方面的影响，并通过受教育者积极的认识、体验与践行，以使其形成一定社会与阶级所需要品德的教育活动。

校本活动是指学校为了促进学生发展，根据上级要求和学校实际，整合校内各种资源，开展富有学校特色的各种主题性、系列性的活动。校本活动凸显了"为了学校、在学校中、基于学校"这一"校本化"的特征。

本课题研究将中小学德育校本活动的"设计"和"评价"联系，归纳提炼中小学德育校本活动设计的原则、策略、方法，设计体现中小学特点的德育校本活动评价表并探索操作方式。

三、研究背景

德育校本活动通过设计校本化的综合实践性的德育活动，采取一系列的策略和措施来实现有效的德育，使其内涵更丰富，形式更多样，活动更生动，效果更明显。通过本课题实施，以提高德育校本活动的有效性为目标，增进教师在德育活动设计和评价方面的实践能力。

四、研究目标

（一）理论目标：通过研究中小学德育校本活动的内涵和实施现状，从"设计"和"评价"两个方面入手，分析中小学德育校本活动设计的原则、策略、方法，形成一套中小学德育校本活动评价的指标。

（二）实践目标：根据中小学德育校本活动的特点，运用中小学德育校本活动评价指标，从而改进校本德育活动的实施质量，提高活动成效。

五、研究方法

（一）调查研究法：通过问卷调查、座谈等方式，了解当前中小学德育活动设计和评价的现状。

（二）经验总结法：对我区部分中小学已有德育校本活动的实践，加以收集整理，从中归纳提炼出中小学德育校本活动设计的原则、策略、方法等。

（三）行动研究法：这是本课题研究的主要方法。基本流程包括：分析中小学德育校本活动的类型划分、内容设计、实施状况；分别设计中学、小学德育校本活动评价表；开展一次中小学德育校本活动实践，运用评价表对活动进行评价；反思评价表使用中存在的问题，完善评价表。

六、研究内容

（一）中小学德育校本活动的现状调查

在课题组成员所在学校的教师、学生、家长中，以座谈、问卷等形式开展现状调查。调查内容围绕当前中小学开展的德育校本活动的主题、内容、形式，以及对这些活动的评价，包括知晓情况、满意程度、需求方向、目标期许等。

（二）中小学德育校本活动的内涵研究

在调研基础上，研究中小学德育校本活动的类型、内容等方面的特点。

（三）中小学德育校本活动的设计研究

通过收集优秀德育校本活动的设计案例，分析梳理，提炼经验，归纳中小学德育校本活动设计的原则、策略、方法等。

（四）中小学德育校本活动的评价研究

设计中小学德育校本活动的评价指标，确立教师、学生、家长为主体的评价结构，探索行之有效的校本德育活动评价操作方式。

七、研究对象

本课题组成员所在中、小学的德育校本活动设计、实施、评价情况。

八、研究步骤

（一）准备阶段（2016 年 9 月—2016 年 12 月）

1. 组建课题组，明确具体分工。

2. 课题设计、论证,确定课题研究方案。

(二)实施阶段(2017年1月—2018年6月)

1. 开展我区部分中小学德育校本活动设计与评价的现状调查。

2. 收集中小学德育校本活动设计实施的优秀案例。

3. 研究中小学德育校本活动的类型、内容等方面,构建中小学德育校本活动的框架体系。

4. 归纳中小学德育校本活动设计的原则、策略、方法。

5. 制定《中小学德育校本活动评价表》(小学版、中学版)。

(三)总结阶段(2018年7月—2018年12月)

1. 整理材料,总结提炼经验。

2. 撰写课题研究报告。

九、研究成果

(一)阶段成果

1.《区内部分中小学德育校本活动设计与评价的现状调查报告》

2.《区内部分中小学德育校本活动设计方案集》

3.《课题组成员经验文章汇编》

4.《中小学德育校本活动评价表》(小学版、中学版)

5. 反映课题研究过程的各类图片、音像资料

(二)最终研究成果

研究报告《中小学德育校本活动的设计与评价》

课题小组分工

序号	姓名	性别	任职单位(职务)	分 工
1	AAA	女	***小学(教导主任)	方案设计
2	BBB	男	***学校(德育主任)	调查分析
3	……	……	……	……

学会画好研究思路图

跟着基地导师学做课题,从基地的市级课题做起,自己承担一个子课题进行了实践。后来,又有机会跟着学做国家级课题。在这样的课题实践中,"课题研究思路流程图"一直在闪现。一开始不明白为什么要有这样的思路图,也不知道如何绘制,又有什么用呢!

后来在实践的过程中,慢慢发现,这是做课题必不可少的!因为,做课题研究没有清晰的思路,是难以在有限的时间内做好一份具有可执行性的课题研究方案的。

课题研究思路,这是做课题研究中必须具备的前提,大概要经过调查筛选、课题论证、制订方案、实践研究、交流总结和申请课题等程序。由于研究的选题不同,具体采取的思路也有所差异,所以,课题研究思路流程图也有所不同。其实,做图的过程也是帮我们梳理思路、调整思路的过程。

研究思路流程图的绘制,可以参考以下三个阶段的内容与要求:

第一阶段:先对国内外相关研究综述、理论体系(基本理论和方法论),进行搜集整理分析。

第二阶段:对研究课题进行策略定性分析,包括现状分析和对策研究。根据现在存在的问题,比如教师、学生、学校、价值取向,来制定对策研究。

第三阶段:从研究过程中,得出有效的结论及建议,撰写课题研究报告。

例 1

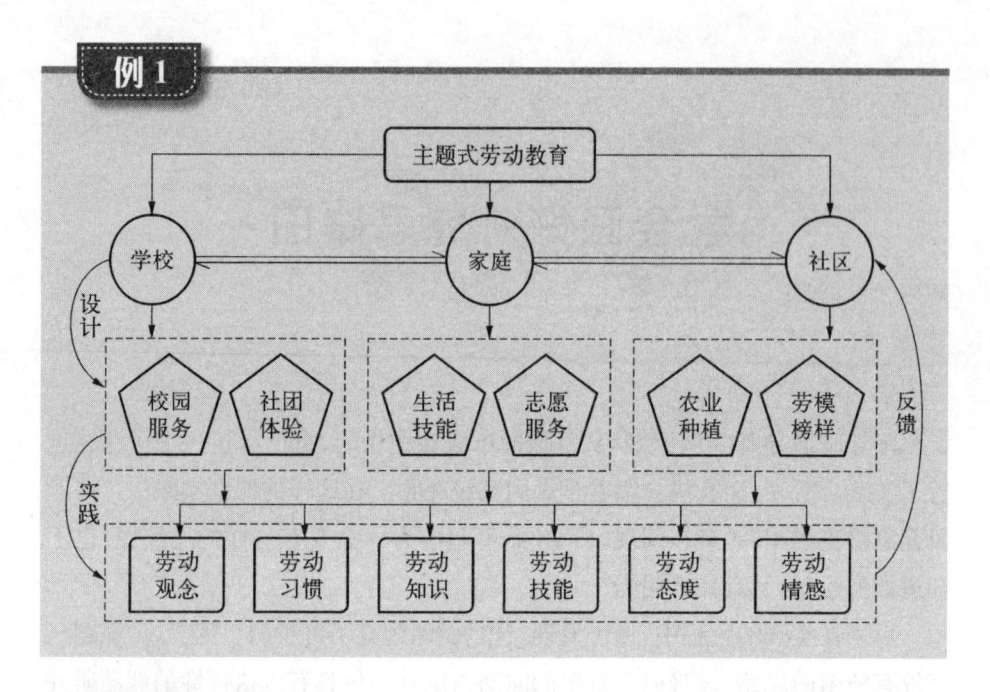

主题式劳动教育

学校 —— 家庭 —— 社区

设计 / 反馈

学校：校园服务、社团体验
家庭：生活技能、志愿服务
社区：农业种植、劳模榜样

实践：劳动观念、劳动习惯、劳动知识、劳动技能、劳动态度、劳动情感

例 2

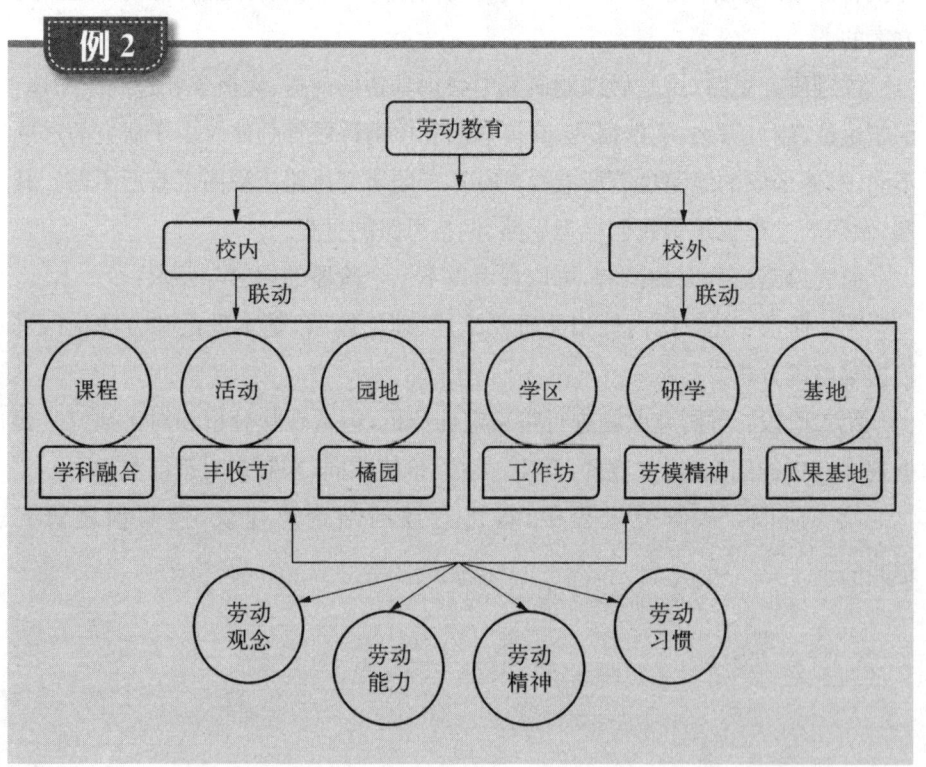

劳动教育

校内联动 / 校外联动

校内：课程（学科融合）、活动（丰收节）、园地（橘园）
校外：学区（工作坊）、研学（劳模精神）、基地（瓜果基地）

劳动观念、劳动能力、劳动精神、劳动习惯

例3

研究路径图

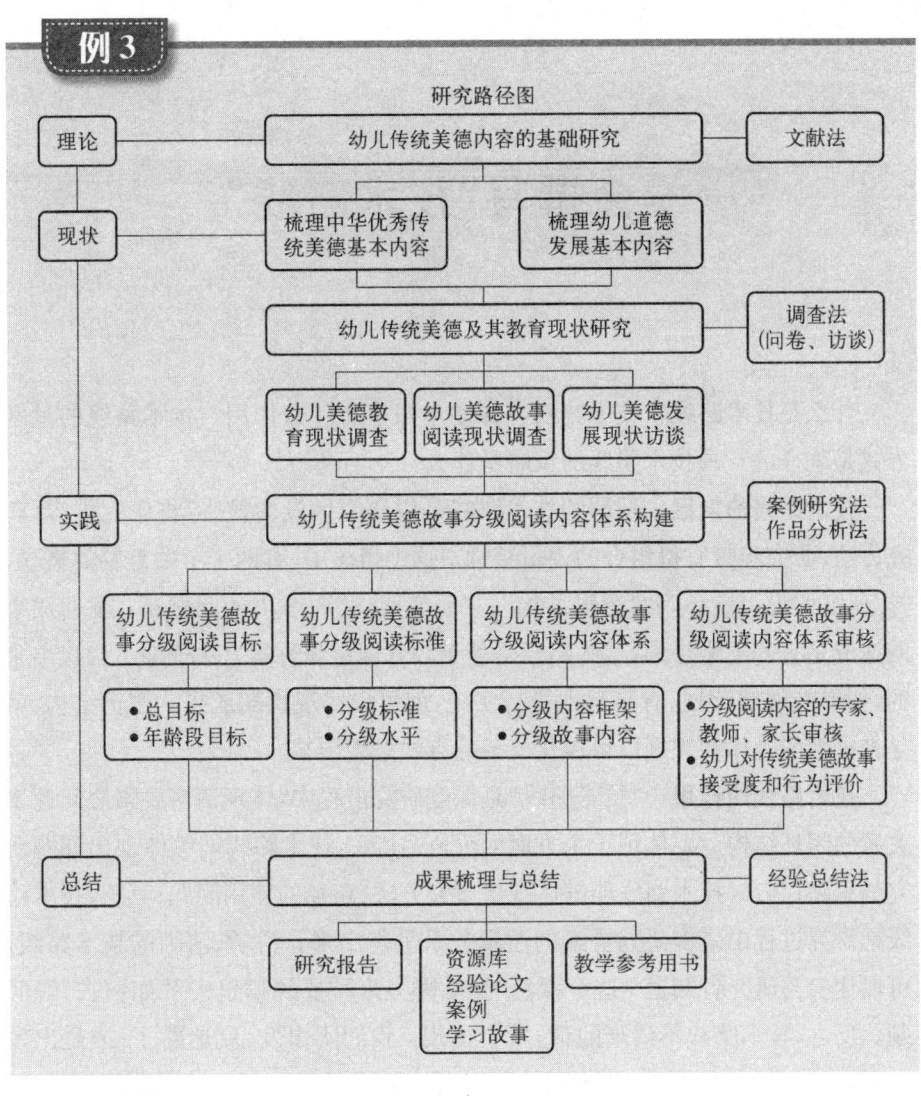

- **理论** → 幼儿传统美德内容的基础研究 ← 文献法
  - 梳理中华优秀传统美德基本内容
  - 梳理幼儿道德发展基本内容
- **现状** → 幼儿传统美德及其教育现状研究 ← 调查法（问卷、访谈）
  - 幼儿美德教育现状调查
  - 幼儿美德故事阅读现状调查
  - 幼儿美德发展现状访谈
- **实践** → 幼儿传统美德故事分级阅读内容体系构建 ← 案例研究法、作品分析法
  - 幼儿传统美德故事分级阅读目标
    - 总目标
    - 年龄段目标
  - 幼儿传统美德故事分级阅读标准
    - 分级标准
    - 分级水平
  - 幼儿传统美德故事分级阅读内容体系
    - 分级内容框架
    - 分级故事内容
  - 幼儿传统美德故事分级阅读内容体系审核
    - 分级阅读内容的专家、教师、家长审核
    - 幼儿对传统美德故事接受度和行为评价
- **总结** → 成果梳理与总结 ← 经验总结法
  - 研究报告
  - 资源库、经验论文、案例、学习故事
  - 教学参考用书

例4

依托区域特色资源开展校本德育活动的实践研究

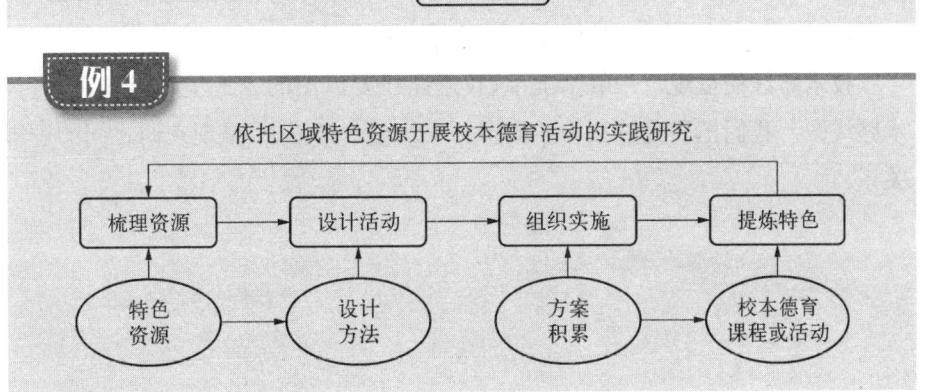

梳理资源 → 设计活动 → 组织实施 → 提炼特色

- 特色资源
- 设计方法
- 方案积累
- 校本德育课程或活动

学会撰写"技术路线"

什么是技术路线？技术路线在课题申报中有什么作用？技术路线的呈现方式是怎样的？画技术路线的策略是什么？

技术路线的内涵。所谓的技术路线是以研究假设为核心，将研究内容、研究方法、研究步骤有机组合的逻辑结构。这个概念中，有两个至关重要的概念，"以研究假设为核心"和"逻辑结构"。"研究假设"要解决的问题是：预期成果的达成是有若干路径的，这些路径是基于教育理论和科学方法框架下构想出来的，如果能够有计划、有步骤地进行实施，就可以实现预期成果。逻辑结构，就是把思维的规律和规则以可视化框架的方式呈现出来。

技术路线的作用。"技术路线"是课题研究进程中，体现诸多要素之间逻辑关系的闭环结构。要体现三个方面的价值：其一，技术路线能够体现出课题研究的思路；其二，技术路线能够体现出研究方法、路径的使用问题；其三，技术路线把研究过程中诸多研究要素的逻辑关系呈现出来。科学、清晰的技术路线，可以让参与研究者知道：这个课题"是从哪里来""要到哪里去""如何去"等问题。反之，技术路线不清晰的话，就会出现：我们刚出发，就迷路了；或是出发久了，忘记了为何而出发；想回来时却忘了归家的路。

技术路线的呈现。一般情况下，技术路线要以图的方式呈现出来，称为技术路线图。我们把研究过程中的诸多要素放在一张图中，呈现它们之间的逻辑关系。

例1

《基于创客教育的校本德育活动的设计策略》的技术路线图

主体部分的中间是课题研究的内容,确定了四个研究内容,分别是创客教育融入校本德育活动的内容研究、方法研究、实践研究、评价研究。并且,我们可以看出,四块研究内容从上到下的排序是有先后的,这体现了研究的思路。

主体部分的左边是课题研究的方法,研究方法与研究内容是对应的。一项研究内容可以使用一种方法,也可以使用多种方法。特别要注意的是:研究方法不是随意使用的,要做到适切,也就是你所使用的方法确实可以解决研究内容中的核心问题。

主体部分的右边是课题研究的预期成果。这些研究成果与研究内容也是对应的。哪项研究内容可以形成哪些研究成果,基本是清晰的。

应该说,这个课题的技术路线图是很好的。它体现了课题研究过程中,诸多研究要素之间的逻辑关系,将研究内容、基本步骤、研究方法、预期成果之间的逻辑关系结构化,让人一目了然。

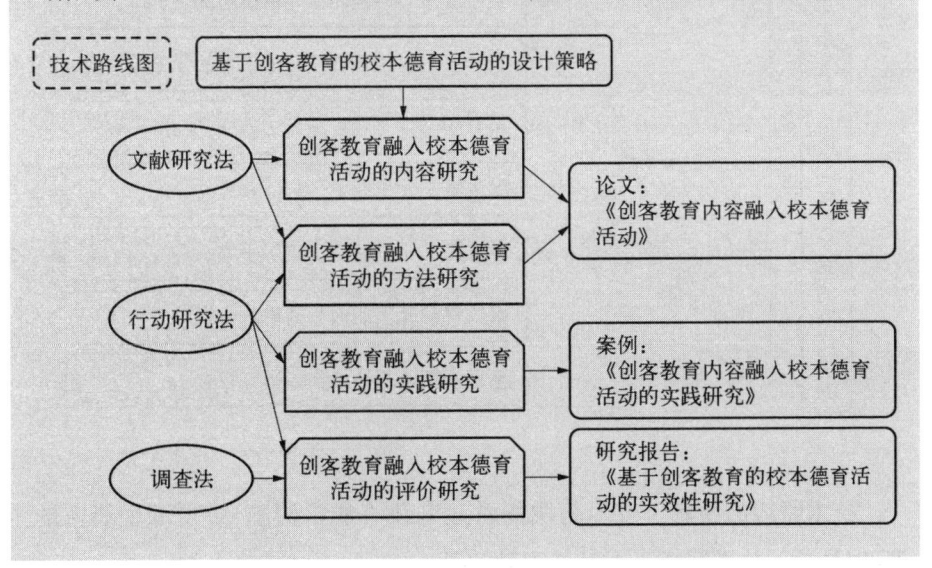

技术路线图：基于创客教育的校本德育活动的设计策略

- 文献研究法 → 创客教育融入校本德育活动的内容研究 → 论文：《创客教育内容融入校本德育活动》
- 行动研究法 → 创客教育融入校本德育活动的方法研究
- 行动研究法 → 创客教育融入校本德育活动的实践研究 → 案例：《创客教育内容融入校本德育活动的实践研究》
- 调查法 → 创客教育融入校本德育活动的评价研究 → 研究报告：《基于创客教育的校本德育活动的实效性研究》

例2

《基于小学音乐课融入舞蹈元素提高学生对音乐韵律美的感受力的研究》的技术路线图

最左边是课题的名称。

最右边是研究内容,共分为8项研究内容。

中间是研究方法,呈现了四种研究方法,从方法的箭头指向可以看出,研究方法与研究内容的关联。如果细看的话,研究方法与研究内容是非常匹配的。

当然,这个技术路线图缺了一块内容,即成果。没有研究成果的技术路线图是不完整的。因为看不出你的目标是什么。应该在后边补上,让每一项研究内容都指向一个研究成果。

用这样的话来讲:凡事有交代,件件有落实,事事有成果。所谓的件件和事事就是研究内容。

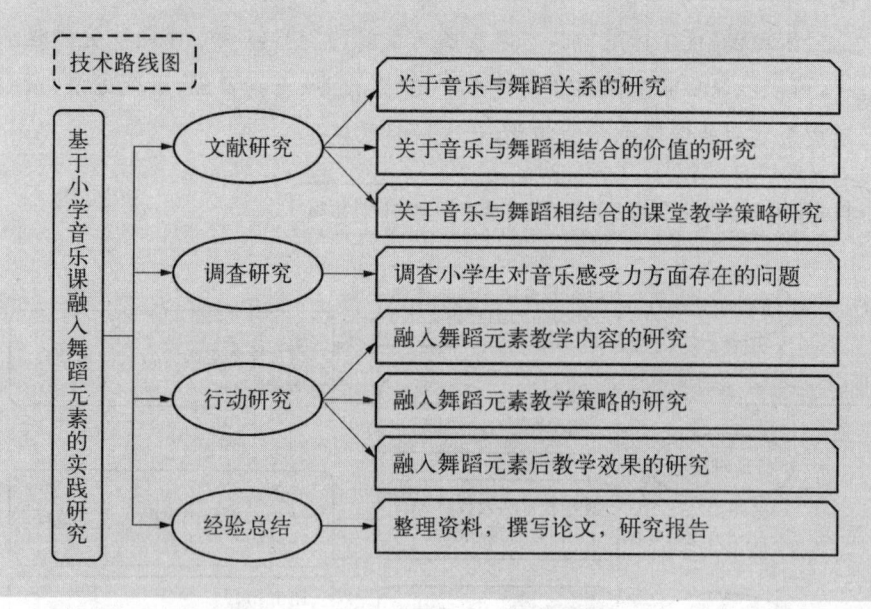

```
技术路线图
```

基于小学音乐课融入舞蹈元素的实践研究
- 文献研究
  - 关于音乐与舞蹈关系的研究
  - 关于音乐与舞蹈相结合的价值的研究
  - 关于音乐与舞蹈相结合的课堂教学策略研究
- 调查研究
  - 调查小学生对音乐感受力方面存在的问题
- 行动研究
  - 融入舞蹈元素教学内容的研究
  - 融入舞蹈元素教学策略的研究
  - 融入舞蹈元素后教学效果的研究
- 经验总结
  - 整理资料,撰写论文,研究报告

技术路线的绘制。技术路线图看起来让人非常清晰,可观课题研究的全貌,但是画好技术路线可不是件容易的事。

课题研究思路要烂熟于心：我们为什么要研究这个课题？这个课题的研究内容是什么？我们所要的成果是什么？我们的成果能够解决课题的核心问题吗？我们的成果形成的方法是什么？我们应该先研究什么？再研究什么？最后研究什么？

召开课题组成员头脑风暴会，技术路线图的建构要集大家的智慧，课题组成员要开会，分组或一起拿出大白纸，分头画技术路线图。每个人都画，然后再集中，去粗取精、去伪存真。头脑风暴法是比较好的，可以调动课题组成员的智慧，而且课题组成员是研究者，对一些具体问题最有发言权和实践体会。

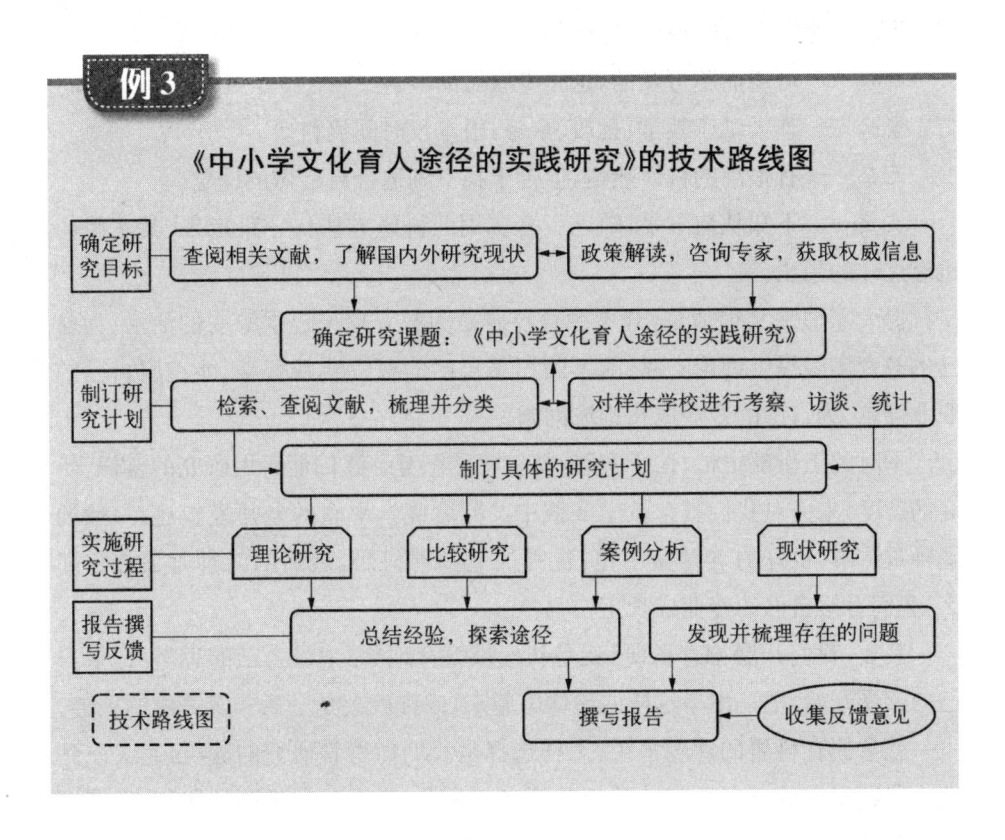

例3

《中小学文化育人途径的实践研究》的技术路线图

确定研究目标	查阅相关文献，了解国内外研究现状 → 确定研究课题：《中小学文化育人途径的实践研究》 ← 政策解读，咨询专家，获取权威信息
制订研究计划	检索、查阅文献，梳理并分类 ↔ 对样本学校进行考察、访谈、统计 → 制订具体的研究计划
实施研究过程	理论研究　比较研究　案例分析　现状研究
报告撰写反馈	总结经验，探索途径　　发现并梳理存在的问题 → 撰写报告 ← 收集反馈意见

技术路线图

研究的课题要有特色

提起德育科研,同行都有这样的想法:

神秘——可望而不可及的,这是专家做的事。

繁忙——整天忙于教学、批改、事务,根本没时间搞科研。

无奈——有很高的科研热情,但苦于找不到适合自己做的课题。

头痛——不知从何下手,缺乏一套实用的科研方法!一路走来,其实我们也有这样的想法。

但大家似乎又很清楚,开展德育科研是为教育理论提供源头的活水、为自己的教育实践提供理论支撑、能不断积累自己的教育实践智慧、能克服自己的职业倦怠、为自己的专业成长推波助澜!

平时的工作都很忙,忙于实践,却忽略了思考。我们能否用研究的意识、研究的态度,来面对我们教育教学实践中的问题呢?平庸的老师爱叙述,一般的老师重讲解,良好的老师懂示范,优秀的老师善科研,著名的老师筹流派。那么,我们有给自己的专业成长定位吗?

其实,我们开展德育科研,就是从记录教育现象、记录自己的思考、记录自己的感受开始,把一串串这样的珍珠串起来,或许就会是一条非常美丽的项链。

就拿德育科研的课题来说,怎样选择是我们做德育研究的起点,它关系到这个课题研究的方向、成效、价值与意义。为此,作为一线教师的我们,在课题研究时首先要选准课题,做出我们自己的特色。

小一点,有型。确立的课题题目要"小一点",便于我们研究,容易出成效,研究周期也不应太长。通过自己自主探究可以改变行为的"小"课题;或将上级下达的重点课题结合自身教育教学实际选择一个"子课题",以增强课题的可操作性,解决平时教育教学中存在的某一问题,以提高自身专业能力与科研能力。

真一点，有情。课题研究内容要"真一点"，以我们在教育教学中所遇到的各种问题为研究对象，以自主研究为主要方式，以解决我们平时教育教学中的困惑为根本目的所展开的教育研究。围绕教育教学的真实情景和真实事件，发现带有共性的问题，而问题必须具有针对性和现实性。在开展教育教学工作的同时，以研究者的身份，用研究者的眼光去审视出现的问题，通过研究使教育教学改革能够与时俱进，通过改革实现我们的专业成长。

新一点，有色。所谓"新"，即选题要符合学校的实际情况，还要有时代感，有生命力。在开展教育教学研究时，应把课堂作为教育教学研究的主阵地，以新课程理念为导向，以新课程实施过程中所面临的具体问题为对象，不断探讨新课程实施过程中出现的新问题或新困惑，以求新的突破，力争新的提升。

实一点，有货。这些问题的研究与解决，可以促进我们自身专业的成长，推动教育改革的不断深化。为此，在课题研究方案设计时，对课题研究的具体步骤与实施方案要进行科学安排，做到研究方案、研究目标与平时教学紧密结合，做好落实工作。同时，我们还要及时进行自我反思、归纳总结、提炼经验，使整个课题的操作始终处于有步骤、有成效的运作之中。

力求做到有新意

在德育科研中，如果能做到材料新、方法新、观点新，就很不容易了。什么问题具有新意？就是别人没有研究过的，或者研究过了但没有研究透的，或者看似研究透了但是仍有分歧的，以及应该予以纠正、补充或需要重新审视的问题。缺乏创新、搞重复研究，其实是浪费人力、物力，浪费读者的时间。

材料新。可以体现在文献上；小到一件事、一件实物、一句话、一个词、一个字均可；可以是相对于研究主题而言的，不一定是从未发现过的，只要是某个研究主题没有使用过的材料，原则上，都可以称为新材料。新材料，尤其是关键性的新材料，对于支撑观点是很有用的。因为材料对于观点作用的大小，主要不是靠材料的量，而是取决于材料的质。关键性的材料对于观点的支撑作用，能够以一当十，其真伪对于观点的真伪具有一定的支配性作用。此外，当新材料发表后，即使作者不做概括，新材料里蕴含的观点或理论也会被有些读者感受到。所以，我们一定要到学术前沿、稀见文献、地方史料、新出土的文物中或到社会实践第一线去寻找新材料。

方法新。新方法包括新创造的方法、首次从其他领域引进到所研究领域的方法或者看问题所采取的新角度等。新角度有时表现为新理论、新框架。例如，就研究杜甫诗词而论，山东大学的萧涤非先生那一代，自幼就对唐诗下了很大的功夫，甚至对杜诗达到了倒背如流的程度。当今已很少有人能做到这一点了。所以，若用传统的方法研究杜诗，超越萧涤非先生将会非常难；若用新方法就会产生不同的效果。比如，先把现代西方哲学中的诠释学钻研透了，然后从诠释学的角度研究杜诗，就可以看到萧先生未发现的东西，很有可能超越他。

观点新。观点新是内容上的、实质上的，而不是形式上的，旧观点换了个新说法仍然是旧观点。从更高的要求说，观点新还包括分量问题，就是它有没有冲击力的问题。所谓冲击力,不是哗众取宠,而是提出的观点能够让人茅塞顿开、豁然开朗,甚至能够起到指点迷津、引领人生的作用。当然,有冲击力的文章,除了有社会现实意义外,还有一种类型,就是有较高的学术价值。如果一个课题解决了学科发展所面临的重大问题,那么这个课题肯定会有冲击力。有一定冲击力的观点,一定是超越传统和世俗的新观点,而传统和世俗的势力是异常强大的,一旦有所触犯,它一定会不遗余力地进行打压。

德育课题的申报

课题,是我们从事研究的前人或同时代的人还未认识或解决的问题,它具有较为单一而又独立的特征。那么,作为一名基层的德育工作者,如何申报科研课题呢?

课题的选择。课题的选择不是空想出来的,德育课题的申报应有三个条件:

第一,对申报的课题已经开始或正在研究的课题,应有前期成果。除了自己的前期成果外,还应了解国内对这个领域的研究情况。我们可把研究课题所关注的问题进行相关信息搜集,把国内发表的有关这一主题的文章全部收集起来,然后把这些文章按内容分成几类,掌握这些情况,对申报这个领域的课题非常有利。

第二,对申报的课题有实地调查的资料,或总结出相关的经验资料。比如,课题《提升中小学生政治意识的实践研究》,需要我们把所在区域中小学生目前的情况做梳理并详细地呈现出来。到实际中去,有实际调查的资料才能做出我们所报课题的特点。

第三,申报的课题要符合"课题指南"的要求。为什么必须符合"课题指南"的要求呢?因为,"课题指南"所提出的题目都是当前需要研究的基础理论问题和现实中的重要问题。如《中小学劳动教育课程建设的实践研究》,正是当下我们德育工作所关注的问题,需要我们做深入的研究和思考。所以,我们申报的课题一定要不脱离指南,不是说必须和指南上的一模一样,但也要围绕指南来选题。

课题的论证。课题设计论证是课题申报的主体部分,体现着申报者的学识水平、科研能力及创新精神,课题设计论证是否科学、合理,有没有特色、亮点,能不能吸引、打动评委,是课题申报成功与否的关键因素。怎样论证?

第一,我们为什么要研究这个课题。

第二,我们所研究的课题,主要解决什么问题。

第三,我们解决主要问题的难点是什么?怎样解决?如何突破?

第四,前期成果有哪些。

因此,在论证的时候一定要考虑周到,我们这个课题所要解决的是什么,难点是什么,表明我们可以解决所提出的问题。要注意把握以下几个方面:

层次要"高"。要有战略性、前瞻性,要触及规律性的东西,用战略思维、宏观视野和全局观念去准确捕捉微观问题,同时善于把微观问题提高到宏观高度,以小见大。

研究要"新"。课题论证一定要有思想、有观点、有创新,具有开拓性或原创性,切忌低水平的重复,"拾人牙慧""人云亦云"的东西是没有竞争力的。要做到"新",就需要我们了解该领域的研究概况,讲究创新和前瞻,瞄准前沿抓空白,在相当高的层次上创新。

视野要"广"。我们力争能做到综合研究,跨学科研究。比如,课题《新时代背景下中小学文化育人的实践研究》,需要我们从国外到国内,从历史学、民俗学、环境学、旅游学等方面,综述与本课题相关的已有研究及其不足,导出选题的意义,体现出我们研究者的知识面和对问题的深入思考。

积累要"厚"。只有"厚积",才能"薄发"。课题论证要体现出申报者有深厚的功底,有丰富的前期积累和深入的、具有前瞻性的思考。研究课题之所以能在众多的课题中脱颖而出,其丰富的前期研究成果起了很重要的作用。

成员的组建。一个人或两三个人,是很难研究出精品的。只有大家合作,互相讨论,发挥集体智慧才能出精品。课题组成员要很好地搭配,研究实际问题的课题,成员中除了理论工作者外,还应包括一些实际操作的人员,这样便于调查。组建团队时要注意:能结合学校优势、能结合力量层次、能结合校际特点、能结合区域资源,既要克服"单兵作战"现象,又要克服"人员挂名"现象。

研究的现状。主要包括国内外现状述评和研究意义。国内外现状重在阐述本课题所涉领域研究成果已达到什么样的水平和层次,而不是对行业领域发展现状的描述;研究意义包括阐述课题研究理论意义和实践意义。

研究的内容。研究内容,要针对性非常强、非常准,切忌多而乱;研究思路,要清晰严谨,具有高度逻辑性,由浅入深,循序渐进(最好的办法是逆向思维、锁定问题、反弹琵琶);研究方法,要讲清楚研究不同的问题,应使用什么不同的方法,不能笼统罗列;主要观点,要有科学性、创新性、特色非常明显,前瞻性、区域性、宏观性要强;研究重点,既要明确又要准确;研究难点,指注明研究过程中会遇到的困难和问题。

文献参考。参考文献收集要充分,既要有国内的,还要有国外的(领导讲话不能作为文献)。

预期成果。成果形式定位要非常准,不能把各种成果形式都写进去,要突出主要成果和次要成果,研究报告是课题研究必需的成果,其次可增加论文或专著。切忌过度强调课题研究成果的理论价值,而忽视了其实用价值的重要性。

经费预算。经费预算要合理准确,要避免"重经费,轻使用,狮子大开口"的现象。

从一个主题到一个蓝本

行走在德育科研的路上,学会这"七个一"的确很重要。

申请初始,需要确立一个主题。首先,是对要研究的德育课题要确定一个特定的主题,也可以先确定一个大框架,这样的话,在做课题的过程中,不需要太大的调整,可以共同推动。

撰写过程,需要选定一个蓝本。不管是申请什么级别的课题,我们可以采用的一个方法是,按照自己的思路,按照课题研究的要求,从背景到研究内容到技术路线到拟创新点和研究方法等,都先写好,特别是研究内容和技术路线,可以采用图文并茂的方式,这样便于评阅人理解接受,思路和脉络都更清晰。

初稿完成,需要凝练一个题目。初稿完成后,别着急交,一定要看看自己写的课题申请书当中的内容和当初草拟的题目是否一致,或是否得体。要看题目是否反映了我们自己要申请的研究主题,也要查阅下往年获批课题的名称,看看他们题目的结构、字数、关键词等。题目的结构看得出来我们自己对研究的熟悉程度,如果是不熟悉的人,写的题目看着就觉得像是散文题目,而字数过长过短都会影响观感,题目中是否有研究的关键词和核心词汇,也能间接反映是否把研究的东西概括出来。

千锤百炼,需要求教一些牛人。作为基层一线实践的我们,确实需要请教科研经验丰富的"老前辈们",他们对文字的锤炼、对申请书脉络的把握、对科学问题提炼的理解,都能在短时内挑出问题来,内容自然是要自己去弄好。

抛光润色,需要宣传一下自己。我们要写好自己的经历,要把自己的论文、获奖、参与过的课题或项目等,都写得很清楚,因为是课题申请,就是要告知他们把这个德育课题给我们研究是可行的,因为我们有经历和实力,我们能完成得很好的!

查漏补缺，需要规范一下格式。实践告诉我们，格式一定要特别注意，能做表格的都做表格，能画图的都画图，内容要精雕细琢，可读性要强，同时把内容排版做得更漂亮。

提交之后，需要抛弃一切负担。提交了，就放下了，该做啥做啥去，等待着你的或许是惊喜，或许是需要再搏一次，但是不管怎么样，放下这个负担，也许是因为我几次申请都是匆匆忙忙、累死累活，所以提交等于卸货，不再去纠结于它。课题申请的过程是漫长的，也是痛苦的，这是必经之路，放下才有再担起担子的力气！

德育科研需要遵循的环节

在跟着导师学做课题的过程中,我们基本遵循着这样的五个环节:确定范围、查找资料、评估资源、摘录信息、解决困难。作为一名德育工作者,在做科研的时候,我们一定要具备好奇心、耐心和细心,要采用正确的方法有条不紊地查找、评估并记录资源,在落笔之前,要定位、写纲要和润色,直到拥有充足的论据。

确定范围。我们要找到进行该研究的理由,思考这项研究将使哪些人受益?分析研究的问题,把问题落实到基本术语、时间范围和学科范围中。写下由主要问题衍生出的小问题,先调查小问题,才能回答主要问题。考虑中心论点,中心论点通常是对所研究问题的回答。我们要对自己的研究目的有一个基本的设想,但是在开始调查前不需要特别严密。如果需要,可以先提交开题报告。一般来说,时长达几周的研究才需要写开题报告。可以阐述准备调查的问题,然后说明该问题的相关性和重要性,以及研究采取的形式,包括阅读、调查、搜集数据和咨询专家等。确定研究范围和界限,先考虑这些问题:研究的时间安排(写清楚各过程的时间分配);研究报告包含的主题(应该规定研究范围);阶段性安排(便于跟进自己的进度);需要用到的文献资源数量(一般和研究报告的篇幅相关);引用的格式。

查找资料。从基本的网络搜索引擎开始,键入研究的术语,对研究问题有基本的了解;被大学、科学家、政府和期刊引用过的网站资源更权威;记录我们想要引用的资源;用"+"号来搜索多个关键字,比如"传统节日+节日礼仪";用"-"号来排除,比如"+勤俭意识-购物消费";记录网站资源的相关信息,包括作者、发布日期、你搜索到的日期和URL(统一资源定位符)。提炼调查中获得的材料,确定论文写作的方向和思路,决定总论点后,把总论点分为几个分论点,分别通过网络、图书馆和访谈等形式进行调查。

评估资源。选择一级资源还是二级资源,实证、文物和来自直接目击者的文档是一级资源,从一级资源衍生出来的讨论是二级资源。二级资源可以是对原历史事件的分析。比如,劳动教育是一级资源,而劳动教育资源是二级资源。

客观资源优于主观资源、出版资料优于网上资源(网上资源通常没有出版的期刊和书籍那么权威)、寻找对立资料(和自己所研究的论点相对立的资料很重要,它们能拓宽我们的思维,找到研究报告中有缺陷的地方)、使用前再次评估资源的可靠性(正式写作前先把资源和观点分开,最终我们会发现有些资源并不足以支持你的论点)。

摘录信息。记笔记,写下一路调查遇到的问题和找到的答案,标注资料页码、URL。注释,对纸质、视频、音频资料都做笔记。在打印资料的边缘标注关键术语和立论点。可以使用荧光笔和铅笔边读边标注,不要读完再回头做笔记;标注是促进理解的好方法;记录有用的引用出处。用文件夹收集研究资料,按主题分门别类,也可使用电子文件夹,比如用印象笔记保存扫描件、网页和笔记。列出提纲,分解出分论点,然后按顺序标号。

解决困难。独立思考,不要依赖过往的研究,过去的研究并非唯一的着手点。向不了解你的论题的人讲解,尝试讲解自己的研究成果,并让对方就自己的讲解提出问题。跨学科寻找资料,假设我们的研究是人类学方向的,我们可以阅读社会学、生物学等其他学科的文献,也可以通过图书馆咨询台拓宽资源。开始写作,从充实提纲开始写作,在写作过程中,你会发现个别要点需要进一步研究。

德育科研这样起步

在几个课题的实践之后,对德育课题的操作有点感觉了。在不断地向导师学习,向科研专家学习的同时,时时反思我们自己的研究过程。把握好以下的六步,是做好德育科研的关键。

第一步,确定研究选题。可以以课题指南为选题依据,看清指南中的政策规定、资助范围、指南题目,但莫把指南当"圣旨"。可以以学科发展前沿为选题方向,从指南题中找热点,与时俱进,从现实需求中找选题;从指南题中找冷点,出奇制胜,从薄弱研究中找选题;也可以以本人研究基础为选题重点。

第二步,凝练科学问题。要弄清课题研究的科学性何在,科学性是学术研究的"底线",我们必须回答:我们是在进行本质属性和规律性的探索吗?我们提出和要解决的科学问题是什么?我们提出的科学问题是什么性质的问题?是描述性的?解释性的?验证性的?评价性的?预测性的?综合性的?

第三步,厘清三个背景。厘清现实背景——科学研究要为现实服务,我们要回答:科学问题的提出是现实的需要吗?科学问题的解决能为现实服务吗?研究的实践意义或应用价值是什么?厘清理论背景——科学研究需要理论指导,要回答:解决我们所提出的科学问题,有哪些可供使用、参考的理论依据?研究的科学意义或理论价值是什么?厘清学术背景——学术研究存在学术生态,要回答:与科学问题有关的现状如何?我们的申报可能和谁构成竞争?

第四步,评估研究意义。评价课题研究的理论意义——在弄清理论背景基础上,评估科学问题的解决对本领域、本学科及相关学科发展,特别是理论体系完善的作用。评价项目研究的实践意义——在弄清现实背景基础上,评估科学问题的解决对现实问题的解决能提供哪些历史经验、科学依据、决策咨询等方面的应用价值。

第五步，判别理论与方法创新。理论创新的判别——能否完善学科的理论体系；能否推动学科研究的深度和广度；能否促进新领域、新学科的形成。方法创新的判别——能否更有效获取已知的科学认识；能否获取更加精准的科学认识；能否揭示更多的本质属性和规律性。

第六步，填写申报书。填写申报书，提交一个属性明确、范围适中、逻辑严密、内容全面、重点突出、方法得当的实施方案。科研管理人员从技术层面对于填好申报书有很多很好的经验，但一份好的申报书，最根本的还是学术层面的。

起点——课题研究是一个学术过程，如同一次旅行，必有其起始的位置，这是项目的立足之点。学术是"站在巨人的肩膀上"的，首先要找到这个"肩膀"在哪里、有多高。课题研究的"起点"就是国内外研究现状。千万不要忽视国内外研究现状述评。切莫抬高自己，贬低别人总结成绩，揭示不足，彰显项目研究的内容与意义——做别人没有做过，或者做了还须进一步去做的工作。

终点——目标是方向，是靶子，是引路的灯塔。学术研究之"终点"是指解决的科学问题，实现的研究目标，得到的研究成果。学术研究不能靠在巨人的肩膀上"睡大觉"。"终点"必须比"起点"高，体现科学研究的进步性。研究目标不能多，不能写成研究内容的重复，也不能写成关键问题的解决，而是聚焦于科学问题的解决（可分总体目标和具体目标加以说明）。

路径——"路径"是从"起点"到"终点"的研究思路或技术路线。解决一个科学问题，可能有多条技术路径可供选择。是选择最短路径、最安全路径，还是最熟悉路径？这取决于我们的能力与偏好。

内容——一般认为，研究内容是研究方案中最重要的。研究内容各部分之间具有紧密的逻辑关系和先后秩序，大多是因果关系、递进关系，少数并列关系。层次要清楚，适当说明逻辑关系。

方法——方法是为内容服务的，不同的研究内容要采取不同的研究方法。没有最好的方法，只有最适合的方法。研究方法主要包括数据收集、数据处理和结果表达的方法，注重多学科和新方法的引入，力求创新但不能标新立异地引入一些谁也不懂的术语与方法。

读出文献的味道

阅读大量的文献是我们做德育科研的重要环节。如何在大量的阅读中获取自己所需要的内容而收到事半功倍的效能，需要我们智慧地去阅读文献。事实上，我们在找文献时会发现，或许是无关紧要的，或许是只沾点边而已，和主题契合的文献总是很少。找文献关键字很重要，关键字设置好了，往往就能找到自己需要的文献。

找到了我们需要的文献接下来的工作就是阅读了。找文献的时候大家都很积极，总是觉得文献不够多，越多越好，有一点关联的都把它下载下来。结果那么多的文献，也没有个轻重缓急的区分，都不知道从哪一篇读起。而且刚刚开始阅读文献的同学都有个毛病，就是喜欢通读，细读全文。其实阅读文献是有一定的方法的。

如果你下载了太多的文献，不知道该如何选择，那么我们先从题目开始。把文献的题目浏览一遍，找出那些你比较感兴趣的题目先看，再在这些文献中找一些较短篇幅的先看，从而慢慢地建立对文献阅读的兴趣。如果遇到一篇晦涩难懂的文献，也不用抱着啃，可以先把这篇文献放一放，如果这篇文献和你研究的主题相关不大的话，那么可以直接删了它。

其实，我们在做德育科研时，大都采用做笔记的方式来阅读文献。

养成以编排书目的顺序编排资料的习惯，节省日后综合各种资料时重新整理条目的时间。以作者姓名与页数编排笔记的另一好处，是撰写论文时，若须标出参考资料，只须再补上出版资讯。尽量试着将笔记纸上的各条目维持分离与独立。这么做能让笔记不失焦，往后重新组合亦较方便。将笔记条目完全打散，利用自己的表达方式将其重新连结，是极具成就感的经验。笔记各条目间留下空白，以便日后加注。重新阅读笔记时，补上自己对内容的相关疑问、回应及交叉参照等。这些评论内容能形成论文初稿的原型。

记笔记很容易成为一种机械式的习惯,抄写文字,却对加强记忆内容没有什么帮助。因此,试着将阅读的文章内容分成片段,每看完一段就合上书,试着回忆内容,并写一段总结。如此一来,阅读吸收的内容得以借由回想这个动作强化。这么做也有另一好处,在准备写总结的心境之下,会发现自己的阅读效率变好,分析力变得更强,对所谓"重点"的敏锐度也更高。

当然,在摘抄时应避免抄写过多内容。笔记上只应出现和研究主题有关的概念,总结(而非抄写)相关叙述,改写他人论述只是浪费时间。避免过度依赖画线等重点标记。选择最重要的概念作为标签或子标题,其余则用自己的话说明,也可以在页缘(或使用自黏贴)用自己的话写下说明笔记。只有以下情形应完整记下精确文字,概念已设计成好记、清楚的名词;若为此情形,论文中亦应正式引用。

阅读文献,我们还应注意以下要求:

目标导向。开始检索和阅读之前,我们一定要明确目标。建议把检索的目标提前写下来,在检索时反复强化提醒自己。这时候要杜绝好奇心的诱惑。

去伪存真。抓主线,抓亮点,摒弃完美主义倾向,时间有限,生怕漏掉点什么信息的想法导致碰到生词就想查,读到了后面却忘记了前面。

管理知识。形成知识管理体系,按习惯形成便于检索的知识库。切不可满足于完成阅读的数量,要让读后的文献可利用。

尊重事实。这是进行文献综述的首要原则,即不能捏造事实或者扭曲文献的含义。对于研究者而言,既要以严肃的态度对待学术、对待论文,同时又需要具有一定的理论水平。

我们眼中的"说"与"做"

无论是为了达到学校的要求,还是自己的愿望,我们总希望能够有文章发表。结合我们自己的德育科研的实践需求,我们可以先写一些文章,作为练笔。我们写文章,总是希望能够得到专业老师的具体指导。那么专业老师的"说",我们实践的"做",该如何处理呢?

首先,立意是否新颖。我们常有这样的感觉,在真正落实到文字时,总显得材料有些单薄,或是说理不透彻,或是逻辑不严谨,或是论证不充分。这就需要有人来指出重点或难点所在,在关键之处甚至要加写几句话,更多的则是指出不足之处,提出应着力思考的问题和方向。现在的电脑修改模式或批注方式非常方便,我们在有些论文旁边的批注是密密麻麻的。这样的花脸稿会对自己产生较大的触动,促使我们深入思考,深化对若干问题的认识。

其次,方法是否得当。对于方法还要区分思想方法和一般研究方法,方法得当可以事半功倍。比如唯物辩证法和矛盾分析法等思想方法属于指导原则,而个案研究法、计量分析法等方法则属于工具性的具体方法。比如,历史研究要坚持论从史出,但论文呈现方式可能是夹叙夹议,也可能是以论带史。在形式上,叙述方法必须与研究方法不同。研究必须充分地占有材料,分析它的各种发展形式,探寻这些形式的内在联系。只有这项工作完成以后,现实的运动才能适当地叙述出来。这点一旦做到,材料的生命一旦在观念上反映出来,呈现在我们面前的就好像是一个先验的结构了。

最后,操作是否规范。写一篇德育类的论文,对于我们来说,就是一个综合科研能力的考验。在实际操作中,我们觉得一些论文还是不够规范,或是作者疏忽,或是嫌麻烦,导致论文格式不一致,注释不规范。一是摘要,摘要本应摘出论文要点,通过摘要看到论文的主要观点和创新之处。我们往往只是按照每章的顺序简单概括一下,像是一个篇章结构的介绍,或是在论文导言部分介绍的研究内容甚至与摘要的内容相同;二是目录,文章题目不宜过长,要善于概括凝练,层级要一致(一般是章节目三级标题);三是注释,引用他人成果要标明出处,一般说来,引用上要规范,著者、题目、出版社、期刊号、页码等排列要有序(一篇论文的格式要统一);四是参考文献,参考文献是展现论文深度和广度的重要指标,如果一些基本的经典文献都没有参考,很难说这篇论文会有什么创新之处,如果对参考文献的排列很随意,那就没有规律可循了,这些都需要我们加以改正。

撰写中的字词句

撰写报告,都是由文字写出来,有人用得好,写的故事精彩,喜欢看的人就多,有人用得差,写得就没意思,喜欢看的人就少。所以,我们把基本的字词句段篇写好非常重要。

字。德育课题中的每一个字都不是可有可无的字,都必须发挥出其最大作用。有人说,摘要400字,如果你只写了200字,说明你的态度有问题。并非如此!摘要中每一个字都是不可替代的,只有这样才能准确传达字的意思,才有可能做到字字传神。

词。有了文字,就可以构筑词语。字如同个人,词如同家庭,是由字构成的最基本的单位,如何构建家庭?如何构建词语?例如:"探索"和"探明",这两个词感觉一样,但是两个不同的词,其实就一字之差,但是其意义却有天壤之别。"探索",根据《现代汉语词典》的解释,是多方寻求答案,解决疑问的意思,例如星际探索,其实就是星际旅行;而"探明",《现代汉语词典》没有这个词,百度百科的意思是打听清楚,探察明白。尽管百度百科不权威,但是我认为这个解释是准确的。那么"探索"和"探明"给我们的启示呢?"探索"更多的是讲的过程,是对未知事物的探究,结果如何,不知道,可能成功可能失败,可能探出成果了,可能没成果;然而"探明",却给人一种一定要打破砂锅问到底,一定能搞明白的意思,也就是一定能把机理搞清楚。因此"探索"给人一种客观工作的感觉,而"探明"给人主观工作的感觉;"探索"给人过程的感觉,而"探明"给人一定有结果的感觉;"探索"给人不带感情的感觉,而"探明"给人自信的感觉。其实,类似这样的词语很多,即每一个词都需要斟酌,对比、确定它到底有什么延展含义,如何准确使用,形神俱佳要琢磨,词义清楚。

句。根据现代汉语词典,句子,也就是句,是用词和词组构成,能够表达完整的意思的语言单位。句子的意思一定要准确,也是最需要下大力气和功夫的地方,句子一般要力求做到,没有废话,不重复,就是不转着圈说同一个事,简洁易懂,其实句子的本身还是要把字和词的事搞清楚。

段。有了句子,构筑段落,段落要有观点,段落至少不能太短,三行的段落感觉有点干瘪,如果某项研究内容下面的一段是两行字,这样的申请书通过的概率很小,但是段落也不能太长,字数太多了,就说明这事你颠来倒去说不清。那么段怎么构成?

第一,一定要有中心句,无论是归纳式还是演绎式,都需要一个中心句,这一段都围绕这个中心句来写;

第二,对中心句要形成合理的支撑,例如观点的论述,一般都要用到参考文献。有人认为,把所有大牛的文献都要引用,但是科学的观点更重要,平铺直叙地引用大牛的观点,不符合科学精神。

第三,注意句子的重构,有时候一段话,可能就三四句,但是有某个词或短句总是翻来覆去地出现,不出现又感觉不合适,怎么办?讨论、重构,甚至和外行讨论,都会对段落有启发,所以一定要讨论,让句句无废话。

篇。有了段落,下面就是谋篇布局。研究基础部分篇章,到底写多少合适?我们认为,减一分则太瘦,增一分则太肥。到底哪个是本项目的基础,胡乱扯的太多,拼凑的感觉;而太少了,则让人觉得基础不够。可以考虑从材料、工艺、性能三个方面撰写,做了哪些基础性工作,取得了哪些成果,这些成果对本项目形成了哪些基础,在此基础上有哪些思考,未来重要做哪些东西……所以篇章部分一定要讲究逻辑关系的构思。一定要从自己的角度找问题,是自己没有表达清楚,而不是专家没有理解清楚;此外,要多和不同的人交流,包括和自己的学生交流,通过交流一定可以获取许多新点子;科学思想是靠平时不断思考积累的。

写好课题的中期报告是一种鞭策

进行课题的检查,便于进一步加强立项课题的管理,提高课题研究能力和水平;督促课题组按照课题研究实施方案进行研究;促进课题组内的相互交流与相互学习。

课题中期检查一般围绕以下四个方面进行:课题研究进展情况,即研究计划的总体执行情况,各子课题进展情况,主要课题组成员变更情况及原因,研究工作推迟或终止的原因等;课题研究的阶段性成果情况,即成果名称、成果形式等,要列出成果清单并附上成果复印件(经采用但尚未正式发表或出版的论文与著作,请附上稿件采用通知书或出版合同复印件);课题研究存在的问题及其主要原因等;下一阶段课题工作计划。

检查形式一般以现场汇报、专家点评并结合提交书面材料的形式进行。主持人现场汇报时间一般是5~10分钟(最好是结合PPT进行,提前准备好),然后由专家根据汇报情况当场点评。具体来说,课题简介,即课题由来、课题界定、研究目标、研究内容;研究情况,即按时间顺序或内容板块有条理地说明研究工作的开展情况,有详有略、有主有次地陈述研究过程中做了什么、怎么做的;阶段成果,即客观地阐明本课题组完成研究内容、达成研究目标的情况,简要说明已经形成的基本观点或理性思考以及阐明了什么、证明了什么、探明了什么,介绍产生的客观效果和社会影响,概括性地叙述已形成的研究成果(体例、数量、影响等),具体罗列主要的研究成果(作者、名称、体例、发表或获奖情况等);疑难困惑,即具体明白地提出研究过程中遭遇的问题(课题研究本身),实事求是地提出研究工作中面临的困难(课题研究的外部环境和客观条件);后段设想,即前段应做而没有完成的工作如何补救,课题组面临的疑难困惑如何解决,后段研究思路有何调整,后段主要研究活动怎么安排;附件资料,即主要成果资料内容,有特色、有影响的研究活动资料。

例

《中小学生德育潜力激活与应用的实践研究》课题研究中期报告

一、课题提出的背景与所要解决的主要问题

（一）课题提出的背景

随着我国素质教育的不断深化,创新教育已成为素质教育深入发展的关键和核心。对学生进行创新教育已越来越受到各级教育机构、学校和教育工作者的高度重视和广泛关注。因此,培养和造就具有创新精神和实践能力的高素质人才是当今中小学教育工作的重点和难点。在实施教育过程中,由于受应试教育的长期影响,很难摆脱传统教育的束缚,找不到学校创新教育的突破点和切入点,为素质教育的健康发展设置了一道屏障……（略）

（二）所要解决的主要问题

1. 中小学各阶段潜力德育的主要途径、方法和措施；
2. 潜力德育在学生良好道德素养形成过程中的作用；
3. 潜力德育教育过程中存在的困难及解决办法；

……（略）

二、课题研究的实践意义与理论价值

（一）多元智能理论

美国心理学家加德纳的多元智能理论认为,人的智能结构大致由九种智能单元构成,哪一种智能开发得充分,这种智能就能在智能结构中占有优势……（略）

（二）马克思关于人的全面发展学说

马克思认为,社会和历史的发展归根结底是人的发展,人的发展的核心是全面发展,全面发展是最终目标和追求,是人自身价值最大限度的实现。要实现人的全面发展,就必须坚持以人为本,尊重人的个性特

征和价值追求……（略）

（三）现代脑科学理论

现代脑科学的研究成果表明，人的大脑蕴藏着巨大的潜力，而目前大脑的开发和利用还处于较为低级的状态……（略）

（四）素质教育理论

素质教育是我国教育改革的主题，素质教育的基本思想是坚持以学生发展为本，突出主体，面向全体，促进学生全面而有个性的发展……（略）

三、研究方案

（一）研究目标

1. 潜力德育教育的主要内容、途径、方法；

2. 激活学生德育潜力的内涵；

3. 激活学生德育潜力教育的阶层性；

……（略）

（二）研究内容

学习与潜力德育教育相关的理论知识，并以教育理论为指导，分析和研究、实践与探索激发初中学生德育潜力，使课题研究有充分的理论依据和理论指导。研究的主要内容是：

1. 潜力德育教育的内涵，初中阶段潜力德育的主要内容，各个内容之间的相互联系，以及内容的层级性；

2. 潜力德育教育的主要途径与方法，凸显课堂的主阵地作用，彰显活动的激励作用，发挥典型带动和示范的效应；

3. 潜力德育教育活动的设计，各项活动的设计符合学生认知和发展规律，利于学生参与，能够为激活学生德育潜力、启发学生学习智力起到积极促进作用；

……（略）

（三）研究方法

1. 文献研究法：充分利用互联网、图书馆的资源。检索、收集相关论著,认真阅读相关论著,获取有价值信息,寻求对本研究的启发和立论根据,并对所有信息进一步加以整理、分析,联系研究实际加以发展补充;

2. 问卷调查法:在研究过程中,通过对学校教师、学生的问卷调查,了解学生德育潜力、智育潜力、艺术潜力等基本状况、特征;

……(略)

四、课题研究实施的途径

全体课题组成员紧紧围绕课题,开展了丰富多彩的活动,做了大量扎实有效的工作,概括起来主要有以下几个方面。

(一)构建潜力课堂

1. 激活思维潜力——让学生动脑。思维能力是学习能力的核心,思维方式决定学生的学习方式甚至是生活方式,评价一堂课最重要的标准应该是看学生思维的密集程度和活跃程度,一个学生在课堂上凝眉思索,就一定是进入了学习模式和思考状态。

2. 提升合作潜力——让学生动口。合作学习是非常重要的一种学习方式,不仅能让学生共享学习的智慧、方法和成果,还能培养学生的交往沟通能力和团结互助的品质,激发团队精神。潜力课堂一定要关注学生学习小组的建设,充分发挥合作学习的作用和优势。

3. 培育创造潜力——让学生动手。创造能力是最根本的能力,只有不断创造才能不断赢得新的优势,我国教育最大的问题就是学生的创造能力差,因此潜力课堂应重点培养学生的创造能力。

(二)开展潜力活动

1. 德育及团队活动。德育部门是具体实施学校德育工作的职能部门,也是进行德育的协调组织机构;而共青团、少先队组织则是学生自己的组织……(略)

2. 主题教育活动。学校整体规划德育系列活动,实现一月一活动,重点抓好一项或两项主题教育活动,实现主题教育系列化,从各个角度、各个层次逐步挖掘学生自身的潜力……(略)

3. 社会实践活动。立足学校、面向社会,是学生道德养成的起步阶段。道德成自习惯,德育作为一种后天性的教育行为……(略)

五、课题实施以来的效果

(一)办学特色更加凸显,提高了人民群众对学校教育的满意度,进一步提升了学校的影响力和美誉度……(略)

(二)激活学生德育潜力,促进学生智育发展的效果主要表现在以下几个方面。

1. 增强了学生学习动力。通过德育潜力教育让每一个学生树立远大理想,明确人生目标,激发前进动力,成就出彩人生……(略)

2. 培养了学生良好的学习品质。学习品质包括自觉预习的品质、积极思考的品质、善于倾听的品质、质疑探究的品质、交流合作的品质、独立作业的品质等六个重要方面……(略)

3. 锻造了学生坚强的学习毅力。通过开展激活学生德育潜力活动,大力实施了"挫折教育"和"励志教育"……(略)

六、有待进一步研究的问题

虽然课题组做了大量研究工作,取得了一定成效,但受水平、时间、精力、经费等各方面条件的限制,许多问题还没有得到圆满解决,有待进一步研究,如激活学生德育潜力教育的活动设计及针对性还需要进一步加强……(略)

德育科研报告 实例二

立足校园文化培养中小学生文化自信的实践研究

上海市浦东教育发展研究院　康建军

一、课题研究的背景与目标

中小学生正处在人生观、世界观、价值观逐步形成的时期,在什么样的文化熏陶下成长,尤其重要!如果他们在各种文化涌来的浪潮中能够正确面对多元文化,并确立明晰的是非观点,那么,他们对文化的自信心会逐渐培养起来。

(一)课题研究的背景

我们中小学的校园是积累、传播、创新知识的场所,是传承人类文明和科学的集散地。在这里,我们学生的选择是多元的,既可能被高尚积极的文化所陶冶,也可能被低俗、腐朽的文化所俘虏,关键之点就取决于他们所处的教育环境及其所接受的教育。目前,我们的中小学校都在挖潜并整合各种教育资源开展校园文化建设,并形成了一定的教育氛围。那么,我们以怎样的视角去认识文化、以怎样的态度去对待文化,又以怎样的思路去发展文化?"培养高度的文化自觉和文化自信,提高全民族文明素质,增强国家文化软实力,弘扬中华文化,努力建设社会主义文化强国。"这是为推动社会主义文化大发展、大繁荣提出的一项重要任务,也是建设社会主义文化强国的重要基础。

1. 核心价值体系内容丰富

不同时代、不同社会、不同民族的文化具有不同的价值观念体系,而社会主义核心价值观的深刻内涵,规定了它在文化建设中担当树旗帜、指方向的历史使命。教育、引导我们的中小学生树立文化自信的意识、端正文化自信的态度,精神养料哪儿来?社会主义核心价值体系指给我们的就是中国文化的主旋律,这一主旋律既有全社会的基本道德风尚,也有聚合民心、凝聚力量的支点,更有提高社会主义先进文化的凝聚力和吸引力。因此,在教育过程中,我们应融入学生生活的实际,营造良好教育的氛围,让我们的学生感知、认同并接受,进而内化为他们的自觉行动。

2. 民族传统文化情韵深厚

传承与弘扬传统文化绝不意味着守旧复古,而是要全面认识传统文化。这一文化传统,既包含了思想观念、礼仪制度、思维方式、价值取向等深层次的文化内涵,也包含着独特的生活方式、风俗习惯、民间风情。如果抛弃传统就会丧失文化的特质。只有加强民族文化的教育,才能真正树立起国民的民族自尊心和自信心,进而形成对振兴中华文明历史责任的认同与使命意识。通过学校课堂教育、社区文化熏陶以及父母长辈的言传身教,让我们的学生理解和继承我们优秀传统文化的精髓,真正体现民族文化现代化的转换,保持民族性,体现时代性。

3. 文化品质呈现开放包容

我们提倡继承优秀的民族文化传统,并不是要排斥外来优秀文化。世界文化各有所长,只有兼纳融合,才能在更好地吸收借鉴外来文化的同时,进而加速中华优秀传统文化走向世界的步伐。因为,以什么样的态度对待外来文化,考验着我们的文化自信。中华文化是一个充满生机和自信的文化系统,在创新、吸纳和兼容并蓄上有着广阔的胸怀。所以,我们应引导我们的学生辩证地加以取舍,强化融合,以双向的、互动的形式尊重差异、相互欣赏,从而增强中华文化的世界认同。

(二)课题研究的目标

通过分析中小学校园文化建设的现状,厘清校园文化的归因,从而梳理对中小学生培养文化自信的方法与途径。

1. 学生应关注怎样的校园

我们的校园文化或具地方特色,或具发展特色,或具民族特色,这是整个校园的主流文化。有什么样的文化熏陶,就能培养出什么的优秀学子。如上海市傅雷中学的"傅雷精神文化",培养出熟读傅雷家书的傅雷学子;浦东新区逸夫小学的"海洋文化",培养出海纳百川的逸夫学子;浦东新区坦直小学的"彩豆文化",培养出阳光健康的坦小学子。在倡导主流文化过程中,要关注社会难点、热点问题;要全方位、多层次营造健康、积极的校园网络环境,让它成为宣传主流文化的新阵地；要重视学生的个性差别，以主流文化的共性吸纳、包容个性，使主流文化成为学生的精神家园。

2. 学生应接受怎样的文化

基于传统文化建设校园文化的有不少学校，因为传统文化是中国特色社会主义文化发展的基础，这样的文化便于扎根，文化自信的意识容易树立。然而，在西方文化蜂拥而入的今天，中国传统文化在传播与普及中优越性渐失，发展动力严重不足。通过校园文化的熏陶，使学生对民族文化的自信心和自尊心得以增强。比如 A 小学的"火箭精神"、B 小学的"大团故事"、C 小学的"魅力芦苇"等，其中蕴含的自强不息、厚德载物的传统精神，天下兴亡、匹夫有责的爱国情操，天下为公、世界大同的远大理想等，成为整合传统文化的活教材、好素材。当然，传统文化中的百善孝为先、精忠报国、尊师重道等思想内容也有必要与时俱进，加以更新，填充符合时代要求的新内涵。

3. 学生应树立怎样的态度

文化自信不是文化自大，我们提倡继承优秀的民族文化传统，并不是要排斥外来优秀文化。在西方文化和价值观侵蚀和影响下，实用主义、个人主义、享乐主义、拜金主义等都与我们的主流文化是相违背的。在校园文化建设中，我们要培养学生开放包容的文化品性，这不是盲目崇外，必须坚持以我为主、为我所用的原则，更不能丢掉民族精神、民族特色和优良传统。引导学生用一种开放的心态去吸收西方有价值的科学文化知识和资源，把优秀的外来文化同我们的传统文化结合起来，这就是文化自信的表现。

二、课题研究的框架与设计

（一）研究的关键词

1. 校园文化：主要体现一个学校的个性魅力，一个学校的办学水平，包含物质文化建设、活动文化建设、精神文化建设、制度文化建设等方面。

2. 文化自信：主要是指一个民族或国家在时代变革中既能保持自我又能面对世界的标志，可理解为一个国家、一个民族对自身文化价值的充分肯定，对国家民族文化和人类前途命运的博大关怀、理性思考和发展进步的动力，对自身文化生命力的坚定信念，从本质来讲是一种自觉的心理认同、坚定信念和正确的文化心态。文化自信的表现主要有三：对既有文化优良传统的肯定与坚持;对待外来文化的理性态度和开放胸襟;对自己文化发展前景的主动把握。

(二) 研究的内容

1. 准备性研究

(1) 了解并分析部分中小学如何设计并开展校园文化建设的情况,确定研究的切入点和着力点。

(2) 了解并总结各学校在开展校园文化建设中存在的问题,为合理组建专题研究小组提供依据。

(3) 调研并分析中小学生对文化自信意识的认识程度、文化自信鉴别的能力等,以确定研究的途径与方法。

2. 实践性研究

(1) 研究校园文化建设的现状。各中小学确定校园文化主题的背景是什么、如何开展校园文化建设、共性特征和个性特征各有哪些,针对这些内容进行梳理,探讨进行文化自信培养的切入点与着力点。

(2) 研究文化自信培养的途径。各学校在具体开展校园文化建设的时候,都会结合学校的特色、地区的特色、学生的发展需求进行整合、融合。通过本课题的研究,能形成为各校所共同享用的培养文化自信的操作途径。

(三) 研究的方法

1. 文献资料法:广泛收集整理与课题相关的国内外文献资料,开阔研究视野,借鉴有益经验。

2. 行动研究法:在反思与分析中小学开展校园文化建设中成功的经验和存在的不足的基础上,探究培养学生文化自信的方法与途径。

3. 经验总结法:总结各中小学开展校园文化建设的成功经验,实践寻求最佳切入点与着力点开展文化自信的培养。

(四) 研究的进度

1. 准备阶段(2014年3月至5月):组建课题组,确定人员分工;相关现状调查和理论梳理;制订课题方案。

2. 实施阶段(2014年6月至2015年8月):申报立项;各成员按照分工开展研究;课题中期小结;课题深化研究。

3. 总结阶段(2015年9月至11月):课题组成员总结研究体会,撰写论文;整理与收集课题研究过程性资料与成果;撰写结题报告。

三、课题研究的成果与收获

(一) 调查分析,了解现状

1. 对校园文化建设的调查分析

通过此项调研分析,旨在总结学校在精神文化、环境文化、师生文化、课程文化、制度文化等方面取得的经验,分析存在的不足。本次共发放学生问卷200份,回收200份,全部为有效问卷。调查显示:

(1) 校园文化内涵应丰富。调查发现,学生参加活动的热情还是很高的,一学期中参加活动5次以上占到76%;学生对校园文化最直接的认知是文艺类、实践类和体育类活动,占到82.5%;91%的学生对学校校园文化建设持认可的态度。只有41.5%的学生认为校园的显著位置布置了校训、校风等字样。校训是一所学校的历史、文化、精神的凝练。学校应充分重视校训在办学中的传承作用,除了在显著位置布置校训以外,更应该在挖掘校训内涵与外延上下功夫,通过主题演讲、主题征文、树立典型等活动使校训深入人心。

(2) 校园文化内化应具体。调查发现:知道学生守则的学生占89.5%,有一成多的学生只知道一些或不知道。94%的学生觉得学校的各种活动很多,6%的学生认为不多。说明学校普遍重视了学生活动的开展,但在活动的多样性及趣味性上尚有空间可挖。96.5%的学生能自觉遵守各项制度,29.5%的学生在自觉性纠正不良行为上表现出犹豫的心理。

(3) 校园文化主体应凸显。学校充分重视校园文化的布置工作,充分地体现了校园一景一处皆窗口的宣传功能,校园环境建设工作得到了绝大多数学生的认可,78.5%的学生对校园文化的布置很欢迎;学生参与环境布置热情较高;几乎人人都参与了不同层面的布置工作。学校将"一校一品"的创建列入了学校总体规划中,但应思考这一发展的主体为学生的发展,尤其是要突出文化的熏陶功能。

2. 对文化自信现状的调查分析

本次问卷调查共发放学生问卷500份,各校按不同年级进行调查,有效问卷492份。

通过深度访谈,我们课题组发现,师生对于当下的文化,有一定的文化自信,对历史积淀是肯定的,但在行为处事和价值观上有些偏向于西方文化,对中国优秀传统文化言行有点不一致。尤其是学生年龄越低越受西方文化的价值观影响,例如:表现为"特别会强调自己的某样物品来自美国"等。

(1) **对传统文化印象不深**。对于"中国历史故事的喜爱程度",年级越高越偏爱,低年级学生逾七成对于此项"无所谓"。近70%的学生"喜欢并知晓一些中国传统节日的由来",并与年纪呈正相关。对"中西方人物的喜爱度"则是与年级无关,过半学生有自己喜爱的中国名人。

(2) **对西方文化好奇心强**。学生偏爱日本和欧美的动画,年级越高越倾向于日本动画,低年级则较为偏爱欧美动画。与春节这一传统节日相比,逾一成的学生更喜欢西方的"万圣节"。有70%以上的学生表示"会主动去了解中国文化,并为之自豪",且与年龄呈正相关。90%以上的学生表示"有机会会向外国人介绍中国文化"。

(二) 针对实情,研究对策

党的十八大报告指出:"我们一定要坚持社会主义先进文化前进方向,树立高度的文化自觉和文化自信,向着建设社会主义文化强国宏伟目标阔步前进。"为此,课题组根据调查的实际情况,研究了相应的对策。

1. 让境域情感传起来——"看"得见的文化自信

被访的对象普遍反映:好的生活场所、好的校园环境直接影响到学生的成长。

(1) **班级文化建设**。班级文化建设是校园文化建设的重要组成部分,良好的班级文化建设可以帮助我们的学生树立自信的意识和培养自信能力。我们的学生在班主任的引导下,在向着班级目标迈进的过程中不断创新和创造,这里包含着班级内部形成的独特的价值观、共同的思想作风和行为准则。在同一所学校,不同的班级往往会表现出不同的精神风貌:有的班级集体意识强,有的班级学习氛围浓,有的班级热爱课外活动……这些差异不仅体现了不同班级之间的个性特征,更反映了班级发展水平的差异,在这其中班级文化的建设成效起到了关键的作用。在显性中凸显——要努力使学校的墙壁也会说话,让学校能够成为一个能耕耘出春天的"村庄",可见班级硬环境的建设在营造班级文化中所发挥的作用。在隐性中渗透——优美的教室环境是创建班级文化的基础,而一个安静、和谐的学习与生活空间,可以催人奋进,可以影响学生对事物的判断和看法,可以改变学生的学习与生活方式。

Ⓑ 结缘

如 A 小学,在校园彩豆文化建设中,着重加强了班级文化建设。

A. 精心装点教室。优美的教室环境能给学生增添生活和学习的乐趣,消除学习后的疲劳,有助于激发学生热爱班级、热爱学校的情感,促进学生奋发向上,增强班级的凝聚力。学校结合彩豆文化建设,把教室环境的装点与之紧密结合:每个班级都以孩子们熟悉和喜欢的豆宝宝的名字命名,并制作了班级铭牌悬挂在教室门上。教室的四周布置着孩子们制作的彩豆画,并配上了孩子自己设计的宣传标语,充分体现艺术化、本土化和儿童化。随着外地来沪务工子女的增加,我们在教室里把他们家乡的风土习俗、名胜古迹以不同的形式展现出来,这就是丰盛的"民族大餐"。

B. 注重仪表渲染。师生的仪表具有着"随风潜入夜,润物细无声"的隐性教育功能与教育效果。整齐的校服时时给予我们的孩子一股集体的力量,充满着朝气和焕发着精神。教师的仪表美,能提升学生对教师的亲和力;学生的仪表美,能提升教师教学的激情。这就是学校新三年发展规划所提出的目标——"精神像彩豆一样饱满"。

C. 共酝班级目标。学校各班向着"身心像彩豆一样健康"的培养目标积极努力,引领师生向着目标攀登。"团结、进取、勤学、乐思""团结、互助、勤奋、向上""团结奋斗、自强不息"等一系列班训,或张贴在教室的醒目位置,或张贴在学生的课桌上,就像是 GPS 定位系统,让班级成员不失航向。

D. 亲和人际关系。学校提倡助人为乐、心中有他人、看人要先看别人的优点和长处、正视自己的缺点和不足;确立团队意识和培养合作精神。在学校彩豆画特色课程活动中,与同伴的合作、与家长的交流,相互间的理解、团结、帮助,以及平等、友好地相处,都有助于形成一种使人奋发向上的气氛。

E. 创意主题活动。结合学校的特色文化建设,通过"观彩豆形、知彩豆神、做彩豆颂"三大层次,按低、中、高三个年级段,建设班级的特色文化。"彩豆宝宝"活动——深化生命教育主题、"彩豆制作"活动——突出民族精神教育主题、"彩豆情怀"活动——凸显"为中华之崛起而读书"主题。因而,"收获像彩豆一样丰硕"的培养目标在班级活动开展中得以落实。

F. 关注弱势群体。在班级文化建设中,学校注重"学会关爱与对社会的责任教育"。我们深入细致地调查、观察和了解这些弱势群体,从他们的家庭状况、生理和心理状况到行为习惯,加以分析思考,制订出有针对性的个性化教育方案,从而达到"个性像彩豆一样灿烂"的培养目标。

(2) 校训文化建设。校训是学校的灵魂,它是学校独特气质的体现。校训源自传统文化,但又超越了传统内涵,被赋予了时代新意。围绕校训开展的一系列文化自信教育活动就是一本内涵丰富而生动的活教材。校训在校园里、在课堂内、在生活中,不是静止的而是与时俱进的,几个字的背后有着众多感人至深的故事,它与校史、校风、校徽、校歌一起,共同组成了一部激昂动人的教育乐章,启迪陶冶着我们的学生的成长。因此,我们的中小学都意识到:校训不能只是挂在墙上,必须成为全体师生共同遵守的基本行为准则与道德规范。文化自信的培养,坚持人人参与的原则,充分发挥学生的主体作用,引导学生建立共同的发展愿景,增强认同感、归属感,在更广阔的领域中提升自己的文化自信。

如B小学以"向真、向善、向美、向上"八字校训作为学校文化的主旋律,在校园文化的建设中融入了培养学生的文化自信的内涵。在教学楼最醒目的位置,校训内涵夺人眼球;楼梯通道上,教师和学生的"微笑"照片组成了独具特色的笑脸墙;走廊的展板上,张贴着同学们自己制作的小报等,这些都能体现学生的自信和自豪。学校围绕着"校训文化",分年级、分主题开展教育活动。向真——热爱科学,追求真理,堂堂正正做一个真人,要求学生学讲一个关于诚实守信方面的故事,并能说出其中的道理;向善——友善众人,乐善好施,做一个有孝心、有爱心、有责任心的人,要求学生细读《三字经》第一大段,知道其中关于"孝"方面的故事;向美——欣赏他人,追求美好,做一个欣赏美、追求美、践行美的使者,要求学生"拍摄最美浦东",体验做一个上海浦东人的骄傲;向上——挑战自我,不断进取,做一个永远向上的人,要求学生搜集民族英雄的故事,了解抗战英雄不朽的事迹,培养学生做一个积极向上的人。

(3) 制度文化建设。制度文化的基本层面是一个自生自发的规范层面,反映着学生的价值观念、道德观念等文化因素。在调研中我们发现,各学校把制度文化建设作为校园文化建设的重要内容之一,通过制度文化建设来培养学生的文化自信,而且效果很显现。任何制度不是无源之水,无根之木,它的制定必须有针对性。许多学校通过师生反复讨论、修订,让师生认识、理解、熟悉,最后习惯性执行。这样的制度有人性化的内容,有刚性化的条款。在这一过程中,学生的群体智慧可以凝聚在这制度文化中,并通过他们的实践得以传承。

如C小学在校园文化建设中创新了制度文化的建设。学校组织各班级自行制定"班级公约",学生根据班级的自身特点,纷纷制定体现班级特点的公约,并严格遵照自己制定的"班级公约",实现了"自己的制度自己订,自订的制度要执行"的学生自主管理模式。畅通了意见听取制度,改变了以往"大一统"的方式,而是在师生的共同参与下,集全体的智慧创建班级争章园地、学习园地等,既营造了氛围,也为有一技之长的学生提供了一个绝佳的展示舞台。这是自信的表现,更是自信的创举。在潜移默化之中,学生接受了学校文化的熏陶,认同了学校的文化。

2. 让校本课程活起来——"摸"得着的文化自信

在调研中我们发现,培养学生的文化自信,许多学校就是立足校园文化建设的特色,同时融入课堂与课程。课程是人与文化的中介,课程的内容来源于经过筛选的文化。而校本课程作为国家课程的必要补充,由于它能考虑学生的认知背景与需要,能够结合学校的主客观条件以及所处社区的经济水平和文化特征,能够凸显学校自身的特色。培养学生文化自信的思想,为校本课程提供新的认识论视角、价值论支撑和方法论指导,同样也为综合实践校本课程开发与培养学生文化自信的实践提供了理论依据。

(1) 浸润乡土文化课程。"越是本土的、民族的文化,越有生命力,才能走向世界。"学生成长的生态环境和人文历史环境是最好的教学资源,取之于学生熟悉的生态环境和社会生活的直接感受与经验,可以开启他们对生态环境、人文社会的好奇心和探索的兴趣,发展出具有深厚意义的乡土认同意识与文化价值。

如D小学在办学过程中,整合乡土文化资源,形成了《以乡土文化为载体 培养学生的爱乡情怀》的校本教材。教材由《江南水乡,农家风貌》《悠久历史,民间风俗》《爱国激情,光辉战斗》《现代工、商业,发达农、副业》《文化繁荣,社区新貌》等五个部分组成。教材内容着重介绍家乡沿革、乡土资源、民俗乡风、人文景观,促进学生对于家乡民风乡俗的认识,加深学生对乡土文化的理解,从而增强学生对于家乡的感情和自信。学校以"收集乡土文化素材—整合乡土文化资源—形成乡土文化自信"为三个基本课程实施环节,始终把学生置于一种动态、开放、生动、多元的学习环境中,给学生更多的获取知识的方法和渠道,使学生在自主学习和探索中获得新的乡土文化体验。实践感悟、合作探究和网络资源的开发利用等教学方法的使用,进一步丰富了学生的情感体验,让学生在了解乡土文化的基础上表现乡土文化,播下传承乡土文化的种子,培养了学生的文化自信。

(2) 漫游经典文化课程。传统经典文化课程建设在部分学校也得到了健康发展。"国学经典能提供给我们一种永恒牢固的价值根基,即立身处世最根本的准则或依据。真正的经典应该是在每一个时代这种当下解读中,去指导完成每一个生命的延伸或升华。经典的价值是永恒的。"永恒在于能帮助我们的学生树立科学正确的"古为今用,洋为中用,批判继承,综合创新"文化观,提高文化自信培养的有效性和时效性。

如 E 小学则将国学内容按照学段渐进铺开,让学生漫游在经典文化课程之中。一、二年级开展经典诵读活动,从《三字经》《弟子规》等蒙学入手,诵读中体会先哲的智慧。三至五年级从讲历史名人的故事入手,从多角度多方位了解中国历史长河中的光辉,体会"江山代有才人出"的各领风骚,增强民族自豪感,提升文化自信。学生徜徉在书海中,在书的海洋中认识文化、亲近文化、珍爱文化,学生们用自己的感悟来摘抄、推荐感言,诠释阅读、诵读的真谛,在潜移默化中启迪文化的智慧,为文化的成长积淀养料、奠基高度。同时,学校还开展了国际视野教育,在了解世界灿烂文化的同时,感受中国文化的魅力,培养包容的文化观,还将文化自信的培养融入学校的主题教育和专题教育等《两纲》教育。

(3) 驻足社团文化课程。社团是学生活动的重要场所,有益的社团活动有利于促进学生专业知识的学习和开阔学生的视野。社团活动只有在形式丰富、内容充满创造性、活动效果显著的时候,才能发挥其育人作用。学生社团这个集知识学习、社会实践、资源共享、技能提升、自主发展为一体的成长共同体组织的建设,也受到了越来越多教育工作者的关注。丰富多彩的社团活动遵循了学生身心发展的规律,关注和尊重了学生发展的内在需要,使学生们能在自主、自信、自立中不断体验生命快乐、实现生命成长、享受生命之美。学生在社团活动中,兴趣爱好和自主合作能力得到充分培养;学生社团在学校各项活动中,担当和组织能力不断增强;社团管理过程中形成了课程方案、完善了过程管理和评价体系(形成了社团管理手册、社团活动手册、社团成员成长手册,并投入使用),开展了社团案例研究并结集成册,形成了"探究—体验—运用"的社团教学模式,开展了社团课题研究,汇编了社团作品成果。

如F小学,从校本课程实施方案的建设与完善、学生社团活动的途径的丰富与拓展、小学生社团活动的运作和评价机制的构建等方面,开展对培养学生文化自信,推进学校社团文化建设的探索与实践。学校理清了基础型课程、拓展型课程和探究型课程的关系,将社团活动纳入学校课程设置的重要组成部分中,形成了《顾路中心小学校本课程方案》,明确社团课程的内容结构,全面开发文学、科普、益智、艺术、实践五类社团课程,并将学科拓展类课程、主题实践活动作为社团课程必要的有益的补充,形成小学生社团活动系列教材、读本或系列活动方案。校内开设社团之声、社团之窗栏目,让孩子们通过社团学习、播音活动、作品展示,拓展活动空间,提高自主管理能力。校外,通过采访、参观、采风、社会实践、校际交流、社团展示汇报等实践展示活动,开阔视野、提高合作和社交能力。组织不同层面的交流与展示活动,增强学生社团的示范辐射作用。让学生在社团活动中,在增强对自身自信心认同的同时,促进其对文化自信的形成。

3. 让社区资源动起来——"听"得到的文化自信

社区的环境、社区的生活质量直接或间接地影响、决定着社区中的学校及家庭教育的质量。同时,学校和家庭生活的微型环境及其教育质量,反过来也影响或决定着社区生活的环境及质量。因此应加强学校与家庭、社区的教育合作,促使学校教育、家庭教育与社区教育的有机整合,从而发挥出三方在学生教育上的最大合力作用。走访中我们发现,社区的教育资源是比较丰富和充实的,合理运用这些资源对学校发展、学生成长是有很大的作用的,对于学生文化自信的培养亦是如此。

(1) 融入社会实践体验文化。学生文化自信的培养离不开社会实践活动,只有在实践中亲身体验,高尚的思想、良好的品德才会不断地内化为学生自身的素质。只有让学生广泛接触社会,通过学生走、看、听、做等亲身体验,接触大自然,接触生活,了解社会主义祖国日新月异的变化,了解经济改革的情况,了解我们的国情现状,才能使他们认识过去,立足现在,才能建立起真正的文化自信。

如 G 学校结合"社会主义核心价值观实践活动",开展了针对特殊孩子的教育。组织学生走进敬老院、幼儿园、假日小队服务社区、外来民工子女学校、孤老村民家、军营,参与社区文艺演出、参加各类参观实践……组织学生到大自然中去,在大自然中调动学生所有感官,去看、去听、去闻、去触摸、去劳动、去品尝……到超市购物时,引导学生不要把物品弄乱,要尊重他人的劳动;乘车时,引导学生要排队等候,看到老弱病残的人要让座;到纪念馆参观时不大声喧哗……通过这样的社会实践活动,让学生去体验、去积累、去尝试。

(2) **参与社区活动感悟文化**。组织学生参与社区活动,其实是一个文化融合的过程,我们的学生有新上海人、有本地本土的,也有来自其他国家的。而在这文化融合的过程中,培养学生对自我文化的认同非常重要,只有这样才能培养起他们的文化自信,有了文化认同和文化自信,才能真正成为"不忘本来、吸收外来、着眼将来"的具有宽阔视野的国际人。

如 H 学校充分发挥国际社区的资源优势,在社区活动、文化冲撞中,让学生去感悟。在金桥镇政府的支持下,学校聘请了专业团队的演员,开设沪语课程,教孩子学唱上海童谣,这些童谣承载着上海这座城市的文化变迁,也记录了近代上海的社会生活。孩子们在学唱上海童谣的过程中形成的审美意识会内化为一种文化意识,并在心理上形成认同感;开设戏曲社团,教孩子们学唱越剧、沪剧、京剧、豫剧……在"唱念做打"的体验中,感受不同地区的戏曲文化魅力,了解戏曲塑造国家文化形象的独特作用;成立民乐队,学习中国民族乐器的演奏技巧,了解无论是经典的传统音乐还是优秀的民俗、民间乐曲,都从不同角度展现着中华民族深厚的文化底蕴和历史渊源。加强本民族的艺术教育,也是传承中华文明、增强文化自信的重要途径和精神因素。国际社区经常在节假日组织一些中外联欢活动,学校也积极组织孩子们参与其中,穿上民族服饰,表演民族戏曲,在舞台上展现一种文化自信,这对培养孩子对自我文化的认同起到了积极的推进作用。

(3) **携手家长群团寻访文化**。一个人的文化认同和文化自信的建立靠说教是行不通的,光靠学校教育也是无法完成的,它需要学校充分依托社区,携手家长,互相合作,拓宽学校教育育人的平台,共同营造和谐、生态的教育环境。家长群团的力量是无穷的,他们有某一领域的一技之长,或展示,或传授。"家长讲堂"一节课的内容或许是学生在课堂上是无法直接习得的;"家长现场"的一次展示或许就能激发起一批学生求知的欲望;"家长微谈"的一个话题或许就是一个释疑的过程。

如I中学提出了"生命、生活、生态"这一课程主题,学校从家长教育资源库中筛选家长自愿提供的课程资源,形成了"半日营社会考察"系列课程。学校以家长单位或家长熟悉的社会场所为考察地,让孩子们接触社会,了解劳动创造财富的过程,了解民族工业和企业的发展。去极地研究中心和"雪龙号"南极科考船上参观学习考察,了解我们国家南极科学考察事业的发展,弘扬"爱国、拼搏、协作、创新"的极地精神;组织孩子去上海知名企业——大白兔奶糖的生产基地参观,了解民族知名品牌的诞生与发展历史;去大飞机制造、三一重工等民族工业企业参观,感受科技创新带给国人的自信;去张江的中药种植园——百草园,通过听讲解和参观,了解祖国中医文化的独特魅力;去上海通用、家乐福物流,了解洋品牌在中国的本土化历程……这些地方都成了孩子们的第二课堂,这些活动在培养孩子文化认同和文化自信方面起着积极的作用,而家长在参与活动的过程中,也会产生一种自我教育,对家长来说也是一次文化自信的培养和教育的机会。

(三) 实践运行,反思成效

1. 文化课程精彩纷呈

通过本课题的实践研究,各学校根据自己学校的发展实际与特色,针对学生发展的需求,从文化自信培养的核心出发,建立了一批具有学校特色的文化课程。各学校都有这样的共识:文化自信的培养要能落到实处必须有相关内容的课程加以具体化和实效化。如坦直小学的"彩豆文化"、泥城小学的"魅力芦苇"、御桥小学的"读读、吟吟、唱唱、舞舞"、建平实验的"书香护照"等,并针对课程的实施有所层次化,关注到不同学生对文化的不同认识与理解。各学校充分利用教育探索的成就,将参与面拓展到全体学生,同时在这个过程中提升教师的专业发展水平和独立开发课程的能力,形成学校的文化特色。有的文化课程关注到了课程内容的系列性和代表性,有的文化课程更加突出了内容的丰富性和趣味性。在这些课程的实施过程中都强调了学生的主动参与、师生的多途径互动、资源的丰富和开放以及评价的过程性和激励性。而这些方面正是新课程所强调的价值取向和主要策略。因此可以说,课程既是独具特色的校本课程,也成了帮助学生树立文化意识、锻炼文化能力的实践智慧之源地。

2. 文化态度明显端正

在课题实践中,各学校立足校园文化建设,通过班队会课、家长讲堂、社会实践、参观访问等形式,接触我们的传统文化,了解中华文化的渊源,学习用辩证的方法看待外来文化。班主任老师普遍反映,之前问卷中出现的"媚外"现象明显减少了。英国哲学家罗素说过:中国至高无上的伦理品质中的一些东西,现代世界极为需要……若能够被全世界采纳,地球上肯定比现在有更多的欢乐祥和。的确,要增强文化自信,我们的首要任务是把中华优秀传统文化继承下来、延续下去。作为炎黄子孙,我们理所当然要主动学习吸纳,端正对传统文化的思想态度。当然,中华传统文化本身就是融多元为一体的文化,开放包容、兼收并蓄,中国的发展离不开世界,通过形式多样的教育活动,目的就是引导我们的学生进一步端正对外部文化的思想态度。在社会主义核心价值体系教育活动中,就是让井冈山精神、长征精神、延安精神和雷锋精神扎根我们学生的心田,有了学习的自信、生活的自信、核心的自信,那么,学生对文化的自信就会更加充足。

3. 文化鉴赏逐步养成

在实践中我们不难发现,文化鉴赏对于学生来说比较困难。通过课题实践,学生对于文化鉴赏尚处于逐步养成阶段,有初级的意识而已。在社区活动、亲子活动中,可明显地觉察到学生的进步。这或许需要我们多方进行引导,在充分吸收先进文化成果的基础上,既不自卑也不自负地对待中国传统文化,并以更加开放的心态来树立文化自信。

四、课时研究的思考与展望

在本课题研究中,我们志于探索、积聚经验、发现问题、实践提炼。文化自信的培养,对于我们中小学学生来说确实有一定的难度,对于我们教育工作者来说,也是个新课题,也是在一边探索中去发现问题、设计方案、组织活动、观察成效。为此,为把这一课题做得更为扎实、深入和有效,我们课题组认为在本课题结题后还须继续关注和努力。

(一) 教师自身亟须发展

"文化"是一个笼统而又广博的领域,其不仅蕴含着文史哲学科的内容,还涉及社会经济政治学,作为培养学生文化自信的引导者,教师自身的人文素养则理当与之相符。这就需要全面提升教师的个人素养以适应教育教学。比如,我们设置的培养内容很难界定让学生了解了文化知识,还是已内化成为其内心的文化自信?这是我们教育工作者首先需要明确和值得研究的问题。文化课程的内容、设置的坡度、教学的形式、评价的方式等问题,都需要我们做进一步的探索和研究。

(二) 长效机制亟须完善

校园文化是培养学生文化自觉、文化自信和文化自强的重要依托,集中表现为办学理念、师生的价值取向与观念,以及在这些观念指导下所表现出来的校风、学风和教风等。所以,需要我们构建校园文化建设的长效机制。要从整体上推进、在全局上构建,同时将其纳入学校长远的整体发展规划,真正形成全方位育人的新格局,营造良好的校园文化氛围。

(三) 理论学习亟须加强

在实践中,应通过教育理论、课程理论的学习,进一步明确文化自信培养的内涵、定位与价值取向,寻找其课程设计与运用的基本准则和操作要点及其教学方式交叉运用的注意点,等等,避免文化课程过于宽泛,切实把握文化自信教育的核心内涵和适当的方式,比如如何正确看待文化自卑和文化自负这两种不自信的表现。

参考文献:

[1] 费孝通. 文化与文化自觉[M]. 北京:群言出版社,2010.
[2] 云杉. 文化自觉 文化自信 文化自强[J]. 红旗文稿,2010(15-17).
[3] 何涛. 大学的重要使命:传承与发展中华优秀文化[J]. 黑龙江高教研究,2007(7).
[4] 张贵新,饶从满,李广平. 新时期师德修养简明读本[M]. 北京:首都师范大学出版社,2005.

(本课题荣获 2014 年上海市第七届"健生杯"德育科研成果评选一等奖)

《立足校园文化培养中小学生文化自信的实践研究》附件1

校园文化建设的现状与分析

一、调查背景

随着社会对优质教育资源要求的不断增大,办学主体的多元化,整个教育开放程度的不断提高,学校之间的竞争凸显出的是学校文化的竞争。办学实践证明,只有优秀的学校文化,才能孕育出优秀的学校教育,只有积淀深厚文化底蕴发展的学校,才能形成特色和品牌。学校核心发展力就是校园文化的建设水平。

二、调查目标

校园文化是课堂教学的必要延续和补充,是整个教学活动和社会教育的重要组成部分。通过此项研究,旨在总结学校在精神文化、环境文化、师生文化、课程文化、制度文化等方面取得的经验,分析存在的不足。通过研究校园文化建设的策略,为学校校园文化建设提供有效的依据和方法。

三、调查对象与调查方法

本次共发放教师问卷110份,回收110份,全部为有效问卷;学生问卷200份,回收200份,全部为有效问卷。

(一)调查对象

本次调查对象为副职第五组成员所在十所学校(8所小学、2所九年一贯制学校)的110名教师和200名学生。其中参与调查的教师包括中层干部、一般教师、青年教师(三年教龄以下,含三年教龄);学生为小学四、五年级学生。

（二）调查方法

调查问卷从学校精神文化建设、环境文化建设、师生文化建设、课程文化建设、制度文化建设五个维度编制。分为教师卷和学生卷两份。以封闭式问题为主（教师卷22题，学生卷20题），辅以少数开放式问题（教师卷3题、学生卷3题）。问卷对象在项目学校随机抽样后展开调查。

四、调查结果与分析

（一）学校精神文化建设总体状况

学校精神文化是指在长期教育教学实践中，为实现学校的发展目标，由教师群体共同参与创造，为社会进步所要求和期待的，为全体教师所认同和遵守的共同意识。

1. 教师对学校精神文化建设的认识

从表1-1中看出，90.9%的教师了解学校的校训、校歌、办学理念和办学目标；97.2%的教师赞同学校精神文化建设符合学校的发展趋势。由此看出，教师对学校精神文化建设的了解度和赞同度较高。12.8%的教师对参与学校精神文化建设活动热情不高。

表1-1：教师对学校精神文化建设方面的了解度、赞同度、参与度（共4题，其中1题为开放题）

调查题	调查结果
1. 对校训、校歌、办学理念和目标是否了解	52.7%非常了解；38.2%了解；9.2%一般了解；0.9%不了解
2. 学校的精神文化建设是否符合学校的发展？	74.5%非常符合；22.7%符合；2.7%一般符合；0%不符合
3. 是否积极参加学校的精神文化建设活动？	82.3%积极参加；5.5%偶尔参加；7.3%有空参加；0%不参加

2. 学生对学校精神文化建设的认识

从表1-2中可以看出，学生参加活动的热情还是很高的，一学期中参加活动5次以上占了76%；学生对校园文化最直接的认知是文艺类、实践类和体育类活动，占到82.5%；91%的学生对学校校园文化建设持认可的态度。

表 1-2：学生对学校精神文化建设方面的了解度、参与度（共 4 题）

调 查 题	调 查 结 果
1. 你本学期参加或组织了多少次校园活动？	没时间参与 1.5%；1～2 次 7.5%；3～5 次 15%；5～10 次 36%；10 次以上 40%
2. 提到校园文化，你最先想到哪一方面？	学术类 9%；体育类 15%；实践类 27.5%；文艺类 40%；公益类 8.5%
3. 你认为你所在学校的校园文化是什么类型？	严谨 7.5%；活跃 91%；沉闷 5%；其他 1%
4. 从整体上看你认为我们小学校园文化建设情况如何？	文化氛围浓厚 90%；一般 8%；有待建设 2%

从表中还可以看出，24%的学生对参与活动的次数很少，热情度不高；绝大多数学生对公益类活动也是校园文化建设不可或缺的部分认知度不够。

(二) 学校环境文化建设总体状况

学校环境文化是指学校内看得见、摸得着的物化的文化形态，是学校文化的外壳，它是奠定着学校文化存在和发展的物质基础；同时，它又是学校文化"内核"（精神文化）的载体。

1. 教师对环境文化建设的认识

从表 2-1 中可以看出 85%以上的教师对学校的环境文化建设的功能性表示比较满意，认为校园规划布局较合理，能坚持以人为本、方便师生的原则发挥环境文化的功能性。

表 2-1：教师对学校环境文化建设功能性、本土化等方面的赞同度（共 6 题）

调 查 题	调 查 结 果
1. 是否具有整体规划性和延续性？	是 91.8%；部分区域是 88.2%；不是 0%
2. 是否为教学提供必要的功用，为学生课余提供空间、场所？	是 86.4%；部分区域是 13.6%；不是 0%
3. 是否充分满足学生身心健康发展需求？	是 87.3%；部分区域是 12.7%；不是 0%
4. 是否凸显校本、地区、开放的特色环境？	是 84.5%；部分区域是 15.5%；不是 0%

续 表

调 查 题	调 查 结 果
5. 是否注重内涵文化形成,能反映师生共同信念?	是 88.2%;部分区域是 11.8%;不是 0%
6. 是否注重建筑美学与社会主流价值取向的协调?	是 88.2%;部分区域是 11.8%;不是 0%

2. 学生对环境文化建设的认识

从表 2-2 中发现,学校充分重视校园文化的布置工作,充分地体现了校园一景一处皆窗口的宣传功能,校园环境建设工作得到了绝大多数学生的认可,78.5%的学生对校园文化的布置很欢迎;学生参与环境布置热情较高;几乎人人都参与了不同层面的布置工作。

表 2-2:学生对学校环境文化建设认知度、参与度等方面的赞同度(共 5 题)

调 查 题	调查结果(%)
1. 你认为学校哪些环境布置能体现学校的文化?(多选题)	板报、宣传栏、网站 88.6%;教室里的布置 63.5%;校园中的小景 78.5%;楼道走廊的布置 72%
2. 你平时参与过校园环境布置吗?	经常 48.5%;偶尔 43%;从不 8.5%
3. 你参与过哪些布置?(多选题)	板报、宣传栏、网站 36.5%;教室里的布置 69.5%;校园中的小景 3%;楼道走廊的布置 4%
4. 你认为你们学校的环境布置很受大家欢迎吗?	非常符合 78.5%;基本符合 21.5%
5. 你们学校的墙壁、走廊、宣传栏等地方一般布置些什么?(多选题)	校训、校风等大字 41.5%;学生作品 80.5%;优秀学生事迹介绍 36%

从表中还发现,只有 41.5%的学生认为校园的显著位置布置了校训、校风等字样。

(三) 学校师生文化建设总体状况

师生关系是学校教育过程中最基本的人际关系,融洽和谐的师生关系是取得最佳教育效果的基础。

1. 教师对学校师生文化建设的认识

师生关系,其实是由相应的教育关系所决定的,其核心是教育观念。应试教育与素质教育作为两种完全不同的教育价值观直接影响着师生关系,它对师生关系的要求亦是相反的。从表3-1中我们欣喜地发现,教师能够积极考虑与学生建立良好的师生关系,充分关注学生多渠道的要求,哪怕是座位先后秩序这一细微的班级组织手段也给予了人性化的关注,完全摒弃了应试教育的影响。

表3-1:教师对影响师生关系因素的看法(共6题,其中1题为开放题)

调 查 题	调 查 结 果
1. 自己是学生可以信赖的朋友吗?	对所有学生都是56.4%;对大部分学生是41.8%;对很少学生是1%;不是1%
2. 安排学生座位时,你通常会	身高94.5%;性别6.4%;成绩2.7%;社会背景0%
3. 对于一般同学的建议,你会	经常采用63.5%;有时采用36.5%;很少采用0%;不采用0%
4. 有同学违反课堂纪律时,你会	目光批评56.4%;严厉批评2.7%;惩罚2.7%;课后教育40%
5. 你认为影响课堂气氛的最主要原因是	教学内容13.6%;教学方式和手段66.4%;师生关系7.3%;学生的精神状态14.5%

2. 学生对学校师生文化建设的认识

从表3-2中发现,在学生心目中他们喜欢的老师是阳光、有微笑,那种幽默有趣具有亲和力的、上课能激发学习兴趣、让课堂有吸引力,能像朋友似的进行情感交流的老师。而光具备渊博的知识是远远不能满足学生心目中的教师要求的,从9%这一数据得到了充分的印证。99%的学生希望和老师结成和谐、平等的朋友关系。

表3-2:学生对影响师生关系因素的看法(共5题)

调 查 题	调 查 结 果
1. 你最喜欢的老师形象是怎样的?	学识渊博9%;谈吐幽默42%;富有责任心15%;能够像好朋友一样谈心34.5%;衣着得体0.5%

续 表

调 查 题	调 查 结 果
2. 你认为下列标准哪一条对树立"好老师"形象最重要	待学生热情友好、一视同仁 19.5%；对待工作认真负责、一丝不苟 1%；对待自己严格要求、以身作则 1%；以上都一样重要 78.5%
3. 目前你与老师的关系是	我很尊重我的老师,他(她)也一样尊重我 99%；我很尊重我的老师,可他(她)不怎么尊重我 1%
4. 当你在学习中遇到困难,老师采取的态度和方式是	指责 11%；耐心讲解 88.5%；先批评,后讲解 0.5%
5. 你认为老师目前多采取的教学方法是	"满堂灌"式 4.5%；启发式 22.5%；启发、讨论、交流相结合 24.5%；启发、探究、讨论、交流相结合 43.5%

(四) 学校课程文化建设总体状况

课程是学校的特色标志,课程方面显现出来的异同,是学校间的本质差别所在。

1. 教师对学校课程文化建设的认识

从表 4-1 中看出,教师普遍认为课程文化建设很重要,对校园文化建设起到了非常大的作用,普遍认为学校对课程文化建设投入较大。在"你们学校校园文化建设中在校本课程开发与实施中有哪些好的做法?"这一开放调查中发现,部分学校仍然存在校本课程开发力度不强、课程本土化不够等缺陷。

表 4-1：教师对学校课程文化建设的认可度(共 5 题,其中 1 题为开放题)

调 查 题	调 查 结 果
1. 课程建设重要吗?	非常重要 82.7%；较重要 15.5%；一般 1.8%；不重要 0%
2. 你校在课程建设这一方面的重视程度如何?	非常重视 74.5%；重视 21.8%；一般 2.7%；不重视 1%
3. 课程建设的影响作用怎样?	非常大 57.2%；较大 35.5%；一般 7.3%；不大 0%
4. 学校教师对课程建设投入程度如何?	非常投入 64.5%；较大 30%；一般 4.5%；不大 1%

2. 学生对学校课程文化建设的认识

从表4-2及开放题"你觉得你们学校的哪些课程非常有特色并举出实例"情况反映,学生对学校的课程建设普遍表示满意;学校所开展的课程与活动有一定的成效。但在"开放题"中也发现一部分学生反映校本课程存在着种类不够多、针对性不够强等问题。

表4-2:学生对学校课程文化建设的喜欢度、参与度(共4题,其中1题为开放题)

调 查 题	调 查 结 果
1. 你觉得你们学校的活动(课程)多吗?	丰富多彩83.5%;较多10%;一般6%;很少0.5%
2. 你喜欢你们学校开展的各种各样的活动(课程)吗?	非常喜欢81.5%;喜欢16%;一般2.5%
3. 你觉得你们学校开展的活动(课程)对你的成长帮助大吗?	非常有帮助80%;有帮助16.5%;一般3.5%

(五)学校制度文化建设总体状况

制度文化是校园文化建设的基础工程,是确保学校教育有章、有序和有效的主要保证。

1. 教师对学校制度文化建设的认识

从表5-1中我们发现,76.3%的老师"知道"学校现有的管理制度,尚有23.7%的教师"大部分知道",1%的教师"不知道"。认为现有的学校管理制度全面的占58.2%,不足六成,四成以上的老师认为学校的管理制度存在漏洞或没有覆盖全部内容。

**表5-1:教师对学校制度了解度、赞同度及对执行度的看法
(共5题,其中1题为开放题)**

调 查 题	调 查 结 果
1. 是否知道学校现有的一系列管理制度?	知道76.3%;大部分知道22.7%;不知道1%
2. 学校的现有制度是否全面?	全面58.2%;比较全面40%;不全面0.8%

续 表

调 查 题	调 查 结 果
3. 是否认可学校现有的管理制度?	认可 78.2%;大部分认可 15.5%;认可一些 6.3%;不认可 0%
4. 学校对现有制度的执行情况如何	执行好 74.5%;执行较好 21.8%;执行不好 3.7%;不执行 0%

2. 学生对学校制度文化建设的认识

从表 5-2 中看出,知道小学生守则的学生占 89.5%,有一成多的学生只知道一些或不知道"小学生守则"。94%的学生觉得学校的各种活动很多,6%的学生认为不多。说明学校普遍重视学生活动的开展,但在活动的多样性及趣味性上尚有空间可挖。96.5%的学生能自觉遵守各项制度,29.5%的学生在自觉纠正不良行为上表现出犹豫的心理。

表 5-2：学生对学校制度了解度、执行度(共 5 题)

调 查 题	调 查 结 果
1. 你知道小学生守则吗?	知道 89.5%;知道一些 9%;不知道 1.5%
2. 你们班级有班规或中队公约吗?	有 95.5%;不知道 3.5%;没有 1%
3. 你们学校举行的各种活动多吗?	很多 94%;不多 6%;很少 0%
4. 你能自觉遵守学校、班级的各类规定(纪律)吗?	能 96.5%;有时能 3.5%;不能 0%
5. 看到违反学校、班级各类规定(纪律)的现象你能给予批评指正吗?	能 70.5%;有时能 28%;不能 1.5%

五、问题与建议

(一) 学校精神文化建设

学校精神文化建设在校园文化建设中占有举足轻重的地位。加强学校精神文化建设,可以倡导和养成良好的校风,引领师生奋发进取,可以凝聚人心,激发活力,营造生动活泼、朝气蓬勃的氛围;可以赋予师生以共同的价值观念和思维行为方式,从而使全体师生产生自豪感和使命感;增强师生对学校的认同感和归宿感。从调查中我们发现,12.8%的教师和24%的学生参与活动的次数很少,热情度不高——学生对学校的总体感受要低于教师的感受。我们认为这可能不是我们调查的项目学校的特殊情况,而是一种普遍存在的状况。这一情况充分说明,以校长为首的学校领导应充分重视精神文化的建设,并在建设工作中身先士卒,发挥好引领作用,关注好一部分慢热型师生,想方设法鼓励他们参与活动。毕竟全员性是学校精神文化建设最重要的基础保障。

校训是一所学校的历史、文化、精神的凝练。调查中发现,近10%的教师不了解校训,只有41.5%的学生认为校园的显著位置布置了校训、校风等字样。学校领导应充分重视校训在办学中的传承作用,除了在显著位置布置校训以外,更应该在挖掘校训内涵与外延上下功夫,通过主题演讲、主题征文、树立典型等活动使校训深入人心。

(二)学校环境文化建设

学校环境文化体现着一定的价值目标、审美意向等,是富有内涵的人文环境。调查中发现大部分教师认为校园规划布局较合理,能坚持以人为本、方便师生的原则发挥了环境文化的功能性。但同时发现教师对"一校一品"的工作满意度不高。学校领导应充分重视此项工作的开展,成立由校长任组长、各班主任为组员的工作领导小组,明确小组成员的职责与分工。将"一校一品"的创建作为学校的重要工作之一,列入学校总体规划中,并制订具体的阶段实施计划,确保工作目标的落实。应组织教师进行有关"一校一品"建设构想、方案、措施的宣传、学习和讨论。采用项目引领、组室协同的方法,共同做好课程开发、班集体与学生团队建设、校园环境的布置等工作。

(三)师生文化

良好的师生关系不仅可以让学生全身心地投入到学习中去,促进学生奋发向上,健康成长,还可以形成良好的集体意识和健康的心理素质。

调查中发现,绝大多数的教师能够积极考虑与学生建立良好的师生关系,充分关注学生多渠道的要求;99%的学生希望和老师结成和谐、平等的朋友关系。师生想法一致,这是一种可喜的想象。说明师生关系民主性方面,两者达成了高度的和谐。当然作为老师在工作中应尽量给学生创造宽松和谐的学习气氛,工作认真,对学生和风细雨式地给予帮助和指导。数据还表明极大多数教师在教学中注重调动学生的主观能动性,强调了在教学中以学生为主体、引导学生主动探究、积极思考、自主实践、生动活泼地发展。

(四) 课程文化

建设校本课程,是提升学校核心发展力的必经之路。课程不能仅仅视为学科,课程是"教师、学生、教材、环境"因素的整合,课程本质上是一种教育进程,是一种实践状态的教育。课程主体是教师和学生,他们是课程的开发者、知识的建构者。

在教师问卷调查中发现,部分学校教师认为目前学校存在着校本课程开发力度不强、课程本土化不够等缺陷。在学生问卷调查中也发现,学生认为学校课程种类不够多、针对性不强等问题。师生问卷调查结果相一致。如何尽快地有效解决上述问题可能是学校在发展中不可避免的问题。建议学校找准目标,以本土化项目为突破口,着力打造校园文化品牌,选题要务实,要符合校情,要能整合社区优质教育资源,体现学校项目建设的深入研究。同时,要争取专家组对建设项目科学的指导,开发出本土化的校本课程,从而培育具有本土文化特质的学生。

(五) 制度文化

调查中我们发现,76.3%的老师"知道"学校现有的管理制度,尚有23.7%的教师"大部分知道",1%的教师竟然"不知道"。认为现有的学校管理制度全面的占58.2%,不足六成,四成以上的老师认为学校的管理制度存在漏洞或没有覆盖全部内容。倡导依法治校理念由来已久,这一现象的发生足以引起学校领导的重视。为什么会发生上述现象,究其原因是学校在制度的制定过程中不够民主而造成的。根据制度生成与制度执行的关联性,我们建议学校在条件许可的情况下,尽量吸纳教师参与学校制度的制定与修改工作,这一方面是为了提高教师执行制度的自觉性,另一方面体现学校管理的民主性。

学生问卷中发现知道小学生守则的学生占89.5%,有一成多的学生只知道一些或不知道"小学生守则",这种现象是值得重视的。学校相关部门应采取多层面、多渠道、形式多样的学习与宣传,必须做到反复抓、抓反复。29.5%的学生在自觉纠正别人不良行为时表现出犹豫的心理。这可能是"不要管闲事"和"不敢管闲事"这一社会不良心理现象对学生产生的影响。但就其实质,是学生责任意识弱化的表现。学生责任意识的弱化越来越令人担忧,已成为一个不容忽视的问题。如何培养学生的责任意识,是摆在每一位教育工作者眼前的难题,也是班主任日常工作中颇为用心的课题。建议广大教师充分发挥"榜样"的示范引领作用;重视身教重于言传的教育作用。在学生面前必须时刻履行自己应有的责任。要求学生关爱社会,自己必须热心公益;要求使学生信守诺言,自己必须说一不二;重视学生的养成教育,学生走出自我中心,强化对他人和周围环境的责任心;要为学生营造"人人讲责任、个个守承诺"的氛围,形成"担责任光荣,弃责任可耻"的荣辱观。

《立足校园文化培养中小学生文化自信的实践研究》附件 2

"阳光学校"文化建设的整体架构和思考

A小学在传承优秀学校传统、契合现代学校发展要求的基础上,提出了建设"环境舒适、关系舒心、个性舒展"的"阳光学校"的学校长远发展战略。对"阳光学校"建设的发展战略,学校有整体的长远规划和具体的实施操作方案,其重点就是通过学校文化再造来为学校未来的发展提供优质环境和持久动力。

我们认为,学校教育的本质就是要为学生的健康成长提供优质的教育生态,而优质教育生态的核心就是学校的文化生态。因此,学校的文化建设是学校建设的核心任务。那么,"阳光学校"建设的学校文化再造,其整体框架该如何架构,其具体的创建目标和操作要求又是怎样的呢?

一、理念为魂

我们学校在传统的办学历史中,逐渐形成了"阳光教育"的办学思想,提出了"让每一个孩子在阳光下自由生长"的办学理念。在此基础上,学校提出了建设"环境舒适、关系舒心、个性舒展"的"阳光学校"的办学目标。具体来讲,作为学校办学和文化重塑的具体目标,学校提出了"建设清新、人文、和谐的阳光校园,打造亲和、敬业、进取的阳光教师,构建快乐、智慧、多元的阳光课堂,培养健康、聪明、懂事的阳光学生,实施公正、高效、民主的阳光管理"的整体文化架构,形成环境文化、教师文化、课堂文化、学生文化和管理文化五位一体的文化建设格局。

作为学校核心价值观的倡导,学校提出了"责任、奉献、求实、创新、自信、和谐"十二字学校精神,引导教师"以责任和奉献对待自己从事的事业,以求实和创新对待所做的教育工作,以自信和和谐对待自己和他人"。

在办学信念上，我们"相信只有制度治校才能建设一所有序高效的学校；相信只有人文管理才能激发每一个人的工作热情；相信只有学校文化塑造才能引领学校的内涵发展；相信只有理解和合作才能解决一切问题和困难；相信只有质量才是学校生存和发展的唯一法宝"。

二、制度是根

一种好的文化，一定是从一套好的制度上开出的美丽的花。

学校在阳光学校建设的框架下，建立了一整套学校制度，学校制度的核心是学校章程，学校就制定了《让每一个孩子在阳光下自由生长》，以此为核心，学校建立了《学校民主管理制度》《学校人力资源管理制度》《学校质量保障制度》三大制度体系，整个制度体系覆盖了学校各方面工作。

我们认为，学校最高效的运行是制度运行，最可靠的运行也是制度运行，最能形成独特文化的学校管理一定是长期有效的制度管理。因此，在制度建设上，我们始终坚持三个要素：第一是精心抓好制度的顶层设计；第二是坚持基于问题的制度创新和完善；第三是牢牢抓好制度的检查和执行。

三、关系是土

一种好的思想，一套好的制度，只有找到一种好的土壤，一种适合于自身生长的土壤，才会有生生不息的生命力。几十年的办学经验告诉我们，所谓学校的土壤，其实就是一种好的关系，一种充满和谐包容、公平正义、人文道德的关系，一种良好的人际生态。

第一是师生关系。我们对师生关系的首要定义是"亲和"，而构建充满"亲和"氛围师生关系的关键因素是教师，因此，我们提出了打造"亲和、敬业、进取"的阳光教师队伍的建设目标，将"亲和"作为教师职业的首要要素，将"亲和"作为从事教师职业、开展教育教学工作的前提，爱学生、由衷地喜欢学生、对教师职业充满激情。不仅如此，一个成功的教师，不仅是一个"亲和"学生的教师，更是一个被学生"亲和"的教师，这恐怕比"亲和"学生更难，因此，"亲和"的师生关系一定是双向的。

第二是师师关系。师师关系中，最关键、最敏感的是干群关系。我们将改善干群关系作为校园关系建设的一个重点，倡导"互信"的干群关系。其实，改善干群关系并不是一件难事,关键是学校领导干部要摆正自己的位置,认清自己的角色,改进自己的作风,调整自己的心态。如何来改善?我们认为,要做好以下几方面的工作:第一,要建立明确的职责体系,分工明确,工作到位;第二,要主动接受教师对干部的评价、考核和监督;第三,将倾听群众意见和呼声作为干部工作的一项重要内容;第四,坚决实施校务公开,确保教职工对学校事务的知情权和参与权;第五,切实维护好教职工的合法权益。干群关系和顺了,教师关系的改善就迎刃而解了。在教师关系建设上,我们积极倡导"互助"的教师关系,通过教师职业道德教育、改善教师心智模式教育、教师合作互助共同体建设等一系列教育实践活动,积极营造良好的群体氛围,建立以"互助"为基本特征的教师关系。

  第三是家校关系。家校关系对学校教育的影响从来没有表现出像今天这样的重要地位。在改善家校关系上,我们坚持做好几方面的工作:第一,坚持开展大规模的家访活动,让我们的教师深入每一个家庭,促进学校、教师和家长的沟通交流;第二,定期开展家长学校活动;第三,定期让我们的家长进入学校,进入课堂,进入学生活动,打破学校和家长的藩篱,加强相互融合;第四,建立班级家长委员会,让家长参与班级教育和管理;第五,建立学校家长委员会,引入家长参与学校事务的民主管理和民主决策,开辟听取家长意见和建议的新渠道;第六,开展家长志愿者活动。

  第四是周边关系。在一个开放的社会里,开放办学是必然趋势。处理好与社区、与政府、与周边地区各单位的关系,充分利用各种教育资源为学校教育服务,为学校教育建设一个良好的周边环境显得尤为重要。我们积极开展区域共建,建立多个学生社会实践基地,和驻地部队、警署、居委会、社区卫生中心、敬老院、烈士陵园、工厂企业、退休协会、影剧院等开展内容丰富、形式多样的共建活动,让学生参与社会实践,让学校融入社会环境,让社会志愿学校建设,营造了良好的学校周边关系。

《立足校园文化培养中小学生文化自信的实践研究》附件3

自主社团争春艳　文化自信众显才

校园文化是学校教育不可缺少的重要组成部分,是学校所具有的特定的精神环境和文化氛围,健康和谐的校园文化能给师生创造一个有形而庄重的心理"磁场",起到"润物细无声"的教育魅力。学校目前外来人口随迁子女大量增加,他们学习压力相对较小,精力充沛,但不少学生缺乏良好的行为规范,养成教育仅仅靠管理事倍功半。针对这些学生特点,我们认为需要健康有益的活动来释放他们的活力,为此学校在加强校园文化建设中把学生社团作为学生素质拓展和社会实践的重要载体,作为学校第二课堂的重要组成部分,从而探寻适合学校生源特点的校园文化建设的新路。

择要而言,学生社团在校园文化建设中的作用主要体现在以下两个方面:

其一,育人作用。校园文化具有较好的教育、导向、凝聚、娱乐和参与功能,校园文化营造一种氛围,去感染、陶冶师生,使他们在耳濡目染、潜移默化中慢慢地把文化精髓内化为风格、习惯、观念、精神。校园文化的形成与校园文化活动密不可分,而校园文化活动最直接、最经常的组织者是社团。

其二,创造作用。社团活动以学生为主体,自己商定目标,自主策划内容,自由分配角色,自我调解冲突,自我评价效果,可以充分调动学生的积极性和创造性,培养学生崇尚科学、勇于开拓、迎接挑战的创新精神和创造意识,活跃了校园文化氛围。

学校现有学生社团9个,包括健美操社团、毽球社团、花样橡皮筋社团、手球社团、木工社团、小记者社团、风华之音广播社团、风华啄木鸟社团、书法社团。为了确保社团活动的正常开展,建立了如下的长效机制:

第一,定期开展社团招新,不断充实新鲜血液。学校大部分生源为郊区农村子女,随着浦东改革开放的发展,来沪务工随迁子女在学校就读数量不断增加,目前已经达到学生总数的85%左右,且继续呈上升趋势。这些外省市学生由于家庭的缘故,流动性大,为了使社团活动连续不间断开展,学校每年3月集中开展社团招新,一来及时吸收新鲜血液,二来充分展示社团文化建设的风貌。

第二,重视社员思想引导,促进社团良性建设。社团中的很多成员来自我国五湖四海,他们的行为习惯各异,处事方式也不同,在活动中难免会产生摩擦。学校高度重视社团的思想道德建设,并积极发挥其在社团管理中的作用,保证社团正确的发展方向。社团指导老师定期组织各社团开展思想道德教育,注重提高社团成员的自身道德建设和文化修养,注重提高社团成员的良好行为习惯和待人处世的正确方法,保证学生社团在积极、向上、健康的轨道上稳步向前发展。

第三,加强社团制度建设,保障活动正常开展。学生社团组织是自己管理自己的非正式组织,因此建章立制就显得格外重要。社团部制定了《学生社团管理制度》,对社团成员的权利和义务、活动方式、新社员的招募、转会制度、活动制度、奖惩评估等一一明确,规定了学生社团成立的程序,申请社团应先提出包括社团宗旨、章程、活动内容与形式及社团负责人等内容的书面申请,再经社团部批准,最后上报学校进行审批,学校批准注册后方可成立。

学生社团在学校社团部的管理和指导下自主开展活动,学校定期召开社团干部例会,认真听取社团管理工作汇报,并及时拟订各类方案,领导社团部成员协调各社团工作,社团部每天都有成员值班,处理相关事宜。所有社团的用具、活动计划、总结、活动登记表等也有专人负责管理。

第四,突出抓好常规活动,特色培养健康发展。为了使社团活动更有益于学生发展,学校规定每个社团每周至少有一次常规活动,每学期有一次成果展示活动,且每次活动的内容须报社团部进行备案,由社团部进行统一协调、检查和验收。可以说,从活动的策划到活动的结束,均可得到校领导的指导,从而使社团的活动沿着正确的轨道发展。

学校要求辅导老师加强对社团的专门指导。虽然社团的主体为学生,但由于学生的知识、眼界、实践能力、交际能力等方面的限制,只有在辅导老师的指导与协调下,才能达到事半功倍的效果。辅导老师一方面借助有效的规章制度加强对社团的管理和监督,另一方面,又充分尊重社团的自主性,不过多干涉其内部事务,给社团的自身发展提供广阔的空间。

第五,大力宣传优秀典型,凸显自我教育功能。学校在社团的活动和各类竞赛活动中,挖掘了一大批从各社团脱颖而出的优秀学生,每学年进行专题表彰,并将他们的优秀事迹和取得的成绩在校内通过各种校报、校园网等形式广泛宣传,为广大学生树立榜样。对于成绩突出、影响重大的社团组织,学校颁发具有个性化的优秀组织奖,同时也积极推荐学校优秀社团参加区级以上社团展示等,增强他们的集体荣誉感。

学生社团是现代教育中的新型教育模式。这种学生自我教育、自我发展的教育模式,不仅突出了学生的主体地位和作用,强调主体间的精神沟通,大大提高了"学生—学生""学生—教师"之间的交往,顺应了教育发展的潮流,也较好地促进了校园文化的和谐发展,共同打造一个宁静、和谐、美丽的校园。

《立足校园文化培养中小学生文化自信的实践研究》附件4

润 物 细 无 声
——校园文化建设的实践与思考

"校园文化"这四个字,也许作为一个教育者或一所学校来说,是常常挂在嘴边,贴在墙上的常用语。那什么才是校园文化呢?笔者曾认真查阅资料,了解到它是校园中所有成员共同创造形成的一切物质和精神财富的总和及其这种创造形成过程。校园文化注重的是建设与创造;校园文化是伴随着学校的发展而发展的,其核心是文化育人,它犹如春雨,润物细无声地渗透在校园的每个角落,沁入师生的心灵深处。

一、找准"短板"突破,为文化建设寻方向

曾经调查了一下,有的老师一学期都看不了一本书,能看看报纸,偶尔翻翻杂志已是不错的了。然而学校就是读书的地方,作为教师,我们更需要读书。只有读书,我们才能拥有源头活水,滋润学生求知若渴的心田;只有读书,我们才能生成新的信息,与学生进行心灵的沟通与传递;只有读书,我们才能引领学生读书;只有读书,我们才能促进学生发展。

找准了突破口,学校开展了"让读书成为习惯"的读书活动,作为书记的我,每学期带头向大家推荐好书,如《工作重在尽职》《做一名幸福的教师》等,教师们在读书中净化了心灵,教师们在工作中调整了心态。支部在党员中还开展了学习型党组织的活动,要求全体党员带头学习,带头交流,在群众中做好表率。我们也在学生中开展了"读书漂流活动",通过好书推荐、读书交流等活动,让阅读成为学生学习过程中必不可少的一项重要内容。

通过坚持不懈地开展读书活动,我们在校园中形成了浓浓的读书文化氛

围。因为我们深知,读书,是我们不竭的精神动力;读书,可以拓宽我们的眼界,获得丰富的知识;读书,还会使我们明理,做个有修养有文化的人。一本好书,就是一艘航船,引领我们驶向成功的彼岸。

二、确立"主题",为文化建设立载体

学校紧紧围绕上级要求和学校中心工作,开展校园文化主题活动,以活动为载体,促进学校的内涵发展。

(一)传承民族文化,"经典诵读"修养品行

为丰富校园文化内涵,我们在师生中开展了"传承民族文化,经典诵读修养品行"为主题的校园文化建设活动。每天中午校园中响起古诗吟唱的歌曲,每月第一周,全校师生聚集在操场上,大声吟唱古诗词,浓浓的经典文化氛围萦绕在校园的每一个角落。教工迎新会上,"吟诗会"把活动推向了高潮。经典诵读常态化,成为师生校园生活的一部分。经典诵读提高了教师的个人修养,营造了浓厚的校园人文底蕴。

(二)继承教学特色,"两学一做"以文悟道

学校继承了原有的作文教学的特色,以"两学一做"(即"学习身边人,学写身边事,做合格小公民")为载体,积极践行作文教学的育人功能。"两学一做,作文教学德育渗透"的构建,是从"立德树人"这一教育的根本任务出发,以培养学生"做合格小公民"为深化课程改革的终极目标,以作文为载体,以"学习身边人,学写身边事"为作文教学研究和实践的主要内容,以"课堂—校园—家庭—社会"为主要途径,将习文育人互为融合,引导学生观察身边的人和事,发现生活中的真、善、美,用文字记录自己的成长历程、情感体验,在培养学生良好的作文态度、作文兴趣、作文习惯,树立作文自信心的同时,帮助学生完善德行、坚定信念、健全身心,促进学生健康发展。

在"两学一做"作文教学德育渗透过程中,教师的表率作用显得尤为重要,我们将"两学一做"作为学校的重点工作,作为统领学校工作的一条重要线索,"言传身教、为人师表"榜样作用的发挥、育人能力的不断提升成为师德教育的主题,我们先后进行了教研组长、班主任、青年教师等专项培训,均将提升"师德修养""育人能力"作为重要培训内容;语文教研组将作文课堂教学模式的研究作为"校本教研"的主要内容,不断提升教师的作文教学能力,促进教师专业成

长。我们还鼓励不同学科的老师关注作文平台,参与到任教班级的作文点评中来,给学生以鼓励和支持,给自己以触动和教育。学校还将"如何做一名合格的小学生家长"作为"家长学校"的培训内容,努力创建更和谐、更有利于学生成长的大环境,共同提升育人意识,提高校园人文氛围。

三、搭建"平台",为文化建设助力

学校为教师和学生搭建平台,开展各类活动,有效促进校园文化建设的开展,展现活动成效,推动校园文化建设的发展。

一是环境建设,营造舒心的校园文化环境。每学年初,我们都在校园中开展各类环境文化建设:办公室环境文化,营造温馨的办公环境;教室环境文化,打造个性化的班级文化特色;校园环境文化,展示学校的办学风格。教师和学生通过参观教室、办公室,评出最佳环境设计奖,这既是一种热爱学校的教育,更是打造学校文化的良好手段。

二是交流展示,营造浓厚的校园文化氛围。学校每学期都会开展系列展示活动:"校训指引我成长"征文演讲活动,让每一位师生重新理解学校"立德、笃学、践行"的内涵;"赞文化校园,扬附小精神"教师节主题展演,让每一位教工都行动起来,通过不同形式的表演,为教师们自己的节日送上一份大礼;青年教师的"分享一刻"信息发布会,从时事政治、教育视角到四季养生、化妆礼仪等多角度与教师们分享学习心得,使大家在开心、轻松的氛围中了解信息,拓宽了视野。

四、实践思考

校园文化建设,犹如细雨滋润师生的心田,它不是一蹴而就的,而是在潜移默化中,形成学校特有的文化氛围。首先,注重价值引领。自觉地担负起价值引领的使命,任何活动的设计与开展都应该隐含着对核心价值的引领,突出"向上向善向美"的价值观引领。其次,注重整合推进。有机整合各部门工作,既要做好横向整合,又要做好纵向整合,使学校的文化建设活动具有深度和厚度。三是注重党群共建。党组织做好活动的组织策划与思想的引领;指导工会、团队的自我教育与积极践行;同时,得到行政给予的全面支持与保障。

《立足校园文化培养中小学生文化自信的实践研究》附件5

应天时·讲地利·求人和
——把学生文化自信培养融入校园文化建设

【案例】

校园文化是学校精神风貌的具体体现，是学生文明素养、道德情操的综合反映。它对师生行为的规范和形成积极向上的价值取向有着深刻而深远的意义。它是学校历史文化底蕴、道德规范、工作作风、精神面貌和精神追求的整体体现。优秀的校园文化对学生的熏陶作用有时比书本的教育作用更为重要，在引领学生成长的路上发挥着更为显著的作用。校园文化建设是一门集文化、集智慧、集毅力为一体的艺术，是学校全面推进素质教育的重要部分。

文化是在国际化进程里重要的软实力，文化自信亦是"立根树魂"。校园文化的建设离不开大文化圈，培养学生的文化自信也是校园文化建设的重要组成部分。

针对我们学校的学生实情，我们从中国优秀传统文化和国际视野教育两个板块出发，培养学生对民族文化的肯定与认同，开拓其视野适应如今的全球化，在中西文化的交错中，激发其文化自信。

首先，在校园中处处可见中国的经典贴于墙上，中外名人名言也是随处可见，在耳濡目染下让学生汲取中西文化精粹，感知其内心的文化自信。其次，学校将《国学》内容按照学段渐进铺开，一、二年级展开经典诵读活动，从《三字经》《弟子规》等蒙学入手，诵读中体会先哲的智慧。三至五年级从讲历史名人的故事入手，从多角度多方位了解中国历史长河中的光辉，体会"江山代有才人出"的各领风骚，增强民族自豪感，提升文化自信。另外，我校还开展了国际视野教育，在了解世界灿烂文化的同时，感受中国文化的魅力，培养包容的文化观。学校还将文化自信的培养融入学校的主题教育和专题教育等《两纲》教育。

【分析】

学校2010年从九年一贯制学校分离,单列办学而诞生。继续秉承"为每位学生的卓越发展服务"的办学理念,积极践行"以学生发展为本,教育好每一位学生,让每一位学生都能在自信、负责、快乐、成功中得到主动发展"的教育思想和"乐、健、和、实"的校训,确定"把学校办成一所让孩子爱心感恩最多、实践体验最多、学习快乐最多、习惯养成良好,在浦东、上海乃至全国具有较高知名度的、孩子快乐健康成长的、高质量的素质教育实验小学"的办学目标,坚持依法办学,立德树人,在全面贯彻党的教育方针的同时,致力于教育改革的创新实践,致力于学生的特长发展、教师的专业发展、学校的优质发展。

文化的时代性、地缘性和人文性,让校园文化的建设须遵循"应天时,讲地利,求人和",在校园文化的建设中融入培养学生的文化自信。

一、应天时:校园文化须承载文化自信

校园文化是指在长期的办学过程中,逐步形成并为大家所认同的校园物质文化(环境文化)和精神文化的总和。办学过程是动态的,也就是说校园的文化建设应与时代相联系。

主题教育制度化。学校将《两纲》教育融入到每个月的固定主题教育中,以活动为载体,培养学生的爱心、责任心,使学生具有民族情结、国家情感、国际情怀。将德育教育活动确定为每月一主题:一月总结表彰月、二月文明礼仪养成教育月、三月绿色环保教育月、四月生命教育月、五月感恩教育月、六月科技艺术文化学习月、七八月社会实践月、九月民族精神教育月、十月国家情感月、十一月法制安全教育月、十二月校园风采月。

专题教育针对性。学校按照学生品德成长的内在关系和循序渐进的原则,注重学生品德内化:以年级组为单位,按照学校德育整体规划的要求,各年级自主实施德育目标。形成一年级培养学生良好习惯,互相帮助;二年级培养学生遵守纪律,互相学习;三年级培养学生自理自立,互相关爱;四年级培养学生自信自学,互相尊重;五年级培养学生自严自律,互相理解的逐级递进式德育目标。

二、讲地利:文化自信须开阔文化视野

我们结合学校实情,充分利用好自身资源的同时,也要尽力利用好社区、家

长等多方资源,在校园文化中融入了国际视野教育,为学生全面而富有个性的发展创设优良条件。同时,开阔学生文化视野,构建起中外并包的文化观,在更广阔的领域中提升自己的文化自信。

我校开设了以"基于国际社区背景下的学校拓展小学生国际视野的深化研究"为主题的校本课程。校本课程设四大板块,有五六十种系列内容。其中,"各国汽车大不同""世界餐饮文化""世界服饰文化""世界建筑文化"课程和基于社区背景的"学习包"内容深得学生喜欢。这些课程,鼓励孩子们走进社区,发现国际元素:立足学校,放眼全球,拓展了学生的国际视野,提升了学生审美情趣。我们还与社区内的喜马拉雅美术馆合作,开展一系列的美术教育活动。

通过上述的课程和活动,让学生明白中西文化的不同源于根本,中国的农耕文化让我们以集体为中心,强调礼仪教化;而西方的海洋文化(游牧文化)更突出个人能力,两者不存在好坏之分。从某一个切入点,让学生以小组合作的形式进行简单的比较研究并制作小报,如中西饮食的差异等,从而使学生在国际化的影响下将中西文化相互融合。

三、求人和:文化自信的培养要渗透于人

文化自信的培养,要坚持人人参与的原则,充分发挥学生的主体作用。学生是校园文化建设的主体,外在的教育要求、文化熏陶要通过其主观能动性才能内化为信念、外化为行动。要建立学生自我教育、共同参与的激励机制,使他们在各种丰富多彩、健康有益的课外活动中陶冶情操,净化心灵,塑造品格。

"文化自信"的培养首先要有文化自觉和文化认同,然而自觉和认同需要在知晓的基础上才能产生。据此,本项目在"培养内容"的设计上先从"中华民族的优秀传统文化入手",按照学段分块内容和采用不同的培养形式,符合学生的心智与能力,使其在最近发展区内得以有效提升。

(一)低学段:诵读释义启智文化自信

一、二年级的小学生其记忆力是黄金阶段,对于国学中的经典篇目虽不能理解,但诵读后熟记于心,达到"读书千遍其义自见"的效果,结合小学生心智发展的特点,可通过故事、动画、意译等多形式对经典篇目简单释义,起"通达"之效。在"儒释道"三位一体的中国文化中,"儒"宜修身,"释道"适养性。低学段处于蒙学期,儒家推崇的思想以及修身之道较为适合这一时期的学童。在选择诵读篇目上,从《三字经》《千字文》《弟子规》逐步往《论语》《诗经》等难度递增,

从显性的仪礼规范到内化的人文素养,在诵读的过程中让学生发现中国千年前先人的大智慧,了解中华文明的灿烂瑰宝,启智于自身的文化自信。

(二) 中、高学段:**历史名人体悟文化自信**

三至五年级中学段的学生相比较于低学段的孩子,已经有一定的概括能力和理解能力,其恰逢由具象思维往抽象思维发展的阶段。历史人物的事迹与故事给予这学段的孩子具象与抽象的统筹,在老师的指导下,学生自主收集历史名人的故事和事迹,并定期开设小讲堂。通过了解先哲的故事、体验先辈的卓越,内省自我,感悟文化自信。人物选择上从儒家的孔孟、道家的老庄等诸子百家的代表人物,到尧舜禹等明君贤者,抑或是建安七子、初唐四杰等文人骚客,再者如岳飞、林则徐等名将清官,也可是鲁迅、巴金等近代先驱,从多角度多方位了解中国历史长河中的光辉,体会"江山代有才人出"的各领风骚,增强民族自豪感,提升文化自信。

如果说,一所好的学校是一棵枝繁叶茂的大树,那么校园文化则是这棵大树的根,虽然难于显现,但为树木的成长提供养分。也就是说,校园文化建设是学校的"立根,树魂",为学生茁壮成长提供了凝聚力和向心力,要将学生的文化自信培养落到实处,理当把其纳入学校的校园文化建设。

《立足校园文化培养中小学生文化自信的实践研究》附件6

培养学生文化自信的探索与实践

【案例背景】

A小学开展"文博教育"实践研究已经14年了,其间经历了三个阶段。第一阶段为学生自主探究阶段,2000年A小学与上海博物馆签约,在上博专家的指导下,我校部分学生组成社团开始探究文博教育。第二阶段为学校文博教育特色创建阶段,2005年我校成功申报并实施市级课题《小学文博教育的实践与研究》,使我校文博教育走上了一个新的台阶,在专家引领和全体教师的共同努力下,不仅受益的学生面从仅20多人的文博社团,扩展到全校所有学生,而且初步形成贯通一年级到五年级的义博教育学校课程(如:一年级的"文字的故事"、二年级的"走近书法"和"走近国画"、三年级的"走近印章"、四年级的"走近陶瓷"、五年级的"走近青铜器")。同时,学校从文博教材编写、文博课程的实施、文博活动的设计、文博资源的利用到文博专任教师的培养都进行了一系列的探索,从而初步彰显我校文博教育的特色。

【案例意义】

本项目实施,开启了我校文博教育的第三个阶段。本阶段的核心价值是,如何在学校初步形成文博教育特色的基础上,拓展和深化文博教育的内涵和外延,使文博教育成为整体推进学生综合素质、教师专业发展和学校办学资质的一个抓手,促进学校的全面发展。传统的"文博教育",主要是指通过文物鉴赏等形式,在教会人们认识文物的同时,感受历史、文化与艺术,提高审美情趣和人文素养。而我校根据小学生认知的特点以及学生未来发展的实际需求,在传统"文博教育"的基础上,通过本项目实施,深化和拓展了新的内容。其要点在于，我们的"文博"教育，不是教学生做"老古董"，而是将中华传统文化的根植入孩子的心田；不是让学生钻"死胡同"，而是培育学生崇德睿智，把握文明"史"的源流；不是厚古薄今，而是为学生提供可资探究的时空"能"。从而使"文博"教育，成为在学生的幼小心灵培植深厚的"文化"底蕴，培育学生"博大"胸怀的抓手与载体。

【案例实施】

一、校本课程的开发

新课程的实施与推进，为学校的自主发展和特色建设提供了前所未有的空间。作为上海市二期课改的实验学校，我们自开展课改实验之时起，就考虑到以具有比较雄厚的实践基础的文博教育活动为基础，开发校本课程，从而充分利用文博教育探索的成就，将参与面拓展到全体学生，同时在这个过程中提升教师的专业发展水平和独立开发课程的能力，形成学校的文化特色。

从学校和教师的实际情况出发，为了达到既能全面普及又能兼顾特长和兴趣的要求，我们将文博教育的校本课程分为两大部分。

必修：一年级"文字的故事"，二年级"走近书画"，三年级"走近印章"，四年级"走近陶瓷"，五年级"走近青铜器"。

选修："走近钱币""古诗吟唱""剪纸""风筝""京剧脸谱""茶道"等。

在必修课程方面，我们重点考虑课程内容的系列性和代表性，重点选择中国传统文化中最具有代表性的内容进行课程开发。在选修课程方面，更加突出内容的丰富性和趣味性。无论是必修课程还是选修课程，在课程实施过程中都强调学生的主动参与、师生的多途径互动、资源的丰富和开放以及评价的过程性和激励性。而这些方面正是新课程所强调的价值取向和主要策略。因此，可以说，文博课程既是独具特色的校本课程，也是整个课程改革的试验田和实践智慧的策源地。

二、文博活动的开展

随着"文博"教材的编写、课程的设置，作为"文博"课程很重要的一部分——"文博"活动的设计和开展成为我们探索和实践的重点。从文博到民俗，在"润脑"的基础上让学生增添更多动手的机会。学生可以通过形体表演、动手动脑等来更具体地体验和感受中华文明的璀璨。

(一)学生"文博社团"活动

社团成员:社团的教师自己报名,他们是对文博感兴趣的志愿者;学生也是自由报名者,共同的爱好使他们走到了一起。

活动形式:社团的学习方式是开放性的,交流、讨论和比较多的实践活动。具体有编辑"文博"小报,出版"小小青铜器"研究作品集,青铜器介绍故事集,参与上海博物馆各种活动20多次,利用双休日到上海博物馆做小小讲解员,到社区、到商场(上海第一八佰伴)做义务宣传员,与博物馆联合组织夏令营活动。

(二)"文博"体验实践活动

我们充分利用博物馆陶瓷制作坊、篆刻制作间、墨拓等动手操作的设备,结合校本课程的内容,为不同年级学生设计了动手体验的实践活动项目,学生在五年中至少可以参与其中五个项目的实践活动。

年 级	课 程 内 容	动 作 操 作 项 目
一年级	文字的故事	甲骨文上的字
二年级	走近书画	墨拓、制作毛笔
三年级	走近印章	篆刻制作间
四年级	走近陶瓷器	陶瓷制作坊、修复唐三彩
五年级	走近青铜器	青铜器文饰制作

(三)"文博"亲子活动

兴趣是学习的内动力,"文博"的研究和学习同样需要兴趣。有了父母的参与和支持,孩子们对"文博"的兴趣更浓了。

(四)成立文博联合教研组

学校成立了由上海博物馆专家、文博志愿者、教师组成的联合教研组,定期开展教研活动。

(五)学科渗透

教师在自己任教的其他学科中融入文博的内容,以丰富学生的知识,深化学生对于中国传统文化的了解,比如语文教学中文字演变的教学。结合语文和音乐学科开展古诗吟唱。

三、环境设计和资源利用

为更好地通过文博教育提升学生的人文素养和民族精神,学校在环境创设和资源开发方面也付出了巨大的努力,以让学生浸润在一个资源丰富的学习环境中。这一方面的措施主要有:

(一) 校园文化设计,营造文博氛围

建"文博"主题墙,印制具有"文博"特色的学生簿本。学校立志让每一个学生在具有现代文化和传统文化相交织的校园文化中学习,感受"文博"的熏陶。学校鼓励学生利用各种现代化的途径,遨游在古代青铜、陶瓷、书画、印章、钱币的知识海洋中;学校设计具有"文博"特色封面的练习册,学生悄悄地发现身边处处飘散着淡淡的传统文化的芬芳气息。

开设"文博"专用活动室。"文博"专用活动室是学校开展"文博"教育活动过程中应运而生的,由"钱蓉老师工作室"负责管理,"文博"专用活动室顾名思义就是学生进行"文博"活动的专用场所。活动室内有教师和学生共同布置的仿青铜器、陶瓷器、书画等作品;还有许多关于"文博"收藏、鉴赏、保护的书籍、刊物;活动室的四周是可供学生上网的电脑,座椅全部是活动的,可以根据活动需要任意摆放。

(二) 博物馆资源的开发和利用

我们主要利用和挖掘上海博物馆馆藏资源、专家资源以及他们的专业设备资源,为我们开展"文博"教育提供师资培训,为学生的学习和探究提供更为广阔的空间。

博物馆馆藏资源:作为现成的实物展馆,博物馆能给学生以直接的、感观的认识。通过有目的地组织学生参观博物馆,使他们通过实物了解更多文物背后的故事,与从课堂中或者社团活动中,抑或网上看到的文物面对面,仿佛与远古时代的前人进行对话,引发其对文物了解的兴趣,从而激发其内在的民族自豪感和爱国情节。

博物馆专家资源:上海博物馆有着上海市乃至全中国有名的各类文博专家,这些专家主导着他们研究的领域。对于我校来说,能否利用好这部分资源是文博教育成功与否的关键。与博物馆的合作,不仅使我们培养了一批具有文博知识的教师,博物馆专家的悉心指导,使我们的"文博"课程得以建立。具体做法有选派教师参与博物馆文博骨干培训等。

博物馆设施资源：博物馆除了馆藏资源和专家资源以外，上海博物馆教育部还有许多可供参观者动手操作的专业设施，充分利用好这些设施，使学生学习方式的改变成为可能。我们的学生不仅可以在课堂中感知我们国家优秀的传统文化，更可以通过参观、动手做一做等实践活动，来体会勤劳、勇敢又富于创新的、留在我们血液里的民族精神。

【案例反思】

在"文博"教育的研究和实践过程中，我们也遇到一些问题和困难，这需要我们在以后的研究中进一步探索和创新，使文博教育更上一个台阶。这些问题包括：

"文博"课程涉及的是很强的专业，我们在上海博物馆的帮助下，在一定程度上保证了有些课程的品质，然而随着课程群的开设，不少科目更多的是教师个体承担，而有些专业又不是上博专家所熟知的，教师专业知识力量的薄弱显而易见。

另外，文博课只能是教师的兼职，根据上级有关文件精神，在岗教师不得少于市教委规定学科课时量的50%，所以教师主要精力必须放在规定的学科上，包括今后评选骨干教师和职称评定，这样教师从事"文博"课程的积极性肯定会受到一定的影响，而"文博"课程需要教师花费很大的精力，这也制约着"文博"课程品质的进一步提高。

《立足校园文化培养中小学生文化自信的实践研究》附件 7

走进家乡的桃园

一、活动背景

每当草长莺飞、春暖花开时节,泛舟而行,在蓝天碧海的映衬下,桃花争奇斗艳。旖旎的水乡风光与绚丽的桃花美景交相辉映。走进桃园深处,徜徉于花海之中,自己也成了一道人面桃花相映红的风景。学校以"生本教育"为主导,利用最亲近生活的地方资源为同学们举行一次《走进桃园》的社会实践活动,发展学生的创新精神,提高学生的社会实践能力,增强学生们对家乡的自豪感。

二、活动目标

认知目标: 通过调查、访谈,了解家乡特产。

能力目标: 在活动中培养学生发现能力,锻炼学生的社会实践能力、与人交往的能力。培养团队合作精神,学会收集信息,提高分析整理信息的能力。

情感目标: 通过调查研究获得丰富的经验和积极向上的情感体验,分享合作与交往的快乐。结合自己设想宣传家乡的特产,激发学生热爱家乡的思想感情。

三、调查用具的准备

指导教师的配备;取得家长的支持与协作;与有关部门事先取得联系。

四、活动的重难点

(一)调查活动中的安全问题。

（二）让学生在调查中发现问题，在讨论中解决问题，结合实践操作的能力。

五、活动过程

（一）确定活动主题

师：同学们，你们爱自己的家乡吗？谁来简单介绍一下自己的家乡？学生简述。

师：我们的家乡天等县一年四季风景优美，气候适宜，物产丰富。现在，请你们说说我们家乡有哪些特产？

学生纷纷回答：桃子，西瓜。

师：我们家乡的特产这么多，最有名的是什么？就让我们一起走进桃园，以"走进家乡的桃园"为题进行社会实践活动吧！

（二）方案框架

1. 分组调查，收集资料。学生根据自己的兴趣爱好，分成组，通过各种途径调查、收集桃子的特点、生长环境、生长过程、加工过程、营养价值、销售情况等。

2. 实地察访，深入了解。实地考察，以拍照、访问、调查等方式，深入了解桃子的种植及生长过程等。

3. 亲身实践，体验生活。

4. 交流汇报，宣传。

5. 各种层面，评价反馈。

（三）实施过程

1. 创设情境，引发交流

展示几年来有关桃花节的图片，引起共鸣。

2. 分组展示研究成果

（1）赏桃花

图片展示。

师介绍：桃花为落叶乔木，叶椭圆状披针形，叶缘有粗锯齿，无毛，叶柄长1~1.5 cm，高可达6~10米。树干灰褐色，粗糙有孔。小枝红褐色或褐绿色，平滑。花单生，有白、粉红、红等色，重瓣或半重瓣，花期3月。核果近球形，表面密被短绒毛,因品种不同,果熟6～9月。主要分果桃和花桃两大类。变种有深红、绯红、纯白及红白混色等花色变化以及复瓣和重瓣。

(2) 游桃园

阳春三月,桃花村的百亩桃园争奇斗艳,可谓"不到桃花村,哪知桃花艳"。游人可泛舟而行,在蓝天碧水的映衬下,百里桃花争奇斗艳、云蒸霞蔚;也可舍舟登岸,走进桃花源深处,徜徉于花海之中,游人自己也成了一道"人面桃花相映红"的诗意风景。

生:交流游桃园的感受,介绍看到的一些民间文化习俗和表演。

(3) 品桃子

① 桃的种类:蟠桃、寿星桃、碧桃。其中油桃和蟠桃都作果树栽培,寿星桃和碧桃主要供观赏,寿星桃还可作桃的矮化砧。树高4～5米。一年生,枝条红褐色。叶多呈披针形,叶缘有锯齿,叶柄基部常生蜜腺。花型有蔷薇型和铃型两种。核果除蟠桃外,多为圆形或长圆形,果面除油桃外,均布有茸毛。果肉白、黄色或夹红晕,少数呈红色;肉质柔软、脆硬或密韧;核表面具不同沟点纹路,均为品种和品种群的重要分类依据。

② 赏桃品桃

师:桃果汁多味美,芳香诱人,色泽艳丽,营养丰富。桃子的口感良好,通体能散发出一股令人心情愉悦的香味儿,所含营养物质也相对丰富,吃了对身体有补益延年的作用。

3. 无限创意,宣传桃子

师:同学们,置身于花海中,徜徉于桃林中,淡雅的花香、铺天的花朵让您如痴如醉,我们首先应该感到无比光荣和自豪!我们也有责任和义务为我们桃园事业出一份力,让它更加发扬光大!现在,就请大家学学聪明的一休,开动一下你们聪明的大脑,想想:你们有什么好办法可以向别人推荐、宣传我们的桃文化呢?(交流、汇报)

4. 总结活动,提出希望

同学们,老师觉得你们这次的研究活动开展得很成功!你们辛苦了,但你们肯定也收获了很多。你们能用一两句话来谈谈这次活动的收获吗?今后,我们要继续做生活的有心人,及时发现一些大家感兴趣的话题,然后通过我们的努力去想办法研究、解决问题,相信我们今后的学习生活一定会更精彩!

《立足校园文化培养中小学生文化自信的实践研究》附件 8

以豆为媒打造学校特色

为实现学校新一轮发展,我们提出了"教育为民,服务育人,努力把学校建设成为美丽的花园、温馨的家园、学习的乐园"三园工程建设目标,在此目标指引下,进一步提出以彩豆画校本课程开发为突破口,实施"品牌立校"战略,谋求特色发展。

一、以校为本,走特色发展新捷径

学校特色指的是学校工作某个方面形成特色,是局部特色,可以称之为特色项目或优势项目。我们学校有没有这样的项目呢?我们从学校实际出发,在对现有的教育资源进行考察的基础上,进一步挖掘、整合、调配,从众多的优势项目中选取最具发展潜力的一个项目,重点培育,着力打造,以期形成鲜明的特色。有了鲜明的特色,还不能成为特色学校,只能说与特色学校缩短了距离。有鉴于此,我们认为,我们学校目前还不是特色学校,但"彩豆画"教学及其校本课程的开发和建设,使我们学校正在朝有特色的方向发展。

让"彩豆画"成为校本课程,这是在对自身原有的各方面基础、校本资源的实际情况、学校内外部环境条件等诸方面做理性分析、研判及充分酝酿、论证的基础上,形成广泛共识以后,学校行政做出的重大决策。从众多的优势项目中选择"彩豆画"教学作为拓展型校本课程,调动校内外可以利用的一切教育资源重点扶植,打造出个性鲜明的教育名片,这是学校管理层凝聚集体智慧、意识超前的战略性思维的体现,它标志着学校形成了特色发展的整体思路。

二、以豆为媒,创学校教育新特色

彩豆画是根据印象派彩点画的技法,以农家的土产——各种豆类取代传统颜料制作而成的美术作品,色彩纯真自然,乡土气息浓郁,深受学生喜爱。彩豆画有三大特点:第一,作品选用材料为中国农业大哥大——粮食,即各种大小不一、色彩天然的豆类;第二,彩豆画的画面生动活泼,表现手法多样,人物与山水、花鸟与风景、动物与食物以及城市与乡村等皆可入画,且能收到雅俗共赏的艺术效果;第三,彩豆画的制作从画面构图、选料、配色、防蛀、粘胶、衬托到最后的装裱成品,都离不开手的劳动,它是名副其实的"劳作画"。"彩豆画"走进美术课堂的实践表明,它不仅能提高学生发现美、鉴赏美、表现美的能力,而且能拓展学生艺术创造的空间。

"彩豆画"的特点及其独特的教育价值,是"彩豆画"成为校本课程的基础。首先,学校教育应以学生发展为本,任何脱离学生实际的教育都是无效的。美术课堂的教学实践显示,"彩豆画"贴近学生的生活实际,是建立在学生已有的认知水平、动手能力、生活经验基础之上的。其次,学校要以学校发展为本。我们把"彩豆画"作为学校教育的特色来抓,各方面条件如师资特长、学生兴趣爱好、校园文化环境、"彩豆画"在周边兄弟学校中的知名度和影响力等已经基本具备。以此为突破口,我们就能为学校树立品牌,并进一步实现学校特色发展的目标。

三、以画为基,育校园文化新亮点

为了达到特色的最佳境界和效益,我们在发展优势项目的工作中始终遵循"四个出发"。

(一) 从学校实际出发。对本校实际进行客观分析,通过分析认识本校的劣势和优势,合理选择和打造本校优势项目,构筑学校新的可持续发展的平台。选择优势项目时,既不能东施效颦,也不能好高骛远。优势项目的确认,不仅仅取决于校长或教师的专长和主观愿望,还需要考虑各种客观条件,诸如本校的基础、条件、传统、生源状况和教师素质等。其他学校特色工作正反两方面的经验告诉我们,不从学校实际出发,凭一时冲动,盲目确定所谓的优势项目,很难获得持久发展的动力,结果往往是昙花一现,缺乏生命力。我们学校美术教研组开展"彩豆画"研究,并把它作为学生美术兴趣小组活动的内容,由来已久,因而积累了丰富的经验。据我们掌握的情报信息,其他兄弟学校很少开展类似项目的实践研究,"彩豆画"作为学校特色教育的载体,有其鲜明的个性和先进性,在一定的时空范围内具有明显的优势。

（二）从课改的实践出发。二期课改作为当今教育界的热点,其实质是当代中国教育在城市化进程加快、社会转型、融入世界教育市场的背景下,对打造一流教育、培养一流人才的客观要求所做出的积极回应。值得注意的是,它倡导的如"以改变学生的学习方式为突破口,重点培养学生的创新精神和实践能力"等一系列全新的课程理念,必将引发一场深刻的教育思想、教育行为的变革。日新月异的社会经济发展对优质教育的需求,独生子女家庭对教师的期望,学校自身生存和发展的本能,各种内外部因素综合作用,形成了学校创建特色的动力。因此创建学校特色,从根本上说,源于办学主体的危机感、新意感和成就感,它标志着学校办学主体追求办学个性化意识的自我确立。

（三）从素质教育出发。实施素质教育是世界各国的共同实践。近十年来,美、日、德、法、英等发达国家纷纷对教育投入巨资,加大课程改革的力度,从加强德育,开展个性化教育,培养学生创造力、综合力和心理素质,重视信息技术教育等方面提高中小学生的素质。在我国,以培养学生的创新精神和实践能力为核心实施素质教育已经形成共识,体现素质教育思想的新一轮课程改革已经在各地展开。只有从实施素质教育的需要出发,因时、因地、因校制宜选择特色项目,我们学校的特色建设才能获得广阔的发展空间。

（四）从社会的需求出发。随着社会主义市场经济的发展,教育改革的深入和对外开放度的提高,我们的教育也正逐渐融入国际教育市场,各级各类学校如何在日趋激烈的生源竞争中求生存、谋发展,成了一个非常严峻的现实问题。当前,教育的卖方市场在我国已开始出现,把特色作为卖点不失为一种经营学校的策略。特色创建就是创优的过程。创造特色就是学校给社会公众提供优质服务,提供其需要的新内容和新水平的服务,学校借此扩大在社会上的影响,获取更多教育资源,拓宽学校发展之路。我们的"彩豆画"美术长廊,不仅为学校构筑了一道富有艺术魅力的校园风景线,为学生创设了一种真、善、美的教育氛围,而且我们学校承担的南汇区彩豆画教学校本课程开发也引起了当地政府的浓厚兴趣。正如新场镇副镇长富燕萍在专题研讨会的发言中认为的那样,对待新场古镇的开发建设,地方人民政府要从"执政为民"的高度,采取"拿来主义",精心策划,吸收一切优秀的、先进的文化成果,为我所用。挖掘具有地方特色的文化资源,设计出能与古镇相匹配的旅游产品,这是一项必须做的工作,也是一项极具挑战性的工作。坦直中心小学"彩豆画"这一拓展型校本课程开发所取得的成效,带给新场古镇的开发者一个有益的启示:"彩豆画"完全有条件成为我们新场古镇的特色旅游产品,通过中外游客的传递,走向全国各地,走向全世界。作为我们地方的旅游资源,她独具的艺术魅力和丰富的人文价值,是任何东西都难以替代的。服务于当地的社会经济发展,发挥学校教育的社会效益,满足社会公众日益增长的精神文化需求,这是学校义不容辞的责任。

思源

C

源于这一泓清泉

阅读、调研、写作,应该都是我们工作的组成部分。在现如今的信息社会里,如何在众多的信息源中找到自己所需要的信息,并将其提炼与升华,最终为自己的发展所用呢?

这里,需要我们积累丰富的人生经历;

这里,需要我们深耕扎实的学术知识;

这里,需要我们端正严谨的学术态度;

……

如果说"做科研"的实质是严谨的实践,"做科研"的能力是阅读与调研,那么"做科研"的方法就应该是思考。

多靠近一点德育科研,就需要多一份严谨。让内行看出深度,让外行看得明白。为了让同行看出深度,需要自己提炼出德育科研的科学问题。在这一过程中,必须培植"反思"的意识,不断反思自己的教育教学理念与行为,这样才能及时发现问题,不断自我调整、自我建构。这里,更需要我们共同探讨遇到的困惑,相互交流经验教训,在不断的反思与借鉴中,活跃新思维,拓展新空间。

在这多年的德育科研实践中,都能看到"思"的身影。但真正的"思",我想应该是立足实践、前后贯通的那种深刻而又理性的"思",没有实践,或者说实践工作不充分的"思",都像是无源之水。

这样的写作流程可以尝试

在德育科研的过程中，撰写相关的论文是经常会遇到的，这是阐述研究成果或进展的一种载体，是进行科学研究和表达科研成果的一种手段。回望我们自己的实践历程：拟定提纲、写作初稿、实施论证、修改论文、论文定稿……由于研究方法的不同，所以论文的写作形式和格式也有所不同，但其写作规律或写作过程是基本相同的。

拟定提纲。提纲是论文的前期形态和简化形式。这是帮助我们从全局着眼，树立全篇论文的基本骨架，是我们借助文字符号使思路系统化、定型化的过程，是把论文格局形态化的过程，从而形成一个中心突出、层次井然、疏密适宜、结构严谨的论文框架体系。同时，也是为论文的写作和修改提供依据与参照，会更清楚地意识到行文中存在的不足与缺陷，找到修改的恰当方法。

提纲的内容主题和材料是论文的内容，结构和语言是论文的形式。为了表现主题，展示思想，必须合理安排内容结构。提纲要根据主题需要，勾勒出文章结构的大块图样，并把材料分配到文章的各个部分。提纲拟写要项目齐全，能初步构成文章的轮廓，尽量写得详细。从内容要求出发，论文提纲有详细与简略之分，两种提纲的采用，既和论文涉及内容的范围、复杂程度和篇幅长短有关，也和作者的喜好、习惯相关。

从提纲的格式来看，常见的提纲编写方式有三种，即纵贯式、并列式、递进式。从提纲的内容来看，标题式提纲常见的编写方式有两种，即标题式提纲——以简短的语句或词组构成的标题形式，扼要地提示论文要点，编排论文目次。这种写法简洁、扼要，便于短时间记忆，是应用最为普遍的写法。提要式提纲——把提纲中每一内容的要点用一句或几句话概括，对论文全部内容做粗线条的描述。提纲里的每一个句子都是正文里某一个段落的基础。

例

《中小学"两纲"教育资源整合的策略研究》写作提纲

一、课题的提出

（一）轻视隐性课程资源

（二）特色资源未能同步

（三）人文资源发挥欠佳

二、课题的设计与实施

（一）课题研究的界定

（二）课题研究的目的

（三）课题研究的内容

（四）课题研究的过程

三、课题研究的成果

（一）关注"两纲"要求，遵循整合原则

1. 开放性原则

2. 过程性原则

3. 多元性原则

（二）梳理"两纲"资源，明确教育内涵

1. 学校资源

2. 社区资源

3. 家庭资源

4. 自然资源

5. 乡土资源

6. 网络资源

（三）落实"两纲"策略，提升教育效果

1. 整合课堂学习与社会实践资源

2. 整合学生社团与家庭教育资源

3. 整合本土资源与校本课程资源

4. 整合学科教育与网络信息资源

四、课程研究的思考

（一）整合教育资源开展"两纲"活动需要考虑地域特色

（二）整合教育资源开展"两纲"活动需要考虑整体规划

（三）整合教育资源开展"两纲"活动需要考虑综合建构

论文初稿。这是论文形成过程中最艰苦的阶段，它既是对论文内容精雕细琢的过程，又是我们思想认识不断深化的过程。

初稿写作的方法。严格顺序法——作者按照研究课题的内容结构，根据一定的顺序，如论文的结构顺序或研究内容顺序等逐一展开论述。分段写作法——从最先考虑成熟的内容开始动笔，先完成此段内容的写作，其余内容在考虑成熟或进一步研究后再行写作。全文写完后，再进行前后对照检查，使前后文风格保持一致，层次间衔接紧凑、自然，避免冗余。重点写作法——从论文的核心章节开始写作。如果我们对论文的主要论点及论据已经明确，但一气呵成的条件还不十分成熟，则可采用重点写作法。

初稿内容要尽量充分。初稿篇幅一般长于成稿。初稿丰富了删改较易，而漏项补遗或再加深入则相对较难。论点、论据、论证等内容应项目齐全、纲目分明、逻辑清楚、详略得当。初稿中的符号、单位、图、表、公式的书写符合规范要求。

实施论证。用论据来证明论点或反驳谬论的推理形式和思维过程。论证是逻辑学上讲，论证是用一个或几个真实命题来确定另一个命题真实性的逻辑形式。这是引用其他已知为真的判断，来确定某一判断的真实性或虚假性的思维形式。论证过程是论文的核心，论证是否有力关系着论文的成败。

论文修改。对论文初稿所写的内容不断加深认识，对论文表达形式不断优化、选择，直至定稿的过程。一篇论文的修改，不仅仅是在语言修辞等枝节上自找毛病，更重要的是对全文论点及论据进行再次锤炼和推敲，使论文臻于完美。

修改的目的既然是为了使文章能够更准确、更鲜明地表述研究成果，那么，就修改的范围而言，就是发现什么问题就修改什么问题。如内容上包括修改观点、修改材料；形式上包括修改结构、修改语言。论文修改时对语言的锤炼，首先是对字词的推敲选择,使用字词必须准确,富有文采;其次,要注意句段的修改,切忌出现语法错误;力求句式富于变化,长短相间,具有气势,增强感染力、说服力。同时,还应注意语言的规范和书写格式的合理。图表是学术论文的特殊语言,在进行语言修改时,还应检查一下文章中图表数据是否可靠、形式是否规范、符号是否符合要求、标点是否合理等。

修改论文很难有一个固定的方法,每个人的思维方式、写作习惯不同,修改的方法自然不同。一般有效的修改方法有下列几种:整体着眼,通篇考虑;逐步推敲,精细雕琢;虚心求教,请人帮助;暂时搁置,日后再改。初稿写完,头脑往往仍处于高度兴奋状态或者疲惫不堪,思想也常常陶然于论文的内容或者混沌不清。此时急于修改,往往不容易发现主要问题。一个有效的方法是先把原稿搁置起来,让紧张的头脑暂时轻松一下,以后再改。

论文定稿。论文的初稿写成以后,需要反复修改的过程。一篇文章必须经过反复修改,才能最后定稿,这也是科学研究者严谨的科学态度,对读者和社会高度负责的体现。初稿应达到以下几点方能定稿:观点正确,富有新意;论据充分可靠,论述层次清楚;逻辑性强,语言准确、生动,具有感染力,能为读者所接受。

定稿是一篇论文写作的最后程序。所呈现的文章要有独到的见解或发现,有比较精确的论据来支撑的理论分析。在论文的结构层次中,开始是属于比较低级的层次,一般是陈述性的、介绍性的和发展性的内容,应该言简意赅表明问题、概念、实验数据和图表,接下来是找出规律,比如统计、归纳确定各个因子之间的关系等,分析和认识要详细缜密,对前面的内容做出概括、解释,提出见解,解决问题或找出新问题,或得出有意义的结论。论文的长短要结合实际情况,按论述问题的具体情况而定,量体裁衣为好,宜短则短,应长则长。

我们可以这样写

在课题总结时，我们常会有这样的困惑：如何梳理我们的材料？怎样写出属于我们的课题论文？我们的选题有意义吗？我们解决了什么问题？怎么解决的？为什么要这样解决？在德育科研的实践路上，我们尝试着这样做。

搭好基本框架。我们在写作之初要写一个大纲，这是一个好的习惯，能够保证文章结构的基本合理。文章结构就是文章内容的布局安排，一般都要突出一个主题，即文章的中心思想。要交代清楚故事的主人公和各种角色的分配，然后将不同的角色赋予不同的行为出现在适当的场合，而角色之间的行为相互影响的结果及其形成过程，是否符合文章的中心思想，就是我们的文章需要解决的核心问题。

从形式上看，基本框架应该包含如下主要内容：摘要、关键词、背景导言、文献综述、文章的思想基础、文章要解决的主要问题、研究对象的运行机理、问题产生的根源剖析、改变现状的方案及对策分析、最终的结论等内容的安排。文章的基本框架就是将这一复杂系统抽象为较为简单，反映主要矛盾关系的简化式模型，以简明的方式表达主要矛盾或矛盾的主要方面。因此，在文章动笔之前要设计一个理想的框架，这一框架既能反映现实需要解决的矛盾，又能够反映出问题及其产生的根源。这是成功的论文必须具备的基本条件，即使文章中并未提及这些内容，在写作安排上也要全盘考虑，为这些核心内容规划出适当的位置。

例1

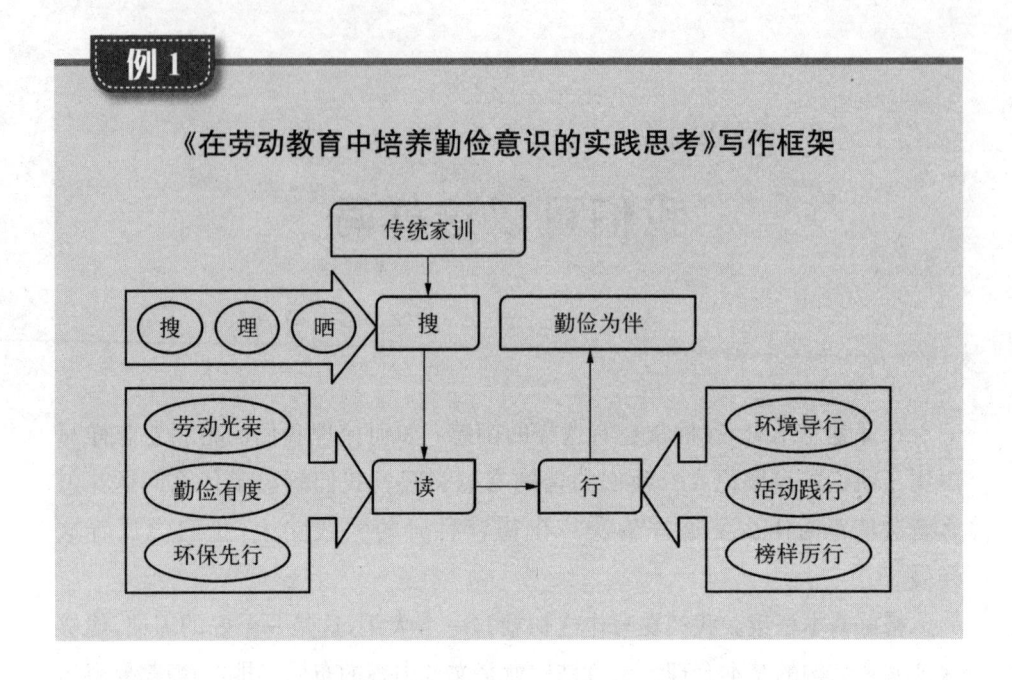

《在劳动教育中培养勤俭意识的实践思考》写作框架

```
                    ┌──────────┐
                    │  传统家训  │
                    └─────┬────┘
                          ↓
  ┌──┐ ┌──┐ ┌──┐  ┌──────┐    ┌──────────┐
  │搜│ │理│ │晒│→│  搜  │    │ 勤俭为伴 │
  └──┘ └──┘ └──┘  └──┬───┘    └────┬─────┘
                     ↓              ↑
  ┌────────┐                        ┌────────┐
  │ 劳动光荣│                        │ 环境导行│
  ├────────┤   ┌────┐    ┌────┐    ├────────┤
  │ 勤俭有度│→ │ 读 │ →  │ 行 │ ← │ 活动践行│
  ├────────┤   └────┘    └────┘    ├────────┤
  │ 环保先行│                        │ 榜样厉行│
  └────────┘                        └────────┘
```

确定核心内容。在做好框架安排之后,文章写作的首要内容就是展开对文章所要解决的问题、问题产生的根源以及解决的思路等内容的阐述。而对这三个问题的回答,就构成了论文的核心三要素,是完整的论文写作体系必须包含的核心内容。

一般情况下,核心的内容要占去文章的一半及以上笔墨,其中,对于研究问题的阐述要占用这一半笔墨的1/3,在问题阐述过程中,要找准问题所在;而对问题产生的根源剖析要占用这一半笔墨的1/3(这部分需要对问题与问题产生的行为根源之间的运行机理做系统的分析,以便查找到可以修正的关键性因素);另外的1/3就是解决问题的思路等内容的安排了(该部分内容是依据关键性的影响因素,从可行及有效性等视角出发,提出的对策和建议等内容)。文章的另一半笔墨主要是为核心内容服务的,包括相关的文献综述、研究的背景和意义说明、摘要和关键词,以及各级标题的引导过渡语和参考文献等内容。

梳理写作顺序。为了提高文章的写作效率,要根据内容的重要程度来确定写作顺序。首先要完成核心内容的研究;然后再根据核心内容的需要,来安排文献和结论等内容的写作。即在核心研究中,所涉及到的选题依据、基本概念的理解,以及方法的确定等内容,都要在文献综述中得到解决。论文的摘要是文章的灵魂表达,短短的数百字,要表达出完整的中心思想,所以应该是在写作的最后阶段完成的内容。

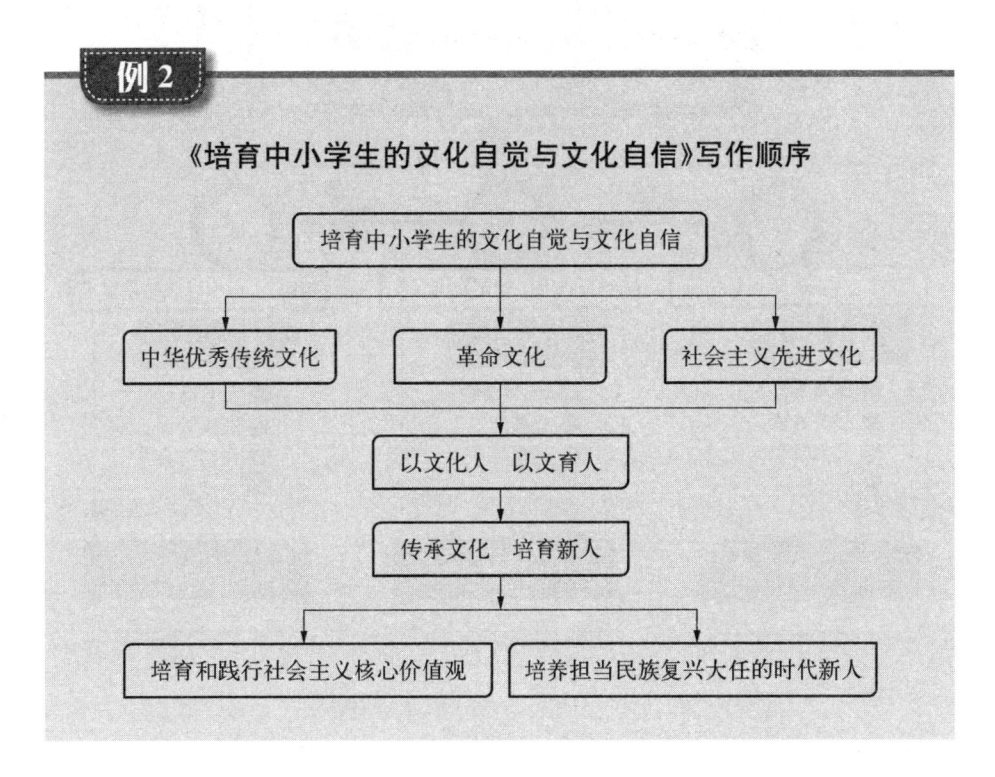

例2

《培育中小学生的文化自觉与文化自信》写作顺序

```
        培育中小学生的文化自觉与文化自信
        ┌──────────────┼──────────────┐
  中华优秀传统文化      革命文化      社会主义先进文化
        └──────────────┼──────────────┘
                 以文化人  以文育人
                       │
                 传承文化  培育新人
                 ┌─────┴─────┐
      培育和践行社会主义核心价值观  培养担当民族复兴大任的时代新人
```

明确选题分析。选题的意义,即我们的研究是否符合现实的需要,是否有理论上的突破,科学研究往往是越能解决更大范围的共性问题,就越有意义;题目的确定是有侧重的,当我们的核心内容侧重于问题的查找,我们可以将题目命名为问题分析;当我们的核心内容是问题产生的根源剖析,我们可以称之为根源分析、机理分析、主要矛盾剖析等;当我们的核心内容是侧重问题解决的思路分析,则可以起名为对策分析、机制设计、建议分析等不同的视角;问题引导的研究与方法的研究,即以什么方法才能更恰当地表述现实的问题,或使用什么样的手段来达到解释或解决问题;实证与规范的融合,对现实论文的观察,我们会发现存在着大量的所谓的实证分析类的论文,规范与实证是相对的,可以存在于一篇论文之中。

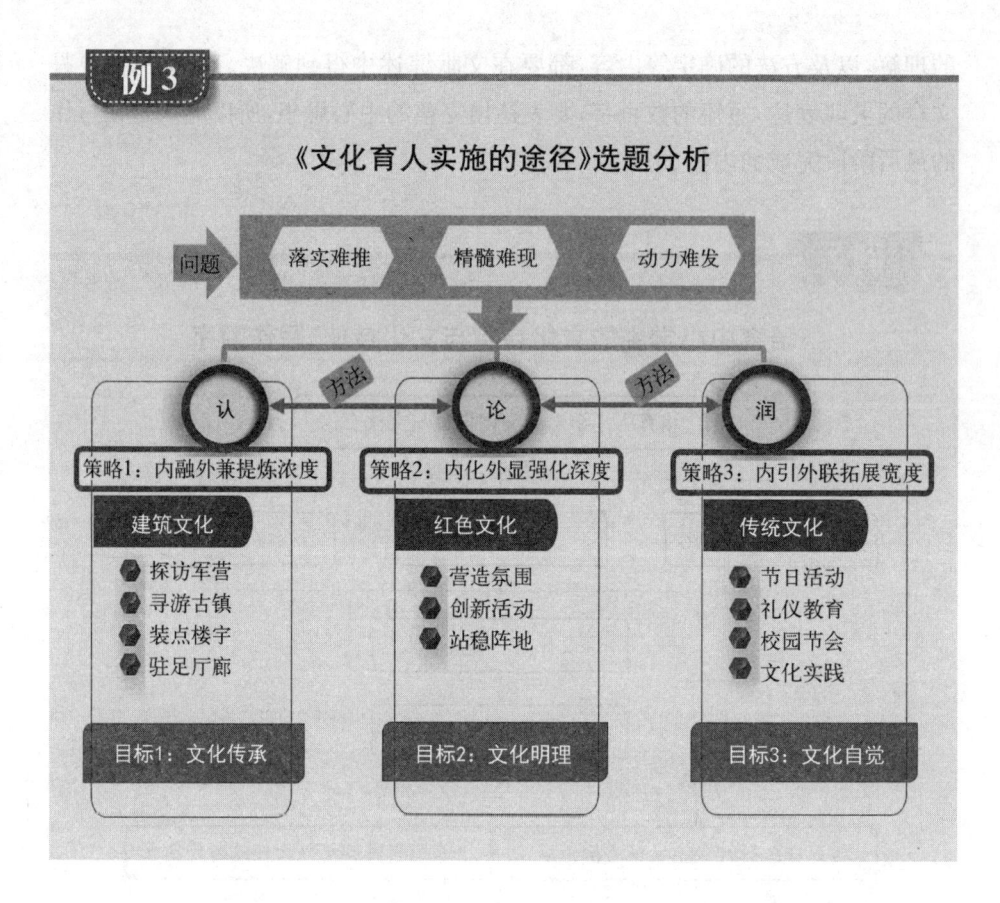

例3

《文化育人实施的途径》选题分析

问题：落实难推　精髓难现　动力难发

方法 → 认 / 论 / 润

- 策略1：内融外兼提炼浓度
  - 建筑文化
    - 探访军营
    - 寻游古镇
    - 装点楼宇
    - 驻足厅廊
  - 目标1：文化传承

- 策略2：内化外显强化深度
  - 红色文化
    - 营造氛围
    - 创新活动
    - 站稳阵地
  - 目标2：文化明理

- 策略3：内引外联拓展宽度
  - 传统文化
    - 节日活动
    - 礼仪教育
    - 校园节会
    - 文化实践
  - 目标3：文化自觉

总结与反思不能只挂嘴上

总结与反思就是要不断对自己的工作和研究的内容进行反思,这是做好研究、不断提高研究水平的重要保障。在德育科研活动中,更应该以对整个科研过程的总结与反思为抓手,自觉总结其中的正面经验和负面教训,在自我反思中不断提高自身的科研能力和水平。"反思什么"和"如何反思"是深化总结与反思中的两个关键问题。

反思什么。这种复杂性在客观上与科研本身的创造性特征有关,在主观上与我们从事研究活动所需要的知识、能力和方法等都密切相关。依据科研活动过程,研究反思的内容可以分为对研究过程的反思和对研究者自身的反思两个部分。

对研究过程的反思,一是要反思选题的方式,追问选题从哪里来、选题的理论和实践意义何在,以及如何才能有效地选出最有价值的选题;二是要反思论证的方式,要考虑该选题可以采用哪些论证方式、写作中采取的是哪种论证方式、还有没有其他更好的论证方式,以及如何才能够提高论证的科学性和严密性等问题;三要反思研究结论,要着重反思该结论是如何得出的、能否进一步深入、在该结论的基础上能否深入探究其他相关的问题等。

对研究者自身的反思就是要反思我们的知识体系、科研态度和行为。反思知识体系,就是根据研究需要及时弥补相关知识,以促进自身知识体系不断完善;反思科研态度,就是要反省研究中在心态上存在的问题,促使自身时刻保持积极的科研态度;反思科研行为,就是要反省自己在科研活动中的具体行为过程,总结其中的经验和教训,不断提高科研专业化水平。

如何反思。反思的方法,掌握科学的反思方法,能够促进我们有效地开展反思活动、总结科研经验,进而提高科研能力,为做好科研活动打下坚实的基础。反思有很多方法,其中最为关键的是要在这些方法的基础上形成科学的反思视角,以促使反思成为研究者自主自发的行为。我们可以从以下几个方面着手：

一是通过回顾整个研究过程来反思。通过系统分析整个研究过程，把握其中的优点和不足之处，提高对整个研究过程的把握能力。

二是通过对比来反思。在德育科研活动中，我们以做法和成就进行对比反思，以发现自身的问题和不足，在不断改进中提升科研能力。

三是通过老师和同学的评价来反思。在科研成果完成后，可以邀请身边的同事和具有丰富科研经验的教师一起对科研成果进行评价，依据其评价意见，深入反思整个研究过程，不断优化研究设计，提高研究能力。

四是通过阅读相关文献来反思。每个领域都有很多优秀的研究成果，这些成果不仅在科研过程中可以作为参考，而且在科研成果完成后，可以将其与该研究成果进行对比分析，以明确自身研究的优势与不足，从而积累更为丰富的研究经验。

为何反思。反思是对自己思考方式的再思考。做完一件事，对事情进行反思，或一段时间过后，对这一段时间的行为进行反思。将反思放在事情开始着手之前，改变脑袋深处固有的思维，我们的行为才有根本性的改变。

比如，当你和 A（同水平的人）取得了某项看来很好的成就。你可能会这样想：他运气真好啊；他可能有我不知道的背景；他还没有我做得好……

启动反思，想一下有没有更好的想法呢？这时你会发现可能这样想会更好：是不是最近他有了好的成长方法，我可以问问他，向他学习一下；他取得了好的成就，说明我也可以通过努力取得这样的成就；身边的人变得更好了，我就生活在一个更好的氛围中，能有一个更好的成长。

反思过后，你会发现这样想才对，以前的想法挺傻的，挣脱固有思维对你的束缚。

读过这样一个故事：

一名县令听了王阳明的课，很激动，他觉得王阳明说得太有道理，之后又变得垂头丧气。他对王阳明说："老师您讲得太好了，我也希望去这样做，只是我在县令这个官职上，每天诸事缠身，没有时间进行修炼，这可如何是好？"王阳明笑着对他说："我什么时候说让你在空闲时间修行了？你只有在你做的事情上用到了才是真正的修行。"真可谓：心上学，事上练，这才是好的践行。反思就是让你反思生活中你所面对的事，将反思落到事情本身，会收获事半功倍的效果。

逼一下是个办法

由于不想干活、不想工作而又非得完成任务,这样的处境在我们的工作中应该都有过。我们的动力或许来源于三类:一是对把事情做好的向往;二是对事情做不好的恐惧;三是单纯享受做这件事的快乐。因为,我们都避不开喜怒哀乐、贪嗔痴慢。面对"写东西",有时会让我们兴奋,有时只是我们工作中稀松平常的一部分,有时则让我们头皮发麻。

每个人,都有过不想写东西的时候;就像每个人都有不想起床的时候,每个士兵都有不想训练的时候,每个演员都有不想登台的时候……

天下事无所为而成者极少,有所贪有所利而成者居其半,有所激有所逼而成者居其半。

在多年的德育科研实践后,我们深知:"激"和"逼"确实是一种方式。

不知是否有这样的感觉:我们或许都有一种病,叫拖延病!往往是因为自我怀疑、害怕失败、完美主义、低自我效能、困难与不确定性、讨厌工作……完美主义症的人需要清除"应该思想",练习接受不确定性;自我怀疑和害怕失败者需要识别扭曲的念头和审视恐惧的根源。如果把所有需要做的事情列在纸上,从我们自己最愿意做的事情做起,往最不想做的事情上移动,躲避写东西的动力说不定会促成我们自己把欠下两个月的书单全看了。

"再进再困,再熬再奋。"村上春树说,"今天不想跑,所以才去跑,这才是长距离跑者的思维方式。"写东西时遇到的瓶颈往往是福不是祸。

世界上的事情全在争抢着我们自己的注意力,除非花力气,否则很难守住自己的主线。任务总是很多,新鲜事总是层出不穷。切记什么对自己最重要,把你最宝贵的"清醒时间"多给针对自己的"增值性活动"。除了自己为自己的时间做主,没人对我们的时间负责。学会做减法,学会说不,找到自己的"清醒时间"。

可以采用"自我实验法"找到最适合自己的套路,早上写、晚上写、每天写、隔天写、集中写、分散写、多人写、单人写……逐渐摸索何种方式最适合自己,如何安排计划最能坚持、最有效率、最不容易懈怠。这个过程无法通过别人替代,别人的方法不适合自己。

把"启动能量"降到最低,需要意志力的事情往往需要较大的"启动能量",一旦自己把行动启动起来了就不需要什么能量了。比如坚持晨跑最困难的是起床去穿上运动衣裤的时候,坚持弹吉他最困难的是去把吉他拿出来调好音,开始写东西最困难的是停止东看西看而去电脑前坐好打开一个文档的时候……所以比较聪明的办法是要把开始一件重要任务所需的启动能量降到最低,比如想晨跑的人前一天晚上穿着跑步的衣服入睡并把跑步所需的各种物品准备好能拿起来就走;想练吉他的人把吉他放在卧室里能拿起来就弹;想写东西的人使用一台能快速启动文件的电脑并把论文文档永远打开中……

文章要一鼓作气地写。数据收集到以后,别等别拖,把写作时间规划好,雷打不动。写东西的战线拉得太长会"解嗨",越往后越不想写,谈过太多次、想过太多次,像反复水洗过的油画,味道淡了兴奋感没了。自己如果现在不想写了,就告诉自己,现在遇见的困难如果拖到将来就会变成几倍于现在的困难,我们现在的努力是在为将来的自己解决问题。

"自我同情"是一种需要习得的能力。面对困难时,自我苛责往往加重拖延。自我同情的能力在人遇见挫折、逆境、灾难时也尤其重要。有研究显示,对离过婚的人在多久之后能走出伤痛状态的调查发现,最有助于帮人重新回到正常生活的能力不是乐观、毅力等品质,而是自我同情。如果你一直都用自我苛责来鞭策自己,试试看能不能换一种激励自己的方法,比如完成任务后的自我奖励。

德育科研需要阅读来积累

我们平时是如何提升自己的科研能力的？其实，需要我们平时的积累。

多阅读、多思考、多实践。阅读他人文献是提升科研能力的基础，这种阅读从一开始就应该是批判性（辩证性）的：在全面理解他人观点基础之上，一定要想一想，有些观点是否站得住脚，他们的研究还有什么不足之处？这样的思考往往会引出新的问题，而这些问题恰恰是未来研究的起点。找到了问题只是一个开始，接下来的工作是要想办法解决它，并把过程和结果通过学术论文汇报出来。论文写得多了，对自己的科研能力提高很有帮助。

当然，这个是没有捷径的，但最重要的是需要我们自己亲身投放，而不能仅是读别人的文献、观摩别人的研究、学习论文写作技巧等。向他人学习间接经验固然重要，但科研能力的提升，本质上是要靠自己多实践、多反思的。内在的因素是自己在教育教学实践反思中慢慢培养起的科研意识。通过做研究，考虑问题就会越来越全面。

能否坚持这三点很关键：一是向书学习，经常看科研方面的书；二是跟专家学，请专家指点迷津；三是走出去，参加各种学术会议，了解学术前沿和研究现状。

学会收集文献资料，是综合能力的提升。第一，国内文献。我们使用中国知网，在里面检索与本课题相关的主题词，如"批评话语分析""基于语料库的批评话语分析""国家形象""城市形象"等，就会获得相关文献。第二，国外文献。我们可以使用学校图书馆的外文数据库，有时也可以使用 Google Scholar 进行检索。在收集时，与本课题直接相关的文献要细读，与本课题沾边的文献则快速阅读或选择性阅读。文献的回顾需要注意适当总结、述评，不能按照时间顺序罗列文献，或者不分主次地全部详细介绍。

在文献搜集过程中，我们还可以采用关键词搜索法＋权威人士搜索法的方式。比如，我们以"课程育人"为关键词在数据库中进行搜索，可以想象会出现上万条信息。然后，再以"非课程教育"为关键词，在结果中进行搜索，尚未发现任何有关文献。这时，我们确定，这个研究方向和思路尚未有人触碰过。接下来，就通过权威人士搜索法，寻找这个领域里专家的主要论著及其观点。我们的做法是，先找十几篇近期的文献，对比其参考文献，将他们的共引文献找出来，再有针对性地进行检索。

说到阅读，我们深有体会，大量的阅读是任何研究的前提。阅读分为泛读和精读两种。即便是极小的研究问题也可能牵涉多种研究视角，延展至较宽的阅读范围，尤其当我们的研究问题是热点的时候。因此，为了建立全景式的认识，广泛的阅读是必要的。之后再选定直接相关的文章进行精读，在精读的文章里面又会根据具体需要有选择性地进一步精读，因为不同文章在研究设计、研究方法、研究对象、研究工具等方面可能会起到不同程度的借鉴作用。

学做小课题研究是个好习惯

在德育科研的实践中,我们深有感触:学校德育工作千头万绪,所面临的问题也是大大小小、各有千秋,其实这正是我们开展德育研究的好素材,也是提升我们专业素养的好时机。关键是我们有这样的意识吗?我们有这样的习惯吗?小课题研究是我们教师自发地根据教育教学实践中遇到的具有研究意义的问题,进行梳理研究。工作实践告诉我们,这样的小课题开口小、周期短、易实施、见效快,因为这来自我们德育工作的实践,在我们对德育工作的思考中便可以寻找到选题,也可以从学生的反馈中发现研究的选题。

问题即课题,解决面临的实际问题。养成在教育活动中提炼小课题的习惯。我们都会有成为有个性、有特色的优秀教师的梦想。如何体现?在德育科研中成就自己的专业发展,是可行的。在刚开始入手时,我们都不知道有哪些小课题可以研究,也不清楚如何研究。于是,我们立足于自己的德育工作,以身边的德育案例为思考的基点,在不断的反思中提炼课题。面对我们工作中的一些困惑,我们集思广益,提出对策,继而总结提炼出课题进行研究。在几个学校的大课题的研究过程中,我们将其分成若干小课题为自己的德育工作所用,通过小课题研究把大课题的研究具体化。以小课题研究为载体,促进我们教师专业的发展,解决"教"与"学"的具体问题。当然,随着信息时代的到来,如何运用新媒体新技术等现代化手段进行教育教学,已经成为我们开展好学校德育工作的重点和难题。为推进学校的德育工作,学校经常开展教育教学理论、家庭教育、"互联网+"等方面的培训,于是,我们可以从自己感兴趣的问题中提炼出许多课题。生活中不是缺乏问题,而是缺乏发现问题的眼睛。因此,我们要有问题意识,眼睛向下,让自己做个有心人,做个易感、善感、会感的人。小课题的研究,不是越时髦越好,越热门越好,越大越好,而是热中求冷,同中求异,小题大做。在循序渐进、由小到大、由易到难、由浅入深、由单项到综合的过程中步步为营，逐渐发展。

行动即研究，简化工作的复杂程序。小课题的研究，关键在于过程。这是个螺旋式向上发展的过程，即谋划—实施—反思—结论。看似高深，其实就是我们的日常工作，所以，小课题研究就不再深奥而神秘了。每个有责任心的教师，他所进行的教育创新或探索，经过理论阐述都会升华为课题研究。小课题研究能促使教师由日复一日、年复一年、"重复着昨天的故事"的"教书匠"，转变为有反思意识、反思习惯的勤奋的思考者。小课题研究离不开我们的校园生活，没有每天的教育活动哪有我们小课题的研究？面对飞速发展的教育时代，如果我们只当会备课会教书的"粉刷匠"，而不会直面教育的问题、分析教育的问题、用科研来解决面对的问题，把问题动力转化为课题能源，分析原因，并在研究中找到符合实际的解决办法，那么，我们的德育实效将会是什么呢？

成长即成果，具备研究的基本能力。成长即成果，"经验＋反思＝成长"。我们不能只做教书匠，而要做思考者，思考如何针对学生的实际问题寻找解决的良策。德育科研要处于教育一线，满足教育的需要，研究的问题有的放矢，让课题具有针对性与可操作性，使小课题的科研成果服务于我们的教育实践，就会让教科研富有持久的生命力。我们都体会到，小课题促进校本教研的方式既可行也易操作。现在，我们不再是为了研究而研究，开展研究是为了更好地开展我们的德育工作。学校的德育工作应以小课题为依托，让我们的教师在研究中有主题指向、有问题意识、有研究方向，让提升教育质量不再是一句空话！实践告诉我们，小课题研究是无边无界的，以小课题为抓手，可以帮助我们"解困、去弊、求善"，让我们工作得更加舒心愉快。同时，通过小课题的研究，我们寻找到了解决问题的策略，也帮助我们实现了自己的专业成长，得到学生、家长、学校和社会的认可，实现自身价值。

我们该怎样阅读

加强知识的积累就是要多阅读，增加知识储备，这是做好德育研究的前提和基础，真所谓"读书破万卷，下笔如有神"！

"读什么"是阅读的选择问题。我们在阅读中，要紧紧围绕自己的德育专业方向，建立年轮式的阅读内容体系，提高阅读的针对性。随着大数据时代的到来，阅读早已从"无处寻找"转化成"无从着手"，阅读内容不仅有书架上琳琅满目的书籍，而且各种电子读物和自媒体等碎片化知识也充斥着我们的生活。这就要求我们在阅读中增强内容的选择性和针对性。对于阅读，我们可以是兴趣为导向，阅读内容的覆盖面往往比较广泛，具体内容也不一定与其所学习的专业相关；也可以是加深对专业领域知识的理解，形成较为系统的专业和学科知识体系是十分关键的，围绕自身的专业方向展开阅读，形成专业方向、学科领域和相关支撑学科知识构成的合理知识体系。

"怎么读"是阅读的方法问题。我们在阅读中要根据阅读的目的，合理选择是精读还是泛读的方式，提高阅读的效率。当前，且不说知识整体浩如烟海，就算是某一专业领域的知识也是数不胜数。我们要在有限的时间内最大限度地提高阅读效率，这就要求我们要以阅读目的为中心将精读和泛读紧密结合。精读就是要深入细致地阅读，要在阅读中对作者全文、每章、每节和每段的核心思想内容都有深入的理解，要能够读出作者的观点、悟出自己的思想。在专业领域内，需要精读的内容一般包括经典的著作和教材，以及自身研究中绕不开的经典文献。泛读就是泛泛而读，在阅读中强调对文献的整体把握及阅读的速度，而不关注具体内容。

"为何读"是阅读的整理问题。我们要掌握文献整理方法，采取科学的文献管理方式，提高阅读的实效。在文献阅读中，我们经常会有阅读后短期之内体悟颇深，但长期以后能够记住其核心观点已实属难得的窘境，尤其是在阅读量较大的时候，还有可能出现观点混淆的情况，且在具体写作中又很难找到合适的论证材料，这都反映了阅读材料整理的重要性。我们要在阅读中科学地整理阅读文献，以提高阅读对于写作贡献的实效。阅读中的重要文献，可以采用观点摘录的方式进行整理，列出文献的主题、核心观点、部分个人认为重要的观点和感兴趣的内容等，并附上规范的参考文献信息，以方便以后在写作中资料的查阅与引用。

在分享阅读的过程中，我们都有这样的体会：

第一层次，初级阅读。在熟练这个层次的过程中，一个人可以学到阅读的基本艺术。比如，我们阅读到"小猴子把桃子吃完了"这句话时，小孩子并不真的关心"小猴子是怎样把桃子吃完的"，也不追问"吃了什么样的桃子"，而只需要明白"这句话在说什么"。

第二个层次，检视阅读。这里，我们必须在规定的时间内完成一项阅读任务。也就是"在很短的时间内，抓住阅读内容的重点"。所以，这个层次的阅读也被称为略读或者预读，检视阅读是系统化略读的一门艺术。

第三个层次，分析阅读。分析阅读是对书籍全盘的阅读、优质的阅读，这是我们能做到的最好的阅读方式。如果说检视阅读即使是在有限的时间内，最好也能做到完整地阅读；那么分析阅读就是在无限的时间里，更要做到最完整地阅读。培根曾经说过："有些书可以浅尝即止，有些书是需要生吞活剥，只有少数的书是要咀嚼与消化的。"分析阅读就是要咀嚼与消化一本书，并理解书中的内容，为自己所用。

第四个层次，主题阅读。这是所有阅读中最复杂、也最系统化的阅读。在做主题阅读时，我们会根据所选的主题，选择很多书来读，并不仅仅限于字里行间的比较，还要借助所阅读的书籍，架构出一个可能在任何一本书中都没有提到过的主题分析。其实，主题阅读是最主动、也最花力气的一种阅读，对阅读者的要求也最高。

阅读是个好习惯

读书,应该成为我们专业成长的好习惯。读书的好处,不需要多言,不是因为要写作了,要研究了,才突然想起来要读些书,找些资料。读书,应该是我们工作生活的必备内容。

读书,要结合史学、专著、论文。按照史、著、论相结合去读书、做学问,由已知领域向未知领域推进,功底就扎实。

所谓"史",就是每个专业、每个研究方向甚至每个选题的学说史。我们研究、做学问必须站在前人知识积淀的基础上,向历史学习。没有史做基础,我们所写的内容,就没有理论深度,缺乏历史感而显得轻飘飘。有史的基础,我们的选题、论文才能变得厚实起来。因此,读书必须先读点"史"。

所谓"著",就是古今中外关于某个专业、某个选题的经典著作、文献。读经典名著,有助于我们掌握第一手的资料,也有助于我们知道相关内容的来龙去脉,源头所在。如果把"史"比作一条常青的"藤",那么经典著作就是在"藤"上结的一个又一个的瓜。掌握了史来读名著,就好比"顺藤摸瓜",顺着史的线索去读不同时代不同名家的著作。

所谓"论",就是我们的专业论文。我们要学会看学术论文,坚持看新杂志、新论文,养成习惯,这样知识就永远不会过时,就能把握这个专业、研究方向、选题的学科动态和理论前沿。

读书,要结合浏览、泛读、精读。没有数量就没有质量。这么多的书在一定的时间内怎样读好、怎样读完?这就有个读书方法的问题,可以采取浏览、泛读、精读相结合的方法。

所谓浏览,就像是看报纸一样大标题翻一下,了解著作的书名、目录、提要、前言、后记、大体纲要,或者论文的标题、内容摘要,知道著作、论文讲的是什么。

浏览主要就是博览群书，涉猎要宽，沙里淘金，精选出进一步泛读、精读的著作或论文。

所谓泛读，就是在浏览的基础上，要求一页一页翻，一目十行。遇到不懂的、精彩的地方不要停，记下页码，继续读，这样可以加快读书速度。古今中外书虽多，但真正有价值有用的信息却不多，重复的多，这就需要通过浏览、泛读，筛选有用信息。

所谓精读，就是在浏览、泛读的基础上，对需要精读的著作、论文，一字一句地字斟句酌，甚至连标点、注释都不要错过。精读可分四个层面：

认知。做到字面读懂，甚至可以复述，背下来。

理解。和前后章节，甚至和已学的知识融会贯通，接通知识间的联系。

质疑。进一步地读出问题，提出质疑。读书读出问题，是科学研究的飞跃，科学哲学家波普就认为"科学研究起源于问题""科学家提出问题比解答问题更有意义"。论文写作必须树立问题意识、问题中心。问题从哪里来？首先从读书中来，书读多了才会产生问题。

创新。有了问题，进一步读书和调查研究寻求解决问题的答案，做出理论创新，这样研究就有自己的创新成果。所以，读书要把浏览、泛读、精读相结合，保证读书的质量，做到严谨治学。

读书，要结合记笔记。尽管现在有复印、电脑、网络等现代化手段，仍然不可完全代替笔记，而是笔记的补充。笔记大体有四种形式。

索引笔记——在浏览、泛读过程中随手记下著作或论文的作者、书名、标题、期刊名、出版社、年月、期数、页码以及用简单几个字概括的问题，即在哪本书或哪篇论文上讲了什么问题。记索引笔记的过程就是在读书过程中积累有用信息的过程，平时的积累可以避免使用时的手忙脚乱。

摘要笔记——把最重要最有用的观点、材料一字不漏地摘抄（复印）下来。这些观点、材料在写论文引用时可以打上引号，规范说明。写论文的引注材料就是从摘要笔记中来的。

札记笔记——用自己的话概括所读书或论文的基本观点、中心思想，也可以将自己读书的心得体会随手记下来，少则几个字，多则几十、几百个字。札记笔记对文献综述很有用，对理论创新和写论文也很有用。我们平时在读书或讨论中闪现的一些思想火花，稍纵即逝，如果不随手记下来，过后再想也想不起来。

文献综述——这是我们做德育研究的基本功。通过文献综述,才能找出前人研究空白和薄弱处在哪里,我们的选题和研究的基础在哪里,突破口在哪里,创新在哪里,这也是论文的理论根据和价值所在。

学会专业的思考

专业的思考就是要对问题展开专业性的分析,这是做好德育研究的关键。我们每个人都会对学习和生活中的问题进行思考,研究本质上也是对一个问题的思考,只不过与一般的思考不同,德育研究是一种专业性的思考,也正是这种专业性特征把专业的思考与一般的思考区分开来,专业的思考有专业的分析视角、专业的分析方法和专业的分析结论。

专业的分析视角是专业性思考的开端。专业的思考能够在现象中找出问题、在名称中把握概念、在观察中渗透理论。日常生活中,我们所看到的往往是现象,知道的只是名称,往往也只是对事物进行观察而较少有更加深入的分析。与一般的分析不同,专业的分析视角是建立在专业背景上的,它能够对现象进行深入剖析,并从中把握现象的本质和核心问题;能够把名称进行专业分析,并把握其本质含义;也能够在观察中渗透一定的理论方法,更加准确、科学、深入地看待问题,形成科学的理论分析体系。专业的问题分析视角是研究正式开始的第一步,研究者在日常的学习生活中,不仅要留心观察日常现象,更要结合自己的专业继续深入地思考问题,形成独特的问题分析视角。

专业的分析方法是专业性思考的关键。专业的思考有其完善的方法论体系,能够更加全面、科学地分析问题。生活中的思考一般比较零碎化、表面化和随意化,思考过程中也会掺杂很多个人的情感色彩,思考的情绪化和情感化色彩较重。相较于生活中的思考,专业的思考具有系统性、深入性、专业性和客观性的特征,能够对问题进行更加全面的认识和系统的分析。其中最为关键的原因是,专业的思考有专业的分析方法,这种分析方法的专业性表现在,一方面从专业的视角来看待问题,能够为问题的分析提供坚实的理论基础,可以更加深入、全面地分析问题;另一方面,建立在专业基础上的分析,避免了问题分析中的随意性,采用辩证分析法、系统分析法等科学分析方法,能够更加辩证、客观、系统地把握问题的全貌。

专业的分析结论是专业性思考的成果。专业的思考不仅能够得出系统的结论,而且会对问题解决提出建设性的意见。生活中,我们经常会对很多事物产生自己的看法,这些看法中渗透着我们对事物的基本态度,以此来决定对事物采取的具体行为。很多时候,我们没有意识到,即使是在并没有对事物进行全面分析的基础上得出的主观和片面性的结论,我们也习惯性地固执己见而不愿做丝毫妥协。与生活中的结论不同,专业的分析结论具有客观性、全面性和系统性的特征,它不再是个人情感的宣泄,而是建立在事实材料基础上的科学逻辑推论,它的根本目标在于呈现事物的客观面貌,很少会掺杂主观色彩。

掌握修改的技巧

实践告诉我们,好文章大多是经过反复修改而成的。那么,修改文章有哪些方法和技巧呢?

改稿的方法。每个人都有着自己的方法,这是我们课题组成员常用的方法,不妨试试。

读改法。就是通过朗读或默读,边读边思索,遇有语意不畅的地方,随手改正。文章中的毛病,光靠目阅,有时不容易发现,一读,别扭而不畅达的地方,就立即出现。叶圣陶在《和教师谈写作》一文中,强调通过朗读修改文章的重要性,他说,修改稿子不要光是"看",要"念"。就是把全篇稿子放到口头说说看……一路念下去,疏忽的地方自然会发现。下一句跟上一句不接气,后一段跟前一段连不紧,词和词的配合照应不对头,句子的成分多点儿或者少点儿,诸如此类的毛病都可以发现。

暂搁法。就是写好初稿后,不立即修改,而是暂时放一放,过些时候再修改。清代唐彪在《读书作文谱》中就说:"当其甫做就时,疵病亦不能自见……若使当时即知,则亦不下笔矣。故当时能确见,当改则改之,不然且置之,俟迟数月,取出一观,妍丑了然于心,改这自易。"

求助法。就是将自己的初稿拿给别人看,并请别人提出修改意见。自己写的文章,思想与表达已定型化,往往处在"当局者迷"的状态,难于突破;请别人帮助修改,则"旁观者清",易于发现新问题。徐迟的报告文学《在湍流的旋涡中》,就是在臧克家的帮助下修改完成的。徐迟写这篇文章,当时已写了三遍,越写越长,都不成功,最后把它放下,到云南去了。后来,臧克家了解到他写作的情况,指出他写得"太不精练了",并给他选了方苞的《左忠毅公逸事》和另一篇文章要他读。在臧老的帮助下,徐迟对原先写的稿子来了一个大的改动,重新进行了构思,结果只用了7 000多字就把周培源的一生很好地反映了出来。

修改的技术。大改,就是对文章进行一次性大手术,改换体裁,变动结构,推倒重写;中改,增删材料,改动格局,增减一些内容文字;小改,仅就文章进行"小修小补"。增——凡文中内容不够全面、充分,文字上有疏漏之处,都应加以增补,如增补观点、材料、文字、图表、标点等;删——凡文中内容和文字表达上的赘余,应当一概删削,如删削观点、段落,删削材料、字句等;改——凡文中不够正确、严谨、恰当之处,应加以改动。

修改的技巧。从主题着手。首先要看主题(思想、观点、意向)是否健康、正确;再看文字、材料、内容是否把你的主题表达出来,是否充分,是否新颖,独特,有无片面性。有时即使主题正确无误,在修改时也会出现一些预想之外的闪光思想和语言,比原来的要深刻和精彩,修改就是弥补和扩展发挥的极好机会。

审视结构。层次是否分明,条理是否清楚;思路是否清晰,段落是否匀称,详略是否得当;前后是否呼应,过渡是否自然,结构是否严谨。

推敲润色语言。首先要做到正确,即选择意义恰当而确定的词语。其次是用现成的、通行的口语。再次是用简明易懂的话,方言、术语尽量少用或不用。其次是把话说得有力。有力是指每句话、每个词都讲得是地方,与语言环境配合得好。要在怎么讲才能把话说得有力上下功夫。最后是把话说得动听。应该考虑的是用词造句的感情色彩和韵味,表现出诚恳、热情、振作的风貌,利用词句自身具有的那种和谐优美的韵味,把话说得流畅、响亮、生动。

尽量保持原稿风格。修改只能在原稿的基础上加工。文如其人,各人的文章,有各人的风格,有各人的语言特点,编辑或校对在改动稿件时,一定要尊重作者的原稿。这种以自己的爱好为标准强求一律的写法,是于事有损无益的。

不要害怕修改

在平时的写作过程中,我们是否有这样的习惯:一旦形成文稿,就把它搁置一边,再也不想去看它了!或许是因为害怕什么,其实大为不必。其实,每篇文章的成形都需要经过不断的修剪与调整,修改是对于一篇初稿论文进行升华、提高发表概率的重要步骤。

修改材料。主要指对论文引用的材料增加、删节或调整。一是必要,即选用说明观点的材料;二是真实,即所用的材料必须符合实际,准确可靠;三是合适,即材料引用要恰当,不多不少,恰到好处。在修改论文中,要看引用的材料是否确凿有力;是否有出处;是否能相互配合说明论点;是否发挥了论证的力量;是否合乎逻辑;是否具有说服力。要把不足的材料补足,要把空泛的陈旧的平淡的材料加以调换;要把不实的材料和与主题无关的材料坚决删除。

第一步,查核校正,即先不考虑观点、结构、语言,只查核材料本身是否真实、可信、准确,包括对初稿中的定律、论断、数据、典型材料、引文出处等进行核对。材料的真实性是论证论题的最基本条件,对于不实的材料,引用只会造成论文的不真实,虚假。

第二步,根据论证中心论点和各分论点的要求,对材料进行增、删、调。对于缺少材料或材料单薄、不足以说明论点的,就要增补有代表性、有典型性的新材料,使论据更加充实,使论证变得更充分有力。对材料杂乱、重复,或材料与观点不一致的,则要删减,以突出观点,不能以材料多而取胜,应以适度为佳。

修改结构。结构是论文表现形式的重要因素,是论文内容的组织安排。结构的调整和校正,关系着全文的布局和安排。调整结构,要求理顺思想,检查论文中心是否突出,层次是否清楚,段落划分是否合适,开头、结尾、过渡照应如何,全文是否构成一个完整的严密的整体。

第一,层次是否清晰。一般可以先从大小标题之间的关系来看文章的思路和层次。如果论文不设小标题,则必须从内容去判断。例如,文章在内容上是否符合"提出问题,分析问题,解决问题"的逻辑联系;全文的布局、层次和段落的安排是否有条理;层次的脉络是否分明、顺畅;各段的分论点是否明确、协调;对杂乱无章的阐述要梳理通顺;删去重复和矛盾的地方,补上缺少的部分,达到全文意思上连贯通畅。

第二,结构是否完整。一篇论文要有绪论、本论、结论三大部分,协调一致,即要有引人入胜的开头,有材料有分析的论证,有鲜明有力的结尾。同时还要审视各个部分的主次、详略是否得当。对于缺少的某个部分要及时予以补充,同时合理地安排各部分的内容。

第三,结构是否严密。一篇论文必须是论点与论据、大论点与小论点之间有严密的逻辑性。如果论文结构松散,要加以紧缩,删去那些多余的材料,删去添枝加叶、离题太远或无关紧要的句段。为使结构严谨和谐,对全文各部分的过渡和照应、结构的衔接、语气的连贯等方面,也要认真地考虑和修改。

修改语言与标点。语言是表达思想的工具,要使论文写得准确、简洁、生动,就不能不在语言运用上反复推敲修改。论文的语言修改,主要是在三方面下功夫:一是表达清楚而简练,用最少的文字说明尽可能多的问题;二是文字表达的准确性,为了语言的准确性,就要把似是而非的话,改为准确的文字;三是语言的可读性,为了语言的可读性,要把平淡的改为鲜明,把拗口的改为流畅,把刻板的改为生动,把隐晦的改为明快。

第一,要尽可能利用准确、生动、简洁的语言。对生造词语、词类误用、词义混乱等用词不当、词不达意的毛病,要坚决改掉,坚决消灭错别字和不规范的简化字、自造词。鲁迅说他自己写文章"不生造除自己之外,谁也不懂的形容词之类","只有自己懂得或连自己也不懂的生造出来的字句,是不大用的"。

第二,对结构残缺、结构混乱、搭配不当等不合语法的句子,要注意改正,使之合乎语言规范。杜甫说:"为人性僻耽佳句,语不惊人死不休。"唐代作家皮日休说:"百炼成字,千炼成句。"字句要好,就必须反复锤炼、反复琢磨修改。

第三,要注意句子之间的逻辑联系,力求上下贯通,语气一致,通顺流畅。

第四,检查标点、规范书写。标点符号是文章的构成要素之一,是文章的有机组成部分,用得恰当,能够准确地表达内容;反之,就会影响内容的表达,甚至产生歧义。检查标点符号,主要是看标点符号的用法是否正确,以及调整点错位置的标点符号。修改时,要按约定俗成的用法,严格按规定的格式进行书写。

选择合适的才是最好的

我们作为一线教师进行德育科研,未必是为了创生新的教育理论,也未必是为了建构新的教学模式,而是源自对德育工作的总结和反思,对教育实践的考问和追求,找寻德育工作困惑背后的真实缘由。

选准矿深挖井。如果把课题研究视为一项工程,那么选题则兼有谋划全局、夯筑地基、建立框架、预设走向等作用。题选不好,则全盘皆输。如果把课题比作一篇诗文,那么选题就是确定诗文的题目、题眼。题好文一半,好的题目就相当于文章成功了一半,题目好了,就有话可说了,左右逢源,或抒情、或议论、或描写。反之,如果题目不好,犹如进入了别人的领地,举目陌生,寸步难行。

选择和确定一个好的选题,是做好课题的前提。我们总有这样的感觉,每当要申报课题的时候,从内心出发,很想做课题,但就是不知道做什么好。在后面的过程中,课题虽然立项了,但真正着手做的时候发现很难做,做了一段时间之后突然想:能不能换个研究内容,或做一些调整?其实,这也很正常,关键是我们要认真对待。

择适合施策划。一个好的选题,要切中自身的问题,切中教育的问题,并适合自己的水平。只有课题有价值,且自己能做得了,这样的课题才有实际意义。适合自己的课题才有研究的可行性,才有研究的价值。

把问题变课题。对于一线的我们,课题研究的选题具有方向性的意义。找到了有价值的问题,就能提出有价值的课题:从自身教育的困境中寻找问题;从具体的教育情境中捕捉问题;在与各科教师和班主任的交流中发现问题;与学生的交流、沟通中找到问题。

在将问题转变为课题时,要从这几个方面来考量:

提出的课题具有价值性。选择的研究问题要面向教育实践需要,面向教育科学自身发展的需要。对研究问题的价值定位可以从理论和实践两个层面来判断。理论意义也称学术价值,强调研究的问题要根据教育科学自身发展的需要,在理论上有所突破和建树,或有重要的补充和完善。实践意义也称应用价值,强调研究的问题可以解决社会现实问题或教育实践中遇到的问题,是教育发展研究的最终目的。

提出的课题具有科学性。首先要有一定的实践基础,研究问题是从实践中产生的,必须具有可靠的事实依据和很强的针对性。其次,要有一定的理论基础,以教育科学基本原理为依据,教育科学理论将对选题起到定向、规范、选择和解释作用。

提出的课题具有创新性。创新性是科学研究的本质特征。选题具有创新性,是指选定的问题应是前人未曾解决或尚未完全解决的问题,通过研究能有所创新和突破,有新意和时代感。

提出的课题具有可行性。研究的问题具有现实可能性,即研究者具备进行研究的条件。教师应根据自己的主客观条件选择自己可以胜任的研究问题进行研究。

比如,A"中小学开展文化育人的实践研究"、B"中小学开展文化育人途径的实践研究"、C"新时代背景下中小学开展文化育人的实践研究",三个德育课题,应该如何选择?我们在一次次的碰撞后,选择了C。文化育人,已不是新的提法,而在"新时代背景下"就赋予了新的内涵,对"文化育人"有了新的要求。

结题是分享研究的成果

结题，就是教育研究结束前，对课题研究进行总结，把研究过程中形成的大量尚未完全成形的、无序的、零散的资料，通过整理、总结、归纳、提炼，变成完整有序、科学规范的成果。刚开始做结题时，心中真的没底，不知从何入手。经历了几个德育课题的研究后，渐渐明晰了其中的要求与过程。

结题工作的程序。结题，意味着课题研究本身需要结题，表明研究任务已达成；课题研究者需要结题，在反思研究过程、研究行为中发现问题，以便进行深入研究；课题管理需要结题，可以发现研究成果，了解研究者的能力及方向，听取意见，改进工作。课题的结题，需要在研究的基础上对研究工作进行回顾，对研究材料进行梳理。

将研究过程中积累的原始资料按照一定的类别和逻辑顺序整理出若干本原始资料本，以此作为撰写最终结题成果的主要依据；根据原始资料本撰写研究报告（或调研报告、实验报告、专著等），这是结题成果的主要部分；根据研究日记或常规记录撰写研究工作报告，这是对科研工作本身的总结，也是向鉴定者展示研究过程，表明成果来源的可靠性与科学性；整理出必要的成果附件；填写结题申报表；召开结题鉴定会（通信结题、会议结题两种形式）；填写结题鉴定表；修改完善研究报告和结题材料；上报结题材料。

结题准备的材料。德育科研课题结题是对整个课题研究的工作总结，也是对研究成果的鉴定。那么，需要准备哪些材料呢？

成果主件。研究报告（重要材料），也可以是调研报告、实验报告、专著等。

成果附件。也叫相关的系列成果，即子课题研究报告，与研究内容有关的课题组成员发表的和获奖的论文、专著、编写的校本教材、案例、教案、汇编、网站、网页、光盘等。成果主件与附件的内容，实际上就是课题研究的最终成果，这些成果必须与课题立项申请或者是开题报告上所填的内容一致,即开题报告中"预计完成的研究成果、形式"。当然,可以有创新和发展的成果。

相关资料。这些材料能具体反映研究过程的,表明成果来源的可靠性与科学性,是真做课题、真研究,做真课题。课题研究立项申报表、课题立项批准通知、开题报告、开题论证专家意见表、课题研究实施方案、课题中期检查汇报材料、研究工作报告、更名申请或主持人更换申请批复的复印件等;对课题成果能进行说明、佐证、拓展的材料,如获奖证书、观摩现场证明、研究成果推广会证明、设计的调查问卷以及数据统计和分析、会议记录、学习研讨记录、照片、实验班级的总结和典型案例等;研究工作报告,内容包括概况、研究过程介绍、研究过程的经验、体会以及成果等。

结题报告的撰写。一篇规范、合格的结题报告,需要回答好三个问题:一是"为什么要选择这项课题进行研究?"二是"这项课题是怎样进行研究的?"三是"课题研究取得哪些研究成果?"

课题提出的背景。这个部分内容的陈述,要求用两三段简洁的文字讲清选择这项课题进行研究的原因、理由,回答好"为什么要选择这项课题来研究"这个问题。

课题研究的意义。课题研究的意义包括理论意义和现实意义。这个部分既可以单独作为一个部分来陈述,也可以归入"课题提出的背景"来陈述。这样处理的好处在于能更充分地回答"我们为什么要选择这项课题来研究"这个问题。

课题研究的理论依据。这部分的陈述要求理论依据要具体,要围绕课题研究的需要,有针对性地列出课题研究所依据的若干个具体的理论观点或若干项具体的政策,所依据的理论要具科学性和先进性,所选择的政策要具时代性。在陈述理论依据时,应切忌将某一专家、学者的整篇著作或某一个文件、某位国家领导人的讲话全文当作理论依据。

课题研究的目标。这个部分的陈述,要注意以下问题:一是课题研究目标的确定不要过于空泛,过于原则,或没有扣紧课题题目。例如,有的课题研究报告在"研究目标"中,提出要"促进学生的发展""培养社会所需要的人",使学生成为"具有丰富的知识、健康的情感、健全的个性和良好的道德行为习惯的一代新人,在未来的社会生活中能自尊、自信,敢于迎接社会的挑战",这样的研究目标显得过于空泛、原则。有的提出,要通过对课题的研究,"探索德育的性质,研究对培养人素质和新型主体人格的普遍要求,探索培养目标,探索德育的基本任务,探索德育的主旋律",确定这样的已经由国家确定了的研究目标,显然是不妥的。二是要注意结题报告结构的内在联系。本课题所确定的研究目标,最终必须落实到研究成果中去。看一个课题的研究合格不合格,能不能通过验收,就看在研究成果中,所取得的成果是不是达到了预期的研究目标。在陈述所取得的研究成果时,一定不能忽略研究目标与研究成果之间这一内在的联系。否则,会令人感到这个课题研究并不成功。

课题研究的主要内容。对研究主要内容的表述应当紧扣研究目标,简明扼要,准确中肯。在陈述课题研究的主要内容时,有的将子课题表述成研究的内容,这也是一种简洁明了的表述办法。必须注意的是,课题研究的主要内容与课题研究成果同样有着密切的内在联系,课题研究的主要内容的研究结果必须在研究成果中予以体现。

课题研究的方法。一项课题的研究,往往要采用多种科研方法。比如,采用实验法,同时也可能采用问卷法、调查法、统计法、分析法等。这部分的陈述,一般列出将采用的科研方法,稍加说明就可以了,花费的笔墨不必很多。

课题研究的步骤。一般将课题研究分成准备、实施研究、总结等三个阶段,也有的分成四个、五个阶段。然后,在每个阶段中简要陈述做了几项工作,一做什么,二做什么,三做什么,简明扼要,不必详细陈述。

课题研究的主要过程。要通过回顾、归纳、提炼,具体陈述课题研究的主要过程,具体陈述采取哪些措施、策略,或基本的做法来开展研究。

课题研究成果。"课题研究成果"这个部分是整篇结题报告中最为重要的部分。一般说来,这部分的文字内容所占的篇幅,要占整篇结题报告的一半左右。"课题研究成果"这个部分内容的表述,要注意以下问题:第一,不要只讲实践成果,不讲理论成果。不少的结题报告,是这样陈述研究成果的:我们通过研究,开设了几节公开课、观摩课,发表了多少篇论文,获得哪一级奖,在公开刊物和哪些汇编上发表了几篇文章,有多少学生参加什么竞赛获得了哪些奖项。或者是,通过研究,学生的学习成绩和学习能力获得了哪些提高,教师的科研水平得到了哪些提高,等等。这些是不是研究成果?是成果。但仅属于实践成果。我们所说的理论成果,就是我们通过研究得到的新观点、新认识,或者新的策略、新的教学模式等。这些新观点、新认识、新策略、新模式，又往往与我们在"研究目标"或"研究内容"中所确定的要达到的成果密切联系。例如，有项研究阅读教学的课题所确定的研究目标是，通过研究"建构具有主体性、开放性、实效性、体验性、创造性的自主探究，激励成功的阅读教学新模式，研究探讨该模式应遵循的基本原则、基本操作程序和常用操作程序以及操作该程序的有效展开和运作的基本教学策略"。那么，在"研究成果"中，具体陈述所建构的新模式是什么，以及基本原则、操作程序、基本教学策略等。这些就是研究的理论成果，这样的研究成果才有借鉴和参考的价值。第二，研究成果的陈述不能过于简略。有些课题在研究过程中，撰写出多篇学术论文。这些学术论文，就是课题研究的部分主要成果。在结题报告"研究成果"部分，要将这些论文的主要观点提炼、归纳进去。如果一个课题分为几个子课题来研究，在结题报告的成果表述中，也要将这几个子课题研究的成果进行提炼、归纳。在提炼、归纳时，应注意不要只是简单地罗列这个子课题的主要成果是什么，那个子课题的主要成果是什么，而应融会所有子课题的主要研究成果，归纳出几点。同时也应注意这些子课题的研究成果必须体现所确定的研究目标。第三，有关课题的研究经验或研究体会不要在"研究成果"这个部分来陈述。一般说来，一个研究课题在通过结题验收以后，课题组还需要进行总结。这个总结，就要总结课题研究的经验，谈及研究的体会。而在结题报告中，就不要陈述这两个方面的内容。

课题研究存在的主要问题及今后的设想。这个部分内容陈述要求比较简单。但要求所找的主要问题要准确、中肯。今后的设想，主要陈述准备如何开展后续研究，或者如何开展推广性研究等。

德育科研报告 实例三

社区资源融入社会主义核心价值观教育的实践研究

上海市浦东教育发展研究院　康建军

一、研究背景

社会主义核心价值观 24 字 12 词是对社会主义核心价值体系的高度凝练和集中表达。社会主义核心价值观,是我们每个人努力的方向、奋斗的目标、共同的理想。离开了核心价值观的引领,我们将无法到达理想的彼岸。

(一) 课题的提出

对于中小学生来说,他们正处于思想的萌芽期、价值的选择期、理想的播种期。然而,他们年龄还小,知识能力水平有限,对吸收的信息还缺乏辨析能力,但到了初中,学生的独立意识明显增强,不过在处理身边的许多问题时还表现得不成熟,因此在领会价值观教育的过程中存在一定的难度,需要我们从小处做起,从细节做起,帮助他们在潜移默化中领会社会主义核心价值观的深刻内涵。那么,我们将以什么方式,或是什么载体来开展教育呢?众多的社区教育资源能否真正为开展社会主义核心价值观教育发挥功效呢?

1. **主体意识缺乏。** 事实上,一些学校并没有积极主动地把挖潜、利用、整合社区教育资源作为重要工作来落实,没有担当好社区教育资源整合与挖潜的组织者角色。往往是为了某一活动的需要,简单地引用相关资源,活动过了也就完事了,忽视了学生需求、价值取向和实践体验,忽视了这些教育资源应有的教育功效。

2. **教育内容空洞。** 好多学校在开展社会主义核心价值观教育时,所选的内容远离学生的生活实际,而政治色彩浓厚又缺乏感性。片面地认为核心价值观只有 24 个字,教育内容太虚,没有教育抓手。以高尚得令人难以置信的人物作为"榜样",缺乏针对性而难以入脑入心,这种"只见树木不见森林"的毛病,导致了教育内容的抽象而空洞,自然就难以收到学生情感共鸣式的教育效果。

3. 有效协作不强。学校与社区在社区教育资源的开发和整合中,完全可以发挥各自的优势,在共享中互补。然而,就有一些学校在开展社会主义核心价值观教育时未能做到全员育人,只是随意应付或机械式执行,甚至把核心价值观教育看作是负担和麻烦,学校与社区的交往与协作非常不足,因而导致了教育活动缺乏持续性和整体性。

(二) 研究的意义

随着网络的普及,人们的价值观念越来越活跃,一些外来文化、负面的新闻冲击着人们的思想,同样影响着中小学生的价值观形成。学校对中小学生开展社会主义核心价值观教育,旨在提高他们的道德修养、规范他们的社会行为、凝聚他们的精神力量,并提出学校、家庭、社区三位一体开展合作教育。在实践中,我们认识到社区教育资源具有浓郁的文化气息,丰富的史料、多样的形式是对中小学生进行社会主义核心价值观教育的重要而鲜活的载体。

1. 提升自我动力的重要内涵

虽然中小学生对外界的变化反应较为敏感而且迅速,但其思想稳定性不高,对外界事物的鉴别能力不强,极易受到周围环境的影响,他们的价值观尚未真正完全定型。把社区教育资源融入到社会主义核心价值观教育中,让我们的学生对身边的社会有一个详细的了解和感悟。比如走进现代农业园区,让我们的学生感受科技的力量;走进民防基地,让我们的学生学会自护自救的常识与技能;走进张闻天故居,让我们的学生感受先辈艰苦简朴的生活;走进家乡桃园,激发我们的学生热爱家乡的情怀……可见,社区教育资源具有亲和力和感染力,让我们的学生亲临现场,感染自我。因此,亟须在中小学开展社会主义核心价值观教育,用好社区教育资源,更好地提升中小学生自我教育的内动力。

2. 维护意识形态的有效手段

当今社会,流行的价值观念呈现多元多样,但西方敌对势力乘机加紧对我们实施价值观渗透战略,这对学生意识形态的安全和健康成长极为不利。而社区教育资源十分丰富,合理利用、科学整合、适时融入,有着至关重要的作用。这就需要我们坚持以正确的思想为指导,积极开展符合学生身心特点的、贴近他们生活实际的社会主义核心价值观教育,来积极应对西方敌对势力对我们的中小学生意识形态的侵蚀。把社区资源有效地融入社会主义核心价值观教育，切实提升价值观教育的质量。

3. 建设小康社会的必然要求

全面建成小康社会需要几代人长期不懈的努力，我们的中小学生责任重大。这就需要我们拓宽教育实践活动的天地，紧扣现实生活，让他们在活动中有所玩、有所乐、有所学，以党的信仰引领他们成长，使他们凝聚起团结奋斗的共同意志，帮助他们塑造崇高的人格和高尚的民族精神。乡土文化、历史遗迹、科技园区、优秀人物等，都是极具教育价值的资源，可以帮助中小学生坚定理想信念，树立正确的世界观、人生观、价值观，培养他们的爱国情感和民族精神，树立社会主义荣辱观，培养大学生吃苦耐劳、艰苦奋斗、不断创新的时代精神。为社会主义建设培养更多的优秀人才，这是达成我们民族共同目标的必然要求。

二、研究设计概述

（一）研究概念的界定

1. 社区。社区是若干社会群体或社会组织聚集在某一地域里，形成的在生活上互相关联的大集体（费孝通）。

2. 社区教育资源。我们课题组经分析与研究后认为：社区教育资源可分为社区文化资源、社区人力资源和社区物质环境资源。社区文化资源是指人们在社区社会生活共同体中长期从事物质与精神活动而形成的历史传统、风俗习惯、地方语言、行为规范、生活方式等，它是一种无形的资源，并以显性和隐性两种方式来影响学生的社会化。社区人力资源是指社区内在知识、技能等方面有专长的人及具有一定社会影响的群众组织等。社区物质环境资源主要包括自然的山川河流、风土风貌，各类院馆、名胜古迹等。

3. 社区教育资源的融合。各类教育资源合并整理，通过有序化的过程融合成一个有机整体的过程。融合社区教育资源开展社会主义核心价值观教育，可以理解为在发挥学校教育特色的同时，利用社区教育资源，提高教育的实用性、生活性。

（二）研究目标

通过本课题的研究，主要达成以下目标：

1. 梳理并分析各类社区资源，提炼有效的教育资源。

2. 通过体验与实践，探究社会主义核心价值观教育与社区教育资源相融合的方法与策略。

（三）研究主要内容

通过本课题的研究，主要完成以下内容：

1. 研究可以挖潜的社区教育资源有哪些，即调查区内各中小学利用的社区资源开展教育活动的现状、梳理分析可利用的社区教育资源的特点。

2. 研究将社区教育资源融入社会主义核心价值观教育的可行性策略，即教育资源整合的策略。

（四）研究方法

本课题研究主要运用了以下方法：

1. 行动研究法：在反思与分析中小学开展社会主义核心价值观教育的成功经验和存在的不足的基础上，探究如何将社区教育资源融入社会主义核心价值观教育的有效策略。

2. 经验总结法：总结各中小学开展社会主义核心价值观教育的成功经验，提炼将社区教育资源融入社会主义核心价值观教育的课程化、主题化和校本化建设的可操作性做法。

（五）研究过程

1. 准备阶段（2016年10月—2017年2月）。组建课题组，确定人员分工；相关现状调查和理论梳理；制订课题方案；申报立项。

2. 实施阶段（2017年3月—2018年6月）。各成员按照分工开展研究；课题中期汇报；课题深化研究。

3. 总结阶段（2018年6月—10月）。课题组成员总结研究体会，撰写论文；整理与收集课题研究过程性资料与成果；撰写结题报告。

三、研究成果

"社会主义核心价值观教育要从娃娃抓起、从学校抓起，做到进教材、进课堂、进头脑，要润物细无声。"在研究中，我们真切感受到：一个缺乏核心价值观的人，内心没有一把道德良知标尺，就是一个没有灵魂的人；一个国家没有核心价值观，就是缺乏信仰的国家，就不能凝魂聚气、强基固本。西方著名教育家杜威认为：知识不能和寻常的行为动机、人生观融为一体，道德就变成了道德说教。因此，如何整合社区教育资源来开展社会主义核心价值观教育是我们课题组的主要任务。

（一）融合社区教育资源的原则

在若干相关事物或因素之间相互作用而融合成为一个有机整体的建构过程中，体现着对过去知识的整理和对未来知识的规划，呈现出有序化和条理化的操作流程。融合社区教育资源开展社会主义核心价值观教育，同样应遵循以下原则。

1. 集中整合原则

社区教育资源整合的重点是人力资源的融合、教材及教学内容的融合。教育资源的确定必须适应中小学生现有的知识基础，同时还要满足他们相应的培养需求。把教师的人力资源加以集中整合，形成多学科、多元化的优势，以满足社会主义核心价值观教育的需要。

2. 优化拓展原则

在社区教育资源的融合中，必须重视团队协作、教学相长等人文建设，从而充分挖掘师生的创造潜力，使每个人的能力发挥到极致，使每个教育资源真正发挥出教育的效能。

3. 系统优化原则

社区教育资源的融合既要兼顾硬件资源、软件资源和环境资源的平衡和层次，同时也要将这三大资源体现在教师和学生、教学内容、教学方法等多个方面，在集中开发、优化拓展的基础上，从资源整合到优化配置，使教育资源逐步形成系统性的有机整体。

（二）厘清社区教育资源的类别

课题组从学校实际和学生需求出发，对这些资源进行整理、归纳、综合，便于各中小学开展符合学生年龄特征的、丰富多彩的主题学习和综合活动。我们清楚地认识到：我们应树立大教育观，更新教育资源观，让教育跨越学校的围墙，争取社区丰富的教育资源，赋予社会主义核心价值观教育新的生命力。

1. 社区文化资源

从教育角度而言，社区文化资源指社区内一切可为居民和学校组织开展教育活动所能利用的物质和精神存在的总和。其中包含了物质文化资源——经过社区人改造的自然环境和由其有意识创造的一切物质产品,主要包括优美的自然景观、富有特色的人工环境、名人故居及纪念馆、文化历史遗址等公共文化设施;精神文化资源——社区内占主导地位的以文化传统、思想观念、价值观念等精神形式存在的文化资源,它无影无形却处处可见;活动文化资源——以文体活动为载体表现出来的一种可观可视的、具有动态性和群众性的、丰富多彩而又富有特色的外在文化资源。

2. 社区人力资源

广义的社区人力资源定义为一个社会具有智力劳动能力和体力劳动能力的人的总和,包括数量和质量两个方面。而狭义的定义为组织所拥有的用以制造产品和提供服务的人力。本课题中是指能为学校教育服务的人力资源,比如社区内"智慧的人民""成才的学子""奥运冠军"等。

3. 社区环境资源

社区的物质环境资源是社区主体赖以生存及社区活动得以产生的自然条件、社会条件、人文条件和经济条件的总和。它可理解为承载社区主体赖以生存及社会活动得以产生的各种条件的空间场所的总和。比如社区内"动人的传说""育人的基地""淳朴的民风""辉煌的成就"等。

(三)实践融合社区教育资源开展社会主义核心价值观教育的策略

在实践中,许多中小学校结合自己的工作实际,进行了探索:融合与社会主义核心价值观教育密切关联的各种社区教育资源,让学生准确把握社会主义核心价值观的内容和要求,提高对社会主义核心价值观的认知水平;策划适合中小学生的主题教育实践活动,渗透社会主义核心价值观,让学生在参与活动中感悟它的意义,升华觉悟水平;指导学生在学习生活、日常生活与社会实践中主动践行社会主义核心价值观,内化于心,外化于行。

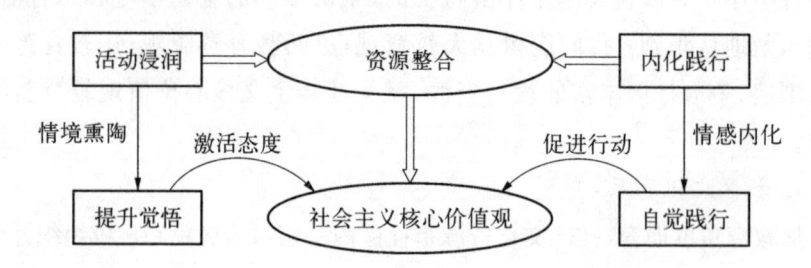

1. 社区教育资源课程化,指导学生了解社会主义核心价值观

通过本课题的研究,旨在寻找各学科的结合点,适时将社区教育资源融入学科教学,把鲜活的内容引入课堂,细化社会主义核心价值观教育的内涵。把社区教育资源整合到学校课程之中,利用社区资源提高教育的实用性、生活性,发挥学校的特色。学科课程与社区教育资源的整合,不仅有助于课程最终形成学生的个体经验,提高学科课程的达成度,而且能提高育人质量,提高学生对社会的适应度。

(1) **适时融合,凸显力度**

社会主义核心价值观"进教材",就意味着要在语文、地理、品社甚至是数学、化学等课程中集中呈现社会主义核心价值观的基本内容。当然,每门学科有它的独特性,为此,我们要适时而又润物细无声地把社区资源融合进去。在学习《秋冬季的生物》时,让学生们思考:秋冬季节动植物发生了哪些变化?学生对这个问题很感兴趣,但我们老师不能直接告诉答案,而要因势利导,让学生带着问题走进大自然这个课堂进行考察探究。把社区教育资源进行课程化整合,没有固定的模式,是一个多样化的实践天地。

例如:在语文教学中,怎么吸引学生有效地课外阅读呢?A 小学紧紧结合新场古镇的文化节活动,把读书与社会生活紧密相连,寻求富有艺术个性的教学创意,指导学生开展系列读书活动。教师指导学生带着问题搜集、查找资料:描写桃花、梅花、荷花等花的古诗词;收集一个与花有关的故事;查找各种花的花语。然后,教师指导学生通过资料的收集、整理、概括,展示读书学习、研究考察成果。学生通过班会或背诵或表演,或展示或抢答,进行读书汇报竞赛活动,把自主学习的成果与大家分享。通过这一方式将社区教育资源作为课程整合的内容,为课程内容增添了"新鲜血液"——这就是我们开展社会主义核心价值观教育的鲜活内容,填补了学科内容的不足,增强了学生的社会责任感。

又如:在低年级数学教学中,看似简单的加减法,也需要我们教师精心设计。在教学设计中,教师把社区文化活动中心的许多项目引入课堂:数数航天英雄有多少、上海浦江大桥有多少、国际机场每分钟的起降飞机等,在学数学的过程中,把社会主义核心价值观教育的内容融合进来。跟随老师准备的内容,有意识地组织、引导学生观察、发现数学的问题,在课堂上让学生提出解决问题的方法。学生的自主探究和体验使书本知识变

得鲜活而形象,帮助学生从具体的事例中抽象出所要掌握的数学概念,扎实而灵活地掌握加减法的应用知识。

(2) 系统融合,凸显广度

把社区教育资源融合到教学课程之中,许多中小学校以提高学科课程的达成度为落脚点,以课标为依据,以激发学生兴趣为动力,以促进学生发展为原则,精心选择内容进行融合。在教学中,老师们都有这样的想法:教材上的信息十分有限!学生所需要的信息量应该远远超过教材的内容,而社区优秀的教育资源恰好能满足学生学习的需求。教学课程与社区教育资源的整合,必须精心选择能融合的内容,根据学生已有知识基础、学习能力,充分利用社区资源,把文本、教师、学生、社会生活紧密相联,设计每一个教学环节都考虑育人目标和教学目标。

在研究实践中,有的学校以学生自主探究的方式,把教学课程与社区教育资源进行整合,强调自主但不是放任自流,通过教学设计、探究活动的引导与结果的评价进行设计、整合与控制。在这样的整合中,把以认知为主的课堂学习与实践为主的体验学习结合起来,把尝试、探究、质疑、批判、创新的权利还给学生,系统化地将社会主义核心价值观教育融入教师指导和学生实践之中。

例如:在中学政治课教学中,先把课程的内容进行梳理整合,然后把社区教育资源系统融合,更有利用于落实各年级的教育教学目标,让社会主义核心价值观教育无时不有。

行动一:"富强、民主、文明、和谐"是对国家层面价值目标的要求,首先将教材中的经济建设、政治建设、文化建设、社会建设、生态文明建设的相关内容,从基本国情到国策战略到具体要求再到学生的责任,整合梳理成链条;再把社区相关的教育资源融合其中:现代工业园区、古镇风貌特色、社会主义新农村、洋山深水港等,让学生充分认识和感受到经济、政治、文化等各个方面的成就和不足、目标和对策、忧虑和展望,从而增强民族自尊心、自信心。

行动二:"自由、平等、公正、法治"是对社会价值取向的概括。将"法律与自由的关系""平等待人的要求""法律面前人人平等"等内容,按照"是什么—为什么—怎么办"的格式进行整理。而监狱教育基地、人民法院、敬老院等社区教育资源正是鲜活的教材,让学生深切感受到社会主义核心价值观所要实现的美好社会愿景。

行动三:"爱国、敬业、诚信、友善"是价值准则的要求。"社会主义精神文明建设""成长中的自我"等内容主要对学生进行心理品质教育,更多的是爱国、负责、诚信和友善等方面的教育内容。家长大讲堂、参访爸爸(妈妈)的工厂、垃圾处理公司等成熟的教育案例,遵循了不同年龄阶段学生的身心特点,有针对性地进行社会主义核心价值观教育。

又如:学校课程与社区教育资源的整合要求打破学科体系相对封闭的状况,提倡各学科利用社区教育资源开展相互合作,共同培养学生的人文素养、综合能力。这样的"融合",使各学科的教师成为教育的合作者。学科教师间共同研究,共享资源,形成了合力。坦直小学成功开发了"彩豆画"校本课程。通过"彩豆宝宝""彩豆制作""彩豆情怀"等一系列活动,让师生感悟生命的多彩和珍贵、体验民族的骄傲和自豪。为此,在美术、语文、自然、数学、英语等学科教学中,综合整合,共同成长。在学习《家乡的桥》时,各学科有着不同侧重和目标:美术课上"画"桥、语文课上"说"桥、英语课上"赞"桥、数学课上"数"桥、音乐课上"颂"桥……桥的历史、桥的风采、桥的之最应然而生,社会主义核心价值观教育的内涵得以系统化、强化和细化。

2. 社区教育资源主题化,引领学生感悟社会主义核心价值观

课题组在调查中发现:55.7%的学生是通过报纸、广播、电视或网络等新闻媒体了解到社会主义核心价值观的内容;25%的学生是通过家庭、学校的教育了解的;近20%的学生是通过书籍杂志等途径了解到的。由此可见,我们通过整合社区教育资源来开展社会主义核心价值观教育,是非常有必要的。在实践中,许多学校结合自己的社区教育资源,进行整合与分类,开展了丰富多彩的

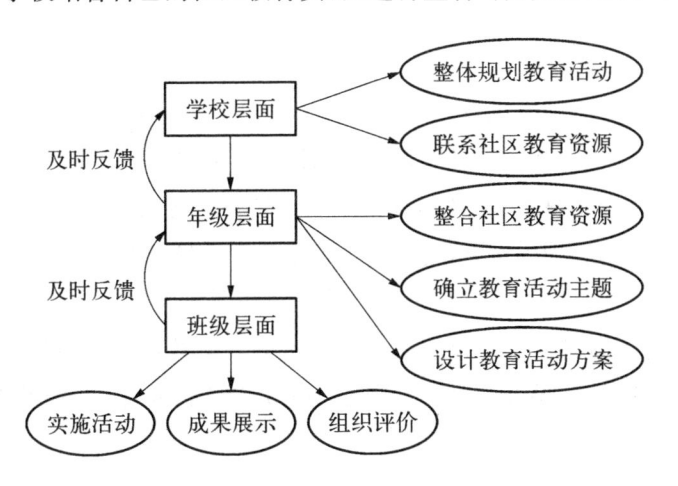

主题化教育活动。

(1) 层次型主题设计

*研究表明：*在设计开展教育活动时，要对不同年段的学生做出统一的活动安排，那就要根据不同年级学生的年龄与身心特点及认知规律进行设计。同时，在整合社区教育资源时，要保持自然的探索、自我的发展和自律的习惯，开展社会主义核心价值观教育内容的设置更要关注这一特性。低年级学生可以考虑教育活动的趣味性和娱乐性，而高年级学生更应考虑教育活动的理解性和体悟性。因此，同样主题的教育活动或是运用同一教育资源开展的教育活动，要充分凸显主题的层次性。

例如：B中学以孔庙这一教育资源把传统的优秀国学文化发扬光大，把先哲的思想和智慧薪火脉脉相传。学校依托这一良好的教育资源，规划、设计、开展极富学校特色的社会主义核心价值观教育活动。学校在教学楼的走廊、校内道路的两侧、办公区域等场所安放《论语》《孟子》名句赏析，让墙壁说话，用环境育人，在日常的学习生活、工作中浸润优秀的儒学文化；开展了一系列"学古诗文，扬民族魂"的校园诗文竞赛；举行了"孔子文化月"活动，进行师生的情景剧展演、辩论赛、专题讲座等相关活动；在初、高中起始年级开设《论语》选读和《孟子》选读课程，组织新生和毕业生开展了"走近孔子""大成殿前的沉思""在圣贤的光芒下成长"系列主题活动。至此，孔庙大成殿成为学校师生感受传统礼仪、诚信仁义的孔子文化熏陶的重要场所，也为学校构建具有儒学特质的学校文化提供了重要基础。

(2) 系列型主题设计

社会主义核心价值观教育面广量大，必须呈现系列化。因为，从认识论的角度来说，学生认识事物的过程是由浅入深、循环往复的过程。所以，在设计教育活动时要注重目标分解，让目标呈现层次性、阶梯性、衔接性。这样，被分解的目标在主题内容的落实下，更能呈现出系列化。我们主要以引导学生通过查找资料、探访民间传说、寻找身边的先进人物和搜寻历史遗迹蕴含的故事等方式，挖掘所在社区符合学生身心需求的丰富的人文教育财富，而这些教育资源正是培育学生爱国、敬业、诚信、友善等社会主义核心价值观的鲜活载体。

例如：C小学是一所具有180多年悠久历史的百年老校，校园里竖有黄炎培的半身雕像。雕像底部的背面，镌刻着黄炎培"理必求真，事必求是，言必守信，行必踏实"的名言。学校紧紧抓住这一教育资源，设计了以"学校史、忆伟人、勇担当——扣好人生第一粒扣子"为主题的系列实践活动，深入开展了革命传统教育和爱国主义教育，厚植学生红色基因和爱国意识，践行社会主义核心价值观，引导学生从小立志向、有梦想、爱学习、爱劳动、爱祖国，努力成长为担当民族复兴大任的时代新人。

系列1：走进内史第——一次自主探究。内史第是一座具有传奇色彩的文化名宅，它是黄炎培先生的故居，内史第为黄炎培青少年时期读书、求学提供了得天独厚的条件。"走进内史第、感知成长史"，了解黄炎培的成长历程，感知伟人的思想变革，学生以探究小报告的形式，记录自己的所见所感。

系列2：校史知伟人——一次参观活动。古色古香的校史陈列室、见证观澜春秋校史长廊，展示了黄炎培先生"创办新学""积极筹办"等"办学宗旨"，见证了观澜学子成长的每一天！

系列3：品读黄炎培——做一回朗读者。做一回"观澜朗读者"吧，我们不仅能在自己朗读的过程中更深入地了解黄炎培，而且通过声情并茂的朗读，将有温度的声音带给更多的人，让大家都能感受伟人的各个方面。

系列4：读校本教材——一次专题学习。《观澜春秋》作为观澜小学优秀文化学生读本，展示了黄炎培与"实用主义教育"的丰富内容。让我们沿着伟人的足迹，努力学习，将中华民族的历史传统、文化积淀牢记于心，发奋图强，踏上更加美好的新征程！

系列5：学《踏雪寻梅》——传唱一首红色歌曲。黄自幼年就读于观澜小学，是我国20世纪30年代重要的作曲家、音乐教育家，培养了许多优秀的音乐人才。1931年"九一八"事变以后，基于爱国热情，黄自谱写了《抗敌歌》《热血》等抗日救亡歌曲。《踏雪寻梅》由黄自作曲，曲调轻快，词曲并茂。我们在音乐老师的指导下，人人学唱。

系列6：激发爱国情——举行一些延展活动。为引导学生传承红色基因、继承革命事业，帮助学生树立远大理想，深入开展社会主义核心价值观教育，还将有以下举措：阅读《伟大的复兴之路》和《强国之路》，举行"走近新时代、感恩40年"主题班会，提升作为一名中国人、上海人的自豪感。举行"幸福了,我的家——小家奔小康"一图一语摄影故事征集活动,用图文来诠释改革开放以来每个小家发生的可喜变化和幸福写照。举行"你好,2035——'我的未来之家'手绘明信片"活动,用画笔、用想象描绘未来之家的美好景象,激发学生担当民族复兴大任的责任感。

3. 社区教育资源校本化,帮助学生践行社会主义核心价值观

结合不同学校的实际,将社区教育资源引入学校教育,形成校本化课程。研究可见:我们身边的这些社区教育资源,洋溢着家乡的文化气息、浸润着大家的聪明才智、透射着奋进的感人情怀。我们要将这样的社区资源最终转化为我们所需的教育资源,真正实现"育人"的目的。社区资源潜藏着许多有价值的教育资源,合理整合、充分利用能切实丰富我们的课程内容。融合丰富的社区教育资源开展社会主义核心价值观教育,有助于我们的学生关心社会、关注社会,融入社会。具体体现为学生了解了社会的分工合作,增进了学生对自身、他人和社会的理解,也使他们更加关注周围的生活,关注社区的发展变化,形成对社区的良好情感。丰富的社区教育资源为我们的学生赢得更加广阔的探究学习的空间,获得有益的人生经验,更好地促进他们的可持续发展。

(1) 专题式融入,精心设计

在实践过程中,许多学校根据自己的发展特色开展专题式的融入,把社区的某项教育资源融入自己的学校从而形成校本课程。通过这样的方式将社区教育资源融入到社会主义核心价值观教育之中,让课堂、校园、课程更好地诠释出社会主义核心价值观的丰富内涵,彰显出社区教育资源的优质特色性和真实性。

第一,融入社区人力资源。我们所在社区有着众多具有比较丰富社会实践能力和知识积累的优秀人士,他们有的在职、有的退休、有的全职在家。对于学校教育,他们都愿意无私地、自觉地、志愿地成为师资队伍中的志愿者,他们甘愿以实际行动来诠释"人尽其才、物尽其用"的内涵。在这支队伍中,尤为突出的是我们的学生家长。根据家长的特长和知识水平进行归类就是整合社区教育资源的主要渠道。许多学校积极挖掘家长资源,开展"家长志愿者"活动,让有特长的家长走进校园、走进社团,让更多的家长更深入地了解学生的情况和学校的办学理念。是舞蹈高手,就可作为舞蹈老师;是象棋高手就可作为象棋活动指导者;懂医术的医生就可作为健康知识讲座的主讲人。有的家长志愿者

来校讲授蔬菜的种植,有的传授学生珠编技艺,有的来校举办青春期讲座,有的带学生们到自己的企业进行参观学习,这些活动深受学生们的喜爱。

例如:D中学提出了"生命、生活、生态"这一课程主题,学校从家长教育资源库中筛选家长自愿提供的课程资源,形成了"半日营社会考察"系列课程。学校以家长单位或家长熟悉的社会场所为考察地,让孩子们接触社会,了解劳动创造财富的过程,了解民族工业和企业的发展。去极地研究中心和"雪龙号"南极科考船上参观学习考察,了解我们国家南极科学考察事业的发展,弘扬"爱国、拼搏、协作、创新"的极地精神;组织孩子去上海知名企业——大白兔奶糖的生产基地参观,了解民族知名品牌的诞生与发展历史;去大飞机制造、三一重工等民族工业企业参观,感受科技创新带给国人的自信;去张江的中药种植园——百草园,通过听讲解和参观,了解祖国中医文化的独特魅力;去上海通用、家乐福物流,了解洋品牌在中国的本土化历程……这些地方都成了孩子们开展社会主义核心价值观教育的第二课堂。

第二,融入社区设施资源。社区有着丰富的活动场地、活动场馆和媒体设备等资源,这为我们开展社会主义核心价值观教育提供了强有力的保障,关键是我们如何协调、如何运用、如何融合。社区内的众多单位或企业对教育的发展还是非常关注和投入的。

例如:我们的大学校史陈列室,有几十年传承下来的校训,有历届学校领导、杰出校友和优秀教师的介绍,他们的身上透射着一种不怕困难、坚忍不拔的精神,而这种精神正是我们开展社会主义核心价值观教育的鲜活内容。通过对榜样的学习,激励我们学生不断克服困难向上攀登。同时,学校的校园文化更是激励和熏陶我们的学生成长的优秀阵地,引导他们向着梦想而努力追求。

又如:F学校结合社会主义核心价值观实践活动,开展了针对特殊孩子的教育。组织学生走进敬老院、幼儿园、假日小队服务社区、外来民工子女学校、孤老村民家、军营,参与社区文艺演出、参加各类参观实践……组织学生到大自然中去,在大自然中调动学生所有感官,去看、去听、去闻,去触摸、去劳动、去品尝……到超市购物时,引导学生不要把物品弄乱,要尊重他人的劳动;乘车时,引导学生要排队等候,看到老弱病残要让座;到纪念馆参观时不大声喧哗……通过这样的社会实践活动,让学生去体验、去积累、去尝试。

第三,融入社区活动资源。现在的社区活动异常丰富而有特色,犹如空中的繁星射放着亮点:泥城暴动纪念馆的革命烽火系列活动、文化中心的红色电影展播活动、时间银行＋爱心银行＋诚信银行系列活动等,都为各学校更好地融入其中并开展好社会主义核心价值观教育提供了借鉴和支撑。这样的教育资源是社会主义核心价值体系的宝贵资源,可引导中小学生树立正确的人生观和价值观,切实弘扬主流文化:爱国主义教育——在深厚的爱国主义情怀基础之上,满怀对党、国家和人民的忠诚与热爱,坚定中华民族复兴的信念;敬业教育——当代社会主义建设中孕育的抗洪精神、劳模精神、载人航天精神等富有时代精神的文化就是今天中小学生爱岗敬业的最好榜样;诚信友善教育——以"为人民服务"为核心的社区所包含的物质文化、精神文化、行为文化等强调奉献、诚信、互助、友爱,这些都是重要的教育资源和有效载体。

例如:H中学充分发挥国际社区的资源优势,在社区活动、文化冲撞中,让学生去感悟。在金桥镇政府的支持下,学校聘请了专业团队的演员,开设沪语课程,教孩子学唱上海童谣,这些童谣承载着上海这座城市的文化变迁,也记录了近代上海的社会生活。孩子们在学唱上海童谣的过程中形成的审美意识会内化为一种文化意识,并在心理上形成认同感;开设戏曲社团,教孩子们学唱越剧、沪剧、京剧、豫剧……在"唱念做打"的体验中,感受不同地区的戏曲文化魅力,了解戏曲塑造国家文化形象的独特作用;成立民乐队,学习中国民族乐器的演奏技巧,了解无论是经典的传统音乐还是优秀的民俗、民间乐曲,都从不同角度展现着中华民族深厚的文化底蕴和历史渊源。国际社区经常在节假日组织一些中外联欢活动,学校也积极组织孩子们参与其中,穿上民族服饰,表演民族戏曲,在中国传统文化的浸润中认同社会主义核心价值观。

(2) 综合式融入,整体架构

综合是对物质资源效能的充分整合,充分合理地整合其物质资源,使有限的物质由无用或少用变为有用且多用,或使有害变为有利,做到物尽其用,减少浪费。本课题所涉及的综合式融入是指许多中小学校在融合社区教育资源开展社会主义核心价值观教育时,把某项教育资源整体架构,融入自己学校校本课程之中,并按不同的目标与要求,对不同年龄的学生开展相对应或是相适应的教育活动。

例如:M小学地处素有"桃源之乡"美称的大团镇,这里是上海有名的蜜露桃之乡。学校大部分家长都是当地的种桃能手,有的还是技术专家,他们身上蕴藏着巨大的教育能量。学校依托地域优势和家长资源,用课程的形式把"桃文化"引入校园,引入课堂,丰富学生学习生活,完善学校课程结构,提升学生综合素质。"桃文化"校本课程自2008年启动至今,已经初步形成一门比较完整、规范、有特色的课程。先后编写了《我爱家乡水蜜桃》《桃之源》《桃之韵》《桃之美》等五本校本教材,课程根据不同年级学生的年龄特点、能力状况,确定相应的活动主题,分年段实施。低年级段主要以《桃之美》校本教材为载体,了解有关桃的知识,中高年级段以《桃之源》《桃之韵》和《我爱家乡水蜜桃》英语读本三本教材了解"桃"的历史、文化内涵等。2014年又创编了《我爱家乡水蜜桃》德育主题活动校本教材,依托家长资源,带领学生开展各类校内外"桃文化"主题教育活动。为此,建立了"桃文化"实践基地、成立了"探秘桃园"探究实验室;组建了校外辅导员队伍、创建了"桃蹊园"少先队活动社团;开展了"探秘桃文化"主题探究活动、"桃文化"微视频制作亲子大赛;把家长请进课堂,让桃农展示风采;开展"桃文化"亲子土布设计大赛,共享"桃"之美;构建"微社区",做最好的自己……"桃文化"德育主题活动发挥着家校合育的作用,细化了社会主义核心价值观教育的内涵。

又如:T小学在开展社会主义核心价值观教育中,综合融入了乡土文化资源,形成了《以乡土文化为载体,培养学生的爱乡情怀》的校本教材。教材由《江南水乡,农家风貌》《悠久历史,民间风俗》《爱国激情,光辉战斗》《现代工、商业,发达农、副业》《文化繁荣,社区新貌》等五个部分组成。教材内容着重介绍家乡沿革、乡土资源、民俗乡风、人文景观,促进学生对于家乡民风乡俗的认识,加深学生对乡土文化的理解,从而增强学生对于家乡的感情和自信。学校以"收集乡土文化素材——整合乡土文化资源——形成乡土文化自信"为三个基本课程实施环节,始终把学生置于一种动态、开放、生动、多元的学习环境中,给学生更多的获取知识的方法和渠道,使学生在自主学习和探索中获得新的乡土文化的体验。实践感悟、合作探究和网络资源的开发利用等教学方法的使用进一步丰富了学生的情感体验，让学生在了解乡土文化的基础上播下传承乡土文化的种子，把社会主义核心价值观教育充分凸显。

(3) 体验式融入，情景育人

我们都认识到：珍贵的文物、叱咤风云的历史人物以及惊心动魄的英雄事件等都承载着社会主义核心价值观的真实内涵，铭刻着社会主义现代化建设的丰硕成果，是激发学生爱国主义情感、弘扬民族精神、陶冶道德情操的精神依托，能弥补课堂教学的纸上谈兵和校园实践活动的形式限制。各校精心设计，将社区教育资源融入我们的教育需求之中，让学生带着问题和主题参与社会调查、志愿服务、公益劳动、科技创新等活动之中，切实让学生在"游中学、学中悟、悟中获"，抒发对家乡人民的崇敬之意、对历史文化的独有之情、对现实生活的敬畏之怀，从而深刻领会"富强、民主、文明、和谐"的价值内涵。

例如：K中学充分利用第二工业大学这一资源开展教育活动。一是组织学生参观二工大的实验室，二是邀请大学生志愿者到课堂中给学生做科学小实验。学生们来到二工大的生物实验室、趣味物理实验室、化学实验室，看着大学老师的实验演示，听着他们的精彩介绍，大开眼界，对科学实验充满了期待与幻想。他们在大学生志愿者的引导下，磁悬浮列车的模拟、太阳能汽车的驾驶、3D打印的体验，都深深地吸引着他们；在化学实验室里又对化学试剂生成的魔幻颜色赞不绝口；在材料陈列馆里学生们又因亲睹了从最古老到最现代的材料，以及那些先进的纳米材料带来的神奇效果而惊叹不已。大学生志愿者也定期走进学生的课堂，大气的压力、光的折射、水的张力……让学生在动手实践中懂得科学的道理，感受知识的魅力。

(四) 课题研究的成效

经过近两年的研究与实践，我们充分认识到了本课题研究的实践意义，在开展社会主义核心价值观教育中，把社区的教育资源充分融合起来，把看似枯燥的内容具体化，把看似远大的目标细分化，把看似单一的形式多样化，达到了预期的实践效果。

1. 提升了学生的学习力

社区教育资源的融合扩大了学生的学习途径，使学习生活化、情趣化，满足了学生的好奇心、求知欲,提升了人文精神,提高了生活品位和情趣。学习渠道多元化,学习方式生活化、情趣化,使孩子们有了真情实感,有话可说,语言流畅,想象丰富。社区教育资源的融入,突破了书本、教室单一而抽象的学习方式,学生思考、质疑、批判、追问、求真,从被动的接受性学习转向主动的探究和发现,增强了合作意识,兴趣盎然地参与到发现问题、解决问题的真实过程中。在这一过程中,让学生学习过程中有了丰富的情感体验:孩子们体验着尝试成功、探究创新带来的愉快情感,感悟到知识内在的美、学习的美、家乡的美、大自然的美,人生价值的美……增进了社会适应能力,形成健康、进取的生活态度,这些都是社会主义核心价值观教育的目的所在。

2. 改变了教师的课程观

老师们在指导学生活动、参与社区教育资源开发与融合的过程中,观念获得了更新:融入社区内什么样的教育资源?教师主动参与其中,为课题研究提供了有效的教育资源,并利用绘图等形式进行统计分析,形成了各种社区教育资源的分布图,使自己能清楚地掌握这些教育资源。他们不仅懂得以发展的眼光去欣赏每一个学生,更懂得了在课程建设中师生共同成长的新思维,也深化了教师对社会主义核心价值观教育的认同。各学科的课堂教学成为师生共同探究新知的平台,教学内容生活化,教学过程活动化,教学评价多元化已成为普遍的追求。

3. 形成了特色的资源包

社区教育资源包含了极为丰富的内容,其教育价值也是难以估量的——是滋养学生健康成长的精神养料、是认同社会主义核心价值的感悟过程、是培育热爱意识责任意识的德育形式。在融合社区教育资源、开发校本课程的实践研究中,形成了共识:在什么基础上开发、为什么开发、怎样开发,逐步探索出一条适合于社情、校情、富有学校发展特色的、满足学生成长需求的、吻合社会主义核心价值观教育的校本课程开发之路。

四、研究工作的反思

通过融合社区资源开展社会主义核心价值观教育的实践与研究,使抽象而枯燥的学习内容转化成了有形的、可感知的、可视可听的动感内容,真正让我们的学生想学、乐学、善学。为此,为把这一课题做得更为扎实、深入和有效,我们课题组认为在本课题结题后还须继续关注和努力。

（一）避免背道而驰

在推进社会主义核心价值观融入学生学习生活的实践中，尤其要注意"融入"的几个问题：标签化的做法——不在如何把社会主义核心价值观真正地融入上下功夫，而是把它作为一个标签对待，在需要的地方贴标签而全然不顾内在的实质；抽象化的做法——具体的、准确的内涵不予关心，把社会主义核心价值观教育演绎成关于概念或范畴的实践游戏，从而导致不够具体、不够深入、不够明确，融入绝不是课本上或是课堂上出现社会主义核心价值观的字眼或内容，而是在学生各个方面、各种形式、各个阶段的学习中都要体现和反映的精神实质与根本要求；短时化的倾向——把社会主义核心价值观教育作为"一阵风"，满足于一时的轰轰烈烈而不在建立长效机制上下功夫，在生活实践的反复践行和多次强化中得以实现。

（二）不忘教育初心

当今社会复杂多变，来自社会的诱惑很多，作为教育工作者，要充分运用优秀的社区教育资源帮助学生把好关、站好岗，要以传播社会主义核心价值观为己任，将其与学生的理想信念结合起来，积极为学生提供学习的机会，创造学习成长的条件，在融合的实践中不断更新、不断完善、不断设计。因为，社会主义核心价值观教育的目的，是促成潜在状态走向现实活动，而最大的意义正是最大限度地帮助社会主义核心价值观从潜在向实现转变。

（三）创新实践内涵

融合，一定的主体按照提升系统合力的价值目标对事物系统进行调整、组合、优化等活动，其核心就是将分散的要素组织起来。在后续的研究与实践中，我们将相关的社区教育资源做进一步的融合，以实现育人为最终目标。融合社区教育资源开展社会主义核心价值观教育，是对分化情况下德育教程和效果受到影响和冲击做出的积极反应，也是对学生价值观多元分化和模糊混乱做出正面的回应。融入，并不是简单的相加或是拿来主义，而是要思考按一定的规律与原则耦合成有机的整体，形成合力后引领主流的价值观。

参考文献：

［1］张会师,王素芬,丁文利.社区与学校整合资源实现"双赢"全面培养学生[J].中国农村

教育.2014(12).
[2] 李伟林,吴望春.沿海发达地区城乡社区教育资源统筹配置研究[J].继续教育研究,2013(7).
[3] 李学勇,林伯海.社会主义核心价值观的代际整合探析[J].学校党建与思想教育,2016(13).
[4] 王洪斌.学生组织行为管理学[M].大连：大连理工大学出版社,1989.
[5] 李松林,黄晶晶.关于社区课程资源开发的个案研究[J].教育科学,2003(6).

(本课题荣获2018年上海市第八届德育科研成果评选一等奖)

《社区资源融入社会主义核心价值观教育的实践研究》附件1

各校利用社区资源开展教育活动现状调查与分析

让我们的孩子走出校园、走向社区,充分享用各种社区资源,这是我们开展社会主义核心价值观教育活动的有效途径。对社区丰富教育资源的积极开发与充分利用,不仅可以开阔学生的眼界,丰富学生的经验,拓展课程的内容,还可以发展学生的社会意识,引导他们更加关心社会,更加关注自己周围的生活。社区的很多资源都是我们中小学生生活学习的教材,真正体现"生活即教育、社会即学校"。要把社区各种有利的资源转化为社会主义核心价值观教育活动的资源,为学生开辟一方学习生活的新天地,真正使他们走出校门、走出课堂、走向生活、走进社区。为此,课题组进行了相关的调查。

一、调查对象与方法

(一)**调查对象**:我们选取了新区的小学4所和中学4所,在每所学校中抽取教师10名、学生100名进行调查。

(二)**调查方法**:对学生采用调查问卷的方法,当场发卷,当场回收。对老师采用问卷和访谈的方法,选取5名教师完成问卷调查,抽取5名教师进行访谈。另外,对部分学校的德育主任也进行了访谈。

二、调查结果与分析

(一)**调查结果**:我们对抽取的8所学校进行了学生和教师的问卷调查,获得了如下的问卷数据。

学生问卷

序号	问题	选项及百分比(%)		
1	你知道社会主义核心价值观的内容吗	完全知道 81	知道一点 15	不知道 4
2	你能说出学校组织开展的各项主题教育活动吗	能 78	忘了 14	不能 9
3	学校组织开展的活动有到社区吗	有 92.5	不知道 6.25	没有 1.25
4	你知道社区有哪些好玩的地方吗	知道 85	不知道 13.75	没印象 1.25
5	双休日你经常去哪些地方	文化中心 82.5	商业广场(餐饮)16.25	在家 1.25
6	平时家长有陪你参加社区活动吗	经常有 73	偶尔有 12	没有 15
7	参加社区活动你有兴趣吗	有 91	没有 9	
8	在日常学习生活中"爱国、敬业、诚信、友善"你能做到吗	能做到 77.5	不是最好 18.75	做不到 3.75
9	你觉得"爱国、敬业、诚信、友善"哪方面做得较好	诚信 94	友善 89	爱国 87.5,敬业 72
10	你知道家乡最有名气或最有影响的是什么	纪念馆 83.75	商业广场 81.55	特产(桃、甜瓜、服装)81.5

教师问卷

序号	问题	选项及百分比(%)		
1	你知道社会主义核心价值观的内容吗	完全知道 78	知道一点 16	不知道 6
2	你能说出学校组织开展的各项主题教育活动吗	能 72	不能 28	
3	你觉得社区资源丰富吗	丰富 92.5	一般 6.25	不丰富 1.25
4	你经常组织学生到社区开展活动吗	经常 82	有时 13	没有 5

续 表

序号	问　　题	选项及百分比(%)		
5	你在设计活动时会考虑社区资源吗	会 82.5	偶尔 17	不会 0.5
6	你赞成家长参与到教育活动中来吗	赞成 83	随便 12	不赞成 5
7	你觉得社区支持你们去开展活动吗	支持 88	一般 9	不支持 3
8	你觉得学生有兴趣参加"爱国、敬业、诚信、友善"等主题教育活动吗	有兴趣 79	一般 18	没兴趣 3
9	你觉得对学生开展"爱国、敬业、诚信、友善"教育较有效的方式是什么？	走进社区体验 95	班级活动 89	故事等演讲 79
10	你开展社会主义核心价值观教育的最大困惑是什么	主题太大 89	学生兴趣不大 87	资源太少 84

另外，我们还对部分教师代表、德育主任进行了专题访谈，访谈内容为：

1. 学校层面的教育活动有哪些主题？
2. 社区资源的利用有哪些问题？
3. 目前教育的现状呈现什么状态？
4. 教育活动的评价体系有吗？
5. 学生最感兴趣的活动有哪些？

（二）调查分析

通过一段时间对新区各中小学的走访，结合调查问卷和访谈情况，对调查结果做出如下分析：

1. 优势分析

（1）**有一定的教育序列**。接受本次调查的所有学校，都针对社会主义核心价值观教育的内容制订了活动方案或规划，并能结合学校实际情况，序列化地设计教育内容和形式等，各学校都有工作领导小组、工作机制保障、详细的工作任务等，具有一定的操作性、层次性。

（2）**认知程度较高**。在对学生的调查问卷过程中，学生对于社会主义核心价值观的主要内容的认识程度还是比较高的,说明各学校通过宣传教育、通过活动对学生的影响还是很大的,各学校的宣传教育还是比较到位的,但学生参与这一主题的活动是否真正有兴趣,还是要做进一步的研究,由此,对教育效果如何也要做更深入的分析。

(3) **途径比较广泛**。从调查可见,教师很希望通过"走出校门走进社区亲身体验"这一方式开展活动;学生参与社区活动的途径也比较广,有家长陪伴参与的,有社区组织的,也有学校组织的,极少部分学生没有兴趣参与。

(4) **特色项目建设有效**。社区教育资源内容很丰富,任何一所学校在落实实施的过程中都不可能做到面面俱到,如何根据自己的本土特色和学校特点,抓住教育的一个点来进行特色化教育,是各所学校非常重视的课题。有的学校以建设德育校本课程和建立特色社团等方式不断深化,并不断打响品牌,取得不错的教育效果,但如何整合这些社区资源开展好教育活动,把这些零散的资源有序地、系统地整合起来,是我们研究的重点。

2. 不足分析

(一) **轻视隐性教育资源**。很大一部分教师只关注显性的教育资源,除了诸如语文、音乐、地理等人文精神比较浓郁的学科中,教师的因势利导比较自然以外,其他的资源就比较容易忽视,或是没有意识去关注身边这些优质的社区教育资源,使我们的教育课堂更加生动而有效。

(二) **特色资源未能同步**。随着家乡鳞次栉比的高楼大厦、高端企业的拔地而起,家乡越来越呈现出都市的魅力。但在调查问卷中,我们很明显地看到还有不少学生对于家乡的特色还不够了解,可见,地区特色教育资源的综合利用,是我们德育工作者应思考的问题。

(三) **人文资源发挥欠佳**。我们在对教师的访谈中发现,他们都有信心开展好社会主义核心价值观教育,也意识到开展此项活动的意义所在,但在教育实践中却不能真正摆正"育人"与"育分"的关系,不能很好地引入身边的教育资源,往往使开展的教育活动呈现成人化、简单化、固定化。

三、思考与建议

(一) **教育活动需要考虑地域特色**。社区资源整合受制于本地区的社会政治、经济和文化的发展水平,因此如何利用本地区所特有的"天时、地利、人和"

等优越条件,因地、因人、因时而宜地开展教育活动,融地区特色于社会主义核心价值观教育内涵中,并逐步显示本地区的鲜明特征,从而形成自身的特色,还有待我们进一步探索。

(二)教育活动需要考虑整体规划。教育资源整合应纳入各学校和地区的各自发展的总体规划,进行总体设计,并从人力、物力等方面统筹安排,拧成一股绳,统筹兼顾,调动所有潜在的教育资源为社会主义核心价值观教育这个大课堂服务,立足于中小学生的需求和社会发展的要求,方能使教育健康和谐发展。

(三)教育活动需要考虑综合建构。对于丰富的教育资源,我们如何筛选、如何组合、如何利用,需要我们整体架构。我们要处理好大量社会教育资源闲置浪费与教育资源严重不足和存在结构性阻碍的矛盾,处理好学生学习的大量知识需要应用深化和学生实践学习机会严重匮乏的矛盾。在这个大课堂中,要呈现鲜活的前沿的资源,让课堂内外的知识能够得到应用、深化、整合和建构。

《社区资源融入社会主义核心价值观教育的实践研究》附件2

整合社区教育资源开展教育活动的策略

一、研究背景

（一）区域发展带动了愈加丰富的社区资源

在新时代发展的背景下,浦东新区作为全国改革开放前沿,近几年区域经济文化发展迅速,上海大剧院、上海博物馆东馆等重大文化设施均要落户浦东,各个街镇的文化、学习场馆也纷纷建设,不断增加浦东文化气息,为浦东市民提供了丰富的学习资源,这些资源也为各类学校开展教育活动提供了丰厚的基础。

（二）终身教育体系的构建,为社区资源服务教育活动提供大环境

党的十九大报告中提出要建设终身教育体系,终身教育体系包括各级各类教育,是涵盖人的一生的教育,在这样的大教育观的前提下,整合社区资源开展教育活动,其中包含各级各类的教育,为构建整个终身教育体系服务。

（三）社区资源是满足学校校本课程开发的重要渠道

随着课程改革的不断深入,课程的决策权力逐级下放,《基础教育课程改革（试行）明确规定》:"为了保障和促进课程适应不同地区、学校、学生的要求,实行国家、地方和学校三级课程管理。"由此可见,校本课程已经成为国家课程改革的一个重要议题,校本课程的开发研究将是课程改革的焦点和亮点,学校和教师肩负开发的责任。

二、研究综述

在文献的搜集整理中,在理性思考方面:我们发现何卫军《谈学校德育和社区教育的协调与发展》一文中,对于社区教育工作与学校德育工作如何结合

提出四个方面：学校家庭社会一体化方面，以学校为主开展社区教育活动方面，坚持学校这个重要阵地的方面，社区教育规范化、制度化方面。沈晓冬在《社区教育与其他教育资源有效整合的初步探索》一文中，对于整合的方式方法进行了六个方面的分析：成立相关机构、规章制度、人员和教学资源共享、联席会议制度、定期交流学习、实践检验六个方面。以上文献都是对学校利用社区资源开展教育活动的管理制度和相关内容进行探索。

在文献的梳理中，在实践案例方面：发现还有较为丰富的关于学校整合社区资源开展教育活动的实践案例，如"利用社区科技教育资源，开展学校科技教育活动"，利用辖区内高校、科研机构以及大型国企，还有相当数量的科技人员和科技信息为学校开展科技教育活动；如"利用社区资源开展心理健康教育"，通过学校与社区签订社工驻校协议等方式推进学校心理健康教育发展；如"利用社区资源开展革命传统教育""利用社区资源开展传统节日教育"等。从丰富的实践资料中看出，当前各中小学、幼儿园利用社区资源开展教育活动已经做出了大量的实践探索，如何把相关的经验进行梳理总结提炼，就是本课题要关注的重点。

三、研究目的

本课题是青干班第六小组课题，本课题研究的目的是探索各类学校通过整合社区资源开展教育活动的方式方法，以文献研究和实践调研为主要研究方法，分析当前整合社区资源开展教育活动的实际，探索整合社区资源开展教育活动的内涵，并对相关问题进行深层次分析，为相关工作提供借鉴和参考。

四、内涵梳理

（一）基本概念

1. 社区和社区资源

社区一词源于拉丁语 Communis，意即伴侣或共同的关系和感情；后由德国学者滕尼斯译成德语 Geneinschaft，译为社区、团体、共同体、公社；再由美国学者查尔斯·罗密斯将其译成英语 Community；我国学者在 20 世纪 30 年代将其译为中文"社区"。至今，国内外教育界和学术界对"社区"的定义尚无一致认可，对社区概念的理解和诠释多种多样。美国的戴维·波普诺在《社会学》专著中指出：社区是在一个地理区域里围绕着日常交往方式组织起来的一群人；我国学者费孝通认为：社区是若干社会群体或社会组织聚集在某一地域里，形成的在生活上互相关联的大集体。

台湾学者林振春(2000)认为，广义的社区资源也称为生活资源、经验资源，是指本地区社区中可利用于充实社区发展的一切人力、物力、自然及组织的资源，包括了社区中的每一件事物、每一个情景和每一个经验。王雷(2007)将可为学校教育活动利用的一切物质资源和精神资源分为五类：设施资源、人力资源、财力资源、文献资源、组织资源。

综合不同学者的理解，课题组认为社区资源指学校所在社区周边环境中蕴含的具有教育价值的各种资源的总和，包含可能对孩子产生教育功能的人、事、物等，可分为四类：自然资源、物质资源、人力资源、文化资源，具体包括人力资源（内含团体与机构组织）、物力、财力、知识与资料、历史传统、生活习俗、发展机会、自然的地理、天然物质资源、人文社会环境等各方面，只要能有助于社区发展工作的，均应加以发掘、动员与运用。因此在我们的课题研究中，社区资源是一个大范畴的概念。

2. 教育活动

在提倡全民学习，构建终身教育体系的背景下，本课题对于教育活动的界定包括社区中各级各类教育活动，既包括义务教育和高职院校开展的教育活动，也包括社区教育、老年教育中的教育活动。

(二) 社区资源与学校教育的关系

本课题是整合社区资源开展教育活动，那么首先要厘清的是社区资源与教育活动的关系，我们从三个方面进行分析。

1. 学校本身就是社区资源的组成部分

学校是社区范围内的专门教育机构，学校本身就是社区资源的一部分，其与社区内各类资源一起有机结合，彼此依存，互相影响，相互制约。学校服务社区，社区同时也依附学校。特别是在当前终身教育、终身学习的理念下，原本封闭的学校更是在资源、管理等方面寻求与社区的合作与共享。

2. 教育社会化是教育发展的必然趋势

20世纪80年代开始，世界范围内改革学校教育与行政的呼声越来越高，因此我国学校教育制度以促进人终身学习和创建学习型社会为方向，推进教育社会化,充分发挥社区文化中心和教育中心的作用,把学校与社区的合作作为学校教育改革的方向。因此,学校改革从管理体制入手,吸引社区参与监督管理学校,服务于学校,同时学校也回报社会,服务社区。

3. 社区教育的发展完善了终身教育体系

社区教育从20世纪80年代中期发展以来,针对全体社区居民开展教育服务,其中包括各类人群的教育活动,包括青少年校外教育等。教育与社区的结合越来越密切,《教育改革和发展纲要》中提到:"支持和鼓励中小学附近的企事业单位、街道或村民委员会建立社区教育组织,吸收社会各界支持学校建设,参与学校管理,优化育人环境,探索出符合中小学特点的教育与社会结合的形式。"学校在与社区合作的具体内容中,由最初将社区作为学校的德育基地而帮助青少年学生形成良好的道德品质,拓展到学校利用自身教育、文化等优势参与社区建设,帮助社区发展,再到学校与社区双向服务。

五、研究过程

社区是社会和自然的缩影,反映社会经济发展、人类文明、文化进步,又具有本地区的特点,包括人文景观、风俗习惯、历史文化、风土人情、社区设施等。社区资源就是一本精彩的书,给学校教育活动提供良好的学习环境。

(一) 幼儿园

《幼儿园教育指导纲要(试行)》在总则里提出:幼儿园应与家庭、社区密切合作,综合利用各种教育资源,共同为幼儿的发展创造良好条件。整合社区资源融入幼儿园教育已成为当前学前教育的发展趋势。幼儿园社区资源整合指的是幼儿园根据活动的需要,通过各种途径与策略,充分挖掘所在社区周边环境中蕴含教育价值的物质、人力、文化等资源,将其纳入幼儿园教育体系并进行有机结合,从而达到幼儿园教育的最优化。当前幼儿园整合资源开展教育的方式方法有以下三种:

1. 走进社区

走进社区,充分利用自然资源和社区的教育资源,扩展幼儿生活和学习空间。把幼儿从"校园围墙内学习"引领到"社会情景学习",如开展"美丽秋天"主题活动,带领幼儿参观农田,听农民伯伯介绍,使幼儿了解农作物的名称及生长过程,也了解粮食来之不易,感受劳动人民的辛苦,产生同情心。如大班开展

"我要上学了"主题活动,利用幼儿园附近小学优势,带领大班幼儿进行参观小学活动,让幼儿切身体会做小学生的感觉,自己即将成为小学生的自豪感也油然而生。

2. 利用社区资源

在幼儿教学中,要转变观念,带着问题走出教室,走进生活,走进自然,让幼儿在社会大课堂中学会交往、学会生活、学会学习。如在"我是小小邮递员"主题活动中,让幼儿穿上邮递员的服装,戴上邮递员帽子,到邮局从给信盖章,到拣信、分信等工作中体验邮递员工作。如利用幼儿园周边银行设施,组织孩子到银行体验存款、取款、使用自动取款机等内容,培养孩子的金融理财意识。

3. 开展社区服务

生活在社区中,要走进社区,亲近社区,产生社区归属感,要有服务意识。如"社区清洁"活动,请幼儿和老师做一天社区清洁工,清理草地上的垃圾,为保护环境卫生出主意,为社区设计环保标志,等等。用自己的方式为社区做力所能及的事情,激发幼儿良好品德及行为习惯,这样的学习方式比坐在教室里听老师讲解要更加有趣、有效。

由于幼儿教育的特点,相比传统教育而言,幼儿园更加应该充分利用社区资源,开展各类教育活动,为当前幼儿教育教学注入新鲜血液和活力。社区与学前教育之间的关系应为共建共享共发,幼儿园要密切与社区的关系,就必须遵循优势发展、互益发展、整体发展、平衡发展等原则。应该继续深入挖掘社区中可用的教育资源,充分融入幼儿教育大纲,创新幼儿教学方式,满足幼儿与教师成长的需要,更能丰富幼儿园课程内容,从而提高幼儿园办园质量与效益。

(二) 中小学

与幼儿园相比,中小学整合社区资源开展教育活动中,范围更宽泛,主题性更凸现,教育内容更深入,教育的目的性更明确。如开展公民教育、德育、历史革命教育、科技信息教育等。

1. 区校共建

以学校教育教学为主阵地,以服务社区活动为平台,学校和社区相互融为一体,利用双方共享的丰富资源,开展学校社区共建活动,有利于维护社区稳定,促进学校和社区共同发展。如:开展"学劳模,从小树立责任心"活动,使学生明白做人要有责任感,办事要有责任心;参与"我是小小交通警"活动,让学生掌握交通指挥手势，增强学生交通法规意识，等等。这种社区与学校共建举行丰富多彩的实践活动，同学们走出教室，接触真实的社会，在广阔的天地里实践、探索、体验、创造，这种社会生活的体验、关注视野的开拓、合作学习的锻炼、创新能力的培养，是课堂学习无法比及的，必将使学生终身受用。

2. 区家校联动

联动教育机制是将学校、社会、家庭细化成有效的教育单元，建立联动教育路线图，使之对学生的教育在不同的角度、环境下形成一股合力，在学校教育的统领下达到教育学生健康成长的目的。学校、家庭、社会已经成为教育的三大支柱。因此，学校、社会、家庭要紧密结合，协调发展，紧密结合形成联动教育的合力，才能有更好的育人效果。如：有的学校在学校和社区开设联动的学生心理辅导室，学生出现心理问题可以向教师倾诉，也可以向社区的长辈咨询。建立区校一体的学生心理档案，能够使学校、社区及早发现存在心理问题的学生，通过直接和间接的辅导，帮助学生彻底解决心理问题和心理疾病，从而使他们能够健康快乐地学习和生活。

有的学校整合社区（家庭）人力资源，许多家长、社会人士都以"义工"的身份轮流到学校服务，有的辅助教学工作，有的协助进行学生管理，还有的在图书馆担任义工。这些来自社区或家庭的力量，很好地补充了学校教育在人力资源上的不足。充分借助家长委员会的力量，不仅为学校出谋划策，而且在学校教育管理中起着重要作用。

3. 校本教材

《基础教育课程改革纲要》中规定："学校在执行国家课程和地方课程的同时，应视当地社会、经济发展的具体情况，结合本校的传统和优势、学生的兴趣和需要，开发或选用适合本校的课程。"因此，利用丰富的社区资源进行开发校本课程研究，是当前教育改革的需要，是实施素质教育的必然结果，也是国家、地方课程的重要补充形式。社区资源可以有选择地进入校本课程中去，成为师生共同构建新知识和新教育的平台。

社区资源是学校建设校本课程的重要资源，依托社区的历史文化资源、社区特色资源建设研发校本课程，如有的学校充分发挥博物馆、纪念馆的重要作用，将博物馆、纪念馆办成学生公民终身教育的课堂，并通过参观陈列展览、知识竞赛、征文活动、科普夏令营以及编制通俗读物、校本课程等各种教育活动，让博物馆、纪念馆等社区资源成为青少年的第二课堂。中小学利用社区资源开展教育活动,更加注重活动内涵、形式以及对学生的影响,并且在此过程中,有了与社区的互动、共赢。此外,利用社区资源开发校本教材也是其中一个重要的成果。

六、研究思考

通过对幼儿园、中小学整合社区资源开展教育活动的梳理分析,课题组认为,要继续拓宽各类学校整合资源的模式和内容,不断探索和创新。

第一,要注重体系建设,逐步构建整合社区资源的整体框架。整合社区资源开展教育活动,是学校教育活动中不可分割的重要部分,要把两者有机结合起来,形成固定的框架,更好地发挥优势。

第二,依托社区资源开展教育活动,探索学生个性化教育。每个学生的思想道德水平和素养都是存在差异的,理解能力和学习能力也不尽相同,尤其是低年龄的学生,在整合社区资源开展教育活动时要因材施教,不能一刀切,使学生在活动中实现自我教育与学校教育、社区教育有机结合,促进个性化发展。

第三,反哺社区,服务社区。各类学校在整合社区资源开展教育活动的同时,应该发挥自己的反哺作用,在场所场地、设备设施和学习资源等方面予以鼎力支持。另一方面,发挥学校文化对区域文化建设的导航作用,鼓励并组织学校师生积极参与社区文化建设活动,引领、指导和参加地方传统文化体育艺术活动,实现学校文化的发展与区域文化发展的合作共赢。

参考文献:

[1] 何卫军.谈学校德育和社区教育的协调发展[J].辽宁教育,2017(10).

[2] 陆文泓.挖掘社区教育资源,搭建少先队活动舞台[J].德育探索,2017(4).

[3] 陈琼瑞.利用区域资源开展校本课程研究[J].教师之窗,2017(6).

[4] 房颖.社区教育课程设计与实施模式研究[J].成人教育,2017(10).

《社区资源融入社会主义核心价值观教育的实践研究》附件3

中小学开展社会实践活动的现状调查

一、调查背景和目的

社会实践活动是指以学生为主体,以完成一定教育任务为目标,以获得直接经验、发展实践能力、增强社会责任感为主旨的,面向社会、接触群众、联系实际的一种教育活动形式或学习活动。作为学校教育不可或缺的一部分,社会实践活动对课堂教学做了补充和延伸,是实施素质教育的关键环节,也是学生综合素质形成和提高的重要方式和途径。

《国家中长期教育改革和发展规划纲要(2010—2020年)》中多处强调,要在中小学阶段开展社会实践,并指出"人才培养要坚持教育教学与生产劳动、社会实践相结合"。上海市教委联合市精神文明建设委员会办公室、市青少年校外互动联席会议办公室等部门发布了《关于进一步落实中小学生社会实践工作的若干意见》,该文件对全面落实中小学社会实践工作的重要性以及开展社会实践工作的指导思想都做了详细阐述。

近年来,随着相关文件的出台,各学校重视和加强了学生社会实践活动的组织工作,学生参与社会实践活动的时间得到了更有力的保障,学生的综合素质也有了比较全面的提高。然而,不可否认,就目前中小学社会实践活动的开展情况来看,依旧无法满足学生和家长的需求,没有达到预期的效果。一方面,学校教育依然存在重智育轻德育、重课堂教学轻社会实践、重校内教育轻校外教育、重形式轻内容的倾向,以至于学校开展社会实践活动的过程中,仍然存在着比较大的问题。另一方面,随着时代的发展,社会实践活动基地的不断开发,家庭社会实践活动的日趋频繁,原有的学校社会实践活动的途径、方法和内容已经无法满足学生发展的需求。

为了使广大教育工作者更真实、客观、全面地了解目前社会实践活动存在的问题和成因,探索更为有效的社会实践活动的途径和方法,使中小学社会实践教育取得健康长足的发展,我们确立了《中小学开展社会实践活动现状的调查分析》研究课题,旨在了解浦东新区中小学生社会实践活动的现状,结合家长和学生对社会实践活动的需求和愿望,分析目前社会实践活动中存在的普遍问题、成因及解决对策,探索学校组织社会实践活动更为有效的途径和方法,从而真正提高学校德育活动的实效性,全面提升学生的综合素质。

二、调查对象和方法

本次调查的对象为浦东新区部分中小学的教师、学生及家长。针对国家、市、区对学校开展社会实践活动的要求,结合学校开展社会实践活动的实际,立足教师、学生、家长对社会实践活动的认知和需求,课题组通过讨论和研究,设计了教师、学生和家长三个层面的问卷。每份问卷由两部分组成:第一部分为选择题(单选和多选),主要是了解各中小学开展社会实践活动的现状及教师、学生、家长对现状的满意度;第二部分为主观题,主要是获取教师、学生、家长对开展社会实践活动的意见及建议。

本次调查,主要采用了网上问卷和纸质问卷相结合的形式。课题组把问卷公布在"问卷星"平台,在规定时间内,教师、学生和家长通过微信扫码的方式,进行不记名答卷。2017年6月,课题组又通过发放纸质问卷对信息采集进行了调整和补充。

三、现状分析与问题

2017年8月,课题组完成了信息采集和问卷统计工作。问卷回收情况如下:

课题组共收到教师有效问卷1 205份,其中小学教师755份,占比62.7%,中学教师450份,占比37.3%,涉及到50多所中小学,约占新区中小学总数的19%;家长有效问卷5 520份,其中小学家长2 440份,占比44.2%,中学家长3 080份,占55.8比%;学生有效问卷31 830份,其中小学生11 190份,占比35.2%,中学生20 640份,占比64.8%,约占新区中小学生总数的12.7%。从以上相关数据表明,本次问卷调查的结果具有较强的代表性。

问卷回收情况

类型	小学教师	中学教师	小学家长	中学家长	小学生	中学生
份数	755 份	450 份	2 440 份	3 080 份	11 190 份	20 640 份
占比	62.7%	37.3%	44.2%	55.8%	35.2%	64.8%

调查数据分析如下：

1. 学校比较重视社会实践活动，有改进社会实践活动的意识和举措。问卷显示，96.98%的学生认为学校每学期都会组织开展社会实践活动；51.45%的教师认为学校组织社会实践活动前每次都会征询老师的意见，36.10%的教师认为学校偶尔会征询老师的意见，而从来未被征询意见的和不清楚的老师分别占7.88%和4.56%；在家长问卷中，60.05%的家长每次都会收到学校的意见征询，23.55%偶尔会收到意见征询，而从来未被征询意见和不清楚的家长分别占8.42%和7.97%。被征询意见的教师和家长分别占到了87.60%和83.60%。由此可见，学校比较重视社会实践活动，基本上每学期都能组织学生开展社会实践活动，为了让社会实践活动更契合学生实际、满足家长需求，学校在开展社会实践活动之前也基本能征询教师和家长的意见，这也充分说明学校有改进社会实践活动的意识和具体的举措。

学生问卷第2题 你所在学校是否每学期都组织开展社会实践活动？

选项	比例
A. 是	96.98%
B. 否	3.02%

教师问卷第5题 学校组织的社会实践活动是否会征询教师的意见？

选项	比例
A. 每次都会征询	51.45%
B. 偶尔会征询	36.1%

续表

选项	比例
C. 从未征询过	7.88%
D. 不清楚	4.56%

家长问卷第8题 学校组织的社会实践活动是否会征询家长的意见？

选项	比例
A. 每次都会征询	60.05%
B. 偶尔会征询	23.55%
C. 从未征询过	8.42%
D. 不清楚	7.97%

2. 学生普遍喜欢参与学校组织的社会实践活动，基本明确社会实践活动的目的。问卷显示，80.49%的学生喜欢学校组织开展的各类社会实践活动，一般和不喜欢的分别占17.91%和1.60%。家长问卷中，认为孩子参加社会实践活动的积极性高的占85.69%，而一般和有排斥情绪的分别占14.22%和0.09%。数据充分表明，学生参与学校社会实践活动的积极性高，普遍喜欢参与学校组织的社会实践活动。此外，73.33%的学生在参与社会实践活动前学校布置了明确的实践任务，没有布置实践任务和不清楚任务的分别为13.38%和13.29%。可见，大部分学生有实践任务，明确实践活动的目的。

学生问卷第4题 你喜欢学校组织开展的各类社会实践活动吗？

选项	比例
A. 喜欢	80.49%
B. 一般	17.91%
C. 不喜欢	1.6%

家长问卷第 4 题　您的孩子对参加社会实践活动的积极性如何?

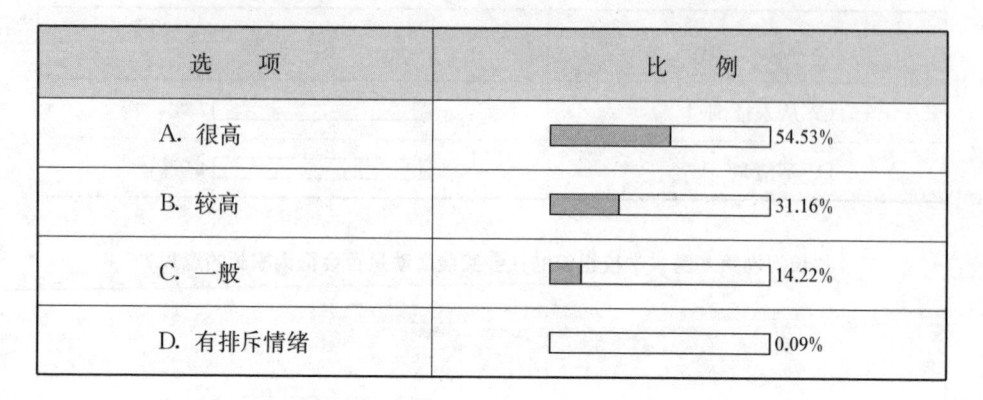

选　项	比　例
A. 很高	54.53%
B. 较高	31.16%
C. 一般	14.22%
D. 有排斥情绪	0.09%

学生问卷第 10 题　学校组织社会实践活动是否布置具体的实践任务?

选　项	比　例
A. 有	73.33%
B. 没有	13.38%
C. 不清楚	13.29%

3. 学生普遍认同社会实践活动是学校教育不可缺少的一部分,并认同社会实践活动对自身成长过程中的作用。问卷显示,64.66%的学生认为学校开展社会实践活动很有必要,30.54%的学生认为学校开展社会实践活动有必要,两者合计为 95.2%,充分说明学生认同社会实践活动是学校教育不可缺少的一部分。在回答多选题"你认为学校组织的社会实践活动给你最大的收益是什么"时,学生的回答依次是培养了良好的道德品质和社会责任感(75.59%),拓展了知识面和眼界(72.01%),增强了团队合作精神(71.72%),培养了创造意识和实践动手能力(64.28%),增强了沟通和交往能力(62.58%),有利于心理的健康发展(52.4%),提高了劳动技能(44.02%),强身健体(42.04%),其他(14.99%)。可以看出,学生普遍认为社会实践活动有利于提高自身的综合能力,有利于促进身心健康发展。

学生问卷第 8 题 你觉得学校开展社会实践活动有必要吗?

选 项	比 例
A. 很有必要	64.66%
B. 有必要	30.54%
C. 无所谓	3.68%
D. 没有必要	1.13%

学生问卷第 12 题 你认为学校组织的社会实践活动对你最大的帮助是什么?

选 项	比 例
A. 培养了良好的道德品质和社会责任感	75.59%
B. 培养了创造意识和实践动手能力	64.28%
C. 增强了沟通和交往能力	62.58%
D. 增强了团队合作精神	71.72%
E. 拓展了知识面和眼界	72.01%
F. 强身健体	42.04%
G. 提高了劳动技能	44.02%
H. 有利于心理的健康发展	52.4%
I. 其他	14.99%

4. 学生社会实践活动的次数偏少、时间不足。上海市课程计划规定开展中小学生社会实践工作的目标是:初中生每学年不少于 20 天、小学生每学年不少于 10 天。问卷显示,每学期参加 1~4 次社会实践活动的学生为 62.55%,每学期参加 5~10 次的学生为 32.83%,每学期 10 次以上的为 4.62%。如果把一次社会实践活动换算成一天的话(实际上,除了春秋游、学军学农学工和考察交流活动,一般的社会实践活动大多在半天),那么 62.55% 的学生每学年的社会实践活动不到 8 天,32.83% 的学生每学年的社会实践活动不到 20 天,只有 4.62% 的学生每学年的社会实践活动达到了 20 天左右。数据充分表明,学生社会实践活动的次数是偏少的,时间是不足的,特别是中学生。

学生问卷第 7 题 每学期你参加社会实践活动的次数是_____。

选　　项	比　　例
A. 1～4 次	62.55%
B. 6～10 次	32.83%
C. 10 次以上	4.62%

5. 社会实践活动的形式、内容与家长的期望和需求存在着一定的差异,不能满足学生的需求。问卷显示,目前各中小学开展的社会实践活动前三名依次为参观爱国主义教育基地(85.48%),参观各类场馆(84.65%),欣赏儿童剧或音乐会(77.59%)。但家长更希望孩子参加的社会实践活动前三名依次为科技创新活动(70.2%)、生活体验活动(67.84),志愿者服务活动(66.58%)。可见,目前社会实践活动的主要形式偏重于参观学习,更适宜亲子式的家庭实践活动,但家长期望学校开展的社会实践活动则偏重于实践体验,更适宜学校集体活动,更有利于培养学生的创造意识、实践能力和团队精神,所以说目前学校社会实践活动的形式、内容与家长的期望和需求存在着一定的差异。而在学生问卷中,只有 48.63% 的学生认为学校的社会实践活动能满足自己的需求,基本满足和不满足的分别占 45.05% 和 6.31%,占一半以上,说明学校目前的社会实践活动尚不能满足学生的需求。

教师问卷第 7 题 您所在学校组织的社会实践活动主要有哪些形式?

选　　项	比　　例
A. 参观爱国主义教育基地	85.48%
B. 志愿者服务活动	50.21%
C. 社区各类活动	56.85%
D. 参观各类场馆	84.65%
E. 科技创新活动	61.83%
F. 生活体验活动	52.28%
G. 欣赏儿童剧或音乐会	77.59%

续表

选项	比例
H. 社会调查活动	22.82%
I. 学军学农学工	19.92%
J. 国外考察与交流活动	19.5%
K. 其他	10.37%

家长问卷第11题 您更希望孩子参加哪些内容的社会实践活动_____。

选项	比例
A. 参观爱国主义教育基地	54.44%
B. 志愿者服务活动	66.58%
C. 社区各类活动	48.37%
D. 参观各类场馆	48.37%
E. 科技创新活动	70.2%
F. 生活体验活动	67.84%
G. 欣赏儿童剧或音乐会	44.84%
H. 社会调查活动	41.39%
I. 学军学农学工	36.32%
J. 国外考察与交流活动	31.52%
K. 其他	6.97%

学生问卷第15题 目前学校开展的社会实践活动满足你的需要吗？

选项	比例
A. 满足	48.63%
B. 基本满足	45.05%
C. 不满足	6.31%

6. 学校建立了社会实践活动的相关制度,但应急意识和事故预防能力有待提高,评价体系尚未完善。多选题"为了更好地开展学校社会实践活动,贵校建立了哪些制度?",教师的回答依次为"社会实践活动实施方案(87.14%)"、"学生外出安全管理制度(82.57%)"、"社会实践或单独应急方案(68.46%)"、"社会实践活动评价制度(63.07%)"、"其他(5.39%)"、"无(0.83%)"。以上数据说明,为促进社会实践活动的有序、有效开展,学校建立了社会实践活动的相关制度,如:社会实践活动实施方案、学生外出安全管理制度、社会实践活动应急方案、社会实践活动评价制度等。但数据比例说明,学校在制定社会实践活动有关制度时,存在重方案轻预案、重管理轻评价的现象,应急意识和事故预防能力有待进一步提高,评价体系还须进一步完善。

教师问卷第14题 为了更好地开展学校社会实践活动,贵校建立了哪些制度_____。

选项	比例
A. 社会实践活动实施方案	87.14%
B. 学生外出安全管理制度	82.57%
C. 社会实践活动应急方案	68.46%
D. 社会实践活动评价制度	63.07%
E. 无	0.83%
F. 其他	5.39%

四、问题成因与对策

问题一:学生社会实践活动的次数偏少、时间不足

成因分析:

1. 没有树立正确的育人观念。作为学校教育不可或缺的一部分,社会实践活动本应是课堂教学的补充和延伸,是实施素质教育的关键环节,也是学生综合素质形成和提高的重要方式和途径。开展社会实践活动,旨在培育学生获得直接经验、发展实践能力、增强社会责任感,是一种着眼于学生终身发展的科学的育人观。目前,虽然许多学校把一部分社会实践活动排入课表,作为常规性工作,但有些是流于形式,作为任务来完成的,忽视了中小学生开展社会实践的真正目的和意义。再加上对高升学率的追求,学生课业压力大,学校组织学生社会实践的次数偏少;甚至存在以"教学""升学"为借口,挤占学生的社会实践活动时间的现象。而这些现象背后所透露的,是对于科学育人观念的理解存在偏差或欠缺,因而忽视了社会实践的开展与实施,导致学生参加社会实践活动的时间难以保证。

2. 没有建立健全的保障机制。中小学生课外实践活动,需要场地、设施、器具、经费等物质保障。但因客观原因限制,在有些区域和学校,尚不能充分得到支持和保障。同时,中小学生课外实践活动开展的制度保障在现阶段也没有充分建立健全。如项目、种类、内容、途径、要求、社区和家庭所需提供的资源和支持、考核评估指标等尚缺乏系统的要求和标准。在缺乏充分的物质保障和制度保障的情况下,中小学社会实践活动的时间、数量和质量就受到较大的限制。

3. 没有系统建立组织协调机构。社会实践活动的内容丰富、涉及面广,在大量社会中间组织尚未生成之际,区级层面虽然做了不少统筹协调学校、家庭、社区教育的工作,更多的却还是出于对教育的热心、责任感所为,其组织功能也还未能得到更好的发挥;且还受到人力、财力的局限,不能满足所有学生需求,尽可能多地开展社会实践活动。

对策:

1. 切实转变观念,树立着眼于学生终身发展的科学的育人观,致力于学生综合素质形成和提高。通过政策导向机制和多方位的舆论宣传,形成点、线、面的带动局面,使广大教育工作者和社会各界都能够认识到,在新形势下加强社会实践活动对于全面提高学生素质的重要作用与意义,牢固树立着眼于学生终身发展的科学的育人观,切实转变对社会实践活动的认识。

2. 健全保障机制,全力做到"两个到位",保证学生参加社会实践活动的时间和次数。对中小学生参加社会实践活动要形成规范的制度,全力做到"两个到位"。一是政策扶持和约束到位。教育部门要根据国家教育部门的要求,制定切合本地区、本单位、本部门实际的措施,如开展中小学生社会实践活动时间和次数的专项规定,建立相关的奖惩制度等等,促使社会实践教育任务得到具体落实。二是课程要安排到位。严格要求各中等学校全面开设社会实践课程,必须一律开齐、开足,保证社会实践教育不虚不空。

此外,中小学生社会实践活动在学校必须有哪些基本的项目、种类、内容、途径、要求、考核评估指标等;在家庭中必须做哪些事,达到哪些基本的规定要求;在学校所属社区必须作为社会服务做些什么;中小学生节假日,必须组织哪些活动,学校、家庭、社区应该怎样配合……这些都需要教育部有科学明确的规定,以刚性的保证措施来规范教育管理部门、学校、家庭、社区组织开展学生课外实践活动必须履行的责任、必须完成的任务。

3. 学校所在区、社区、社会实践基地建立统筹协调的组织机构,组织开展丰富多彩的学生社会实践活动。中小学生社会实践涉及学校、家庭、社区和教育主管部门各个层面,需要建立统筹协调的组织机构,形成合力,才能全面、可持续开展。注意研究和推广中小学生家、校、社区、实践基地联动的课外实践活动的成功经验和做法,学校通过宣传,使家长、社区成员、社会实践基地等更多的人与机构,积极参与、支持、组织学生社会实践活动。

问题二: 社会实践活动的形式、内容与家长的期望和需求存在着一定的差异,不能满足学生的需求。

成因分析:

1. 活动形式单一,不能满足学生和家长的需要。随着社会的不断进步和发展以及人民生活水平的不断提高,家长对孩子的培养观念也发生了根本的改变,由原来重点关注孩子的学习状况逐渐过渡到了关心孩子的身心健康、情感世界、意志品质等一些非智力因素。家长热衷于利用双休日或假期带着孩子外出旅游、踏青、参观博物馆、动物园等,让孩子开阔眼界、培养情操的同时,加深与孩子之间的感情。因此,对于学校组织的社会实践活动,无论对其活动内容还是组织形式,家长都有着比以往更高的要求,更希望通过实践锻炼孩子,使其学会做人、学会办事、学会合作、学会创造,以便在今后的人生道路上更具竞争力,顺利完成课堂与社会的角色转换,而不仅仅是让孩子开开心心地去,平平安安地回来。同时,就学校组织的实践活动的内容而言,没有持续的创新性,也会使得学生逐渐丧失对于这些活动的兴趣与热情,缺乏积极参与的内在动力。

2. 缺乏系统思考,没有发挥社会实践活动的德育功能。部分基层学校在社会实践活动组织形式的认识上还存在着比较大的误区,以为社会实践活动就是春秋游、参观场馆公园等少数几项常规性的活动,学校只要定期组织安排就行。甚至还有的学校把社会实践活动当作一项不得不完成的任务,因此在安排活动时,就不会去深入研究何种实践活动会促进学生能力的发展、创造力的培养,往往会忽略了在这过程中去提高学生的道德水平,发挥它的育德功能。

对策:

1. 丰富社会实践活动的形式,满足学生和家长的需求。作为实施素质教育的重要途径之一,社会实践活动不仅仅是引导学生走出校门、接触社会和自然,让学生在这过程中放松心情、增长见识,更是促进学生健康成长、提高学生综合能力的有效途径。因此,对于学校来说,在选择组织社会实践活动时,要根据活动目标任务、学生实际、教师能力等综合因素,精心组织、灵活安排、有效开展,通过形式多样的实践活动,如参观实践、社会调查、节日考察、爱心劳动、比赛活动等,满足学生及家长的需求。鼓励学生自主选择、主动参与,引导学生在社会实践活动过程中善于发现问题、勇于解决问题,并在解决问题的过程中学会观察、研究、思考,学会与他人相处、合作分享,在这过程当中获得实践体验的快乐,并不断完善自我,提升自我。

2. 探索社会实践活动与德育教育相融合。社会实践活动是学校德育的一条重要途径,通过两者相结合,以最大限度地发挥社会实践活动的德育功能。因此,学校在组织安排学生参加社会实践活动的时候,要有计划地融入德育教育,这不仅对社会实践活动的效果产生积极的影响,发挥其育人功能,同时也有利于增强德育教育的针对性和实效性,有利于提高学生的道德水平。因此,在设计实践活动时,要从学生学习的实际出发,尽量让学生走出校园,走向社会,以完善和发展学生的道德行为为目的,通过参观如敬老院、爱心学校、烈士陵园等社会实践活动基地,增强学生服务社会的意识与能力,树立正确的道德意识和刻苦的实践精神,帮助他们内化道德规范。

问题三:社会实践活动的制度不够完善,成效不够鲜明

成因分析:

1. 基层学校缺乏制度的规范意识。社会实践活动是一门走出校园的非学科综合性体验课程,它具有实践性、开放性、生成性等特点,导致突发事件多,因此对学生行为规范和安全方面的要求更高。规范的制度不但能规范学生的行为,确保学生活动中的安全,更能提高活动的实效性。但是,目前有很大一部分学校只是为了完成上级规定的任务,为了应付各类检查和考核,只是为了活动而活动,为了资料而资料。导致很多学校只有社会实践活动的实施方案,甚至只有简单的活动计划或活动安排,根本没有形成相关的制度。有些学校虽然对社会实践活动的组织管理、学生安全、奖励方法等方面有要求,但是制度的随意性较强,只是在每次方案中简单要求,缺乏整体思考,没有系统化、文本化。一部分学校制定的相关制度也存在重方案轻预案、重管理轻评价的现象。

2. 教师缺乏对制度的执行力度。教师是制度的监督者,更是制度的执行者。但是,目前很大一部分学校只是把制度当成了一个文本,缺少对制度执行的指导、监督和考核,导致教师对制度的执行力度不够。如:很多老师只知道有"社会实践活动应急预案",对"预案"中的内容一概不知,如果真的遇到意外就束手无策,出现了不少家长因学校意外事故处理不当而和学校打官司的案例;很多学校虽然要求教师对学生社会实践活动做有效指导,但是很多情况下,教师只是起到了陪同看管的作用,特别是春秋游实践活动,很多情况下学生都只是在导游的指导下开展活动。

对策:

1. 学校要加强社会实践活动的组织管理和制度建设,保证活动的有序开展。首先,学校德育部门要成立"德育主任—大队辅导员—年级组长"学生社会实践活动三级领导小组,并共同制定、修改和完善学生社会实践活动的相关制度,如:《社会实践活动实施方案》《学生外出安全管理制度》《学生社会实践活动应急预案》《学生社会实践活动评价制度》《社会实践活动带队绩效考核制度》等;制度的制定要做到一个"全":各个制度涉及的内容要全;两个"细":对教师的要求要细,对操作的方法要细;三个"征":征求家长的意见、征集学生的智慧、征得教师的认同。其次,要形成有效的工作机制。活动前由德育主任组织班主任或活动指导老师进行相关制度的学习,班主任或活动指导老师要组织学生进行相关制度的学习;活动时,年级组长要做好相关制度的推进和检查工作,班主任或活动指导老师要做好辅导工作;活动后,班主任或活动指导老师要组织做好活动的各项评价,年级组长要反馈制度落实情况,并对班级活动进行考核,少先队大队部要做好典型个人和典型集体的表彰工作。

2. 要进一步研究学生社会实践活动的激励评价机制,提高活动的时效性。提高活动实效重要的一项举措就是对学生的激励评价,社会实践活动更需要建立完善的激励评价体系,建立合理、客观、系统、积极的评价机制。首先,评价的角度要广,我们可以事先通过任务单的形式,对学生社会实践活动的行为规范、实践内容等做详细的要求,让学生明确实践活动的目的,活动结束后可以从学生行规、任务完成情况(主动探究、小组合作、达成度)等角度进行评价;其次,评价的对象要多,可以让学生根据事先提出的要求进行自我评价,给学生一种自我价值的承认与肯定,确立他们对社会实践的兴趣及信心。组织学生相互评价,这样既能大大激发学生的参与热情,又能大大提高学生的社会实践水平,形成相互学习、相互监督的氛围;第三,根据学生参与社会实践活动的不同类型,还可以适当增加实践基地评价、任务指导老师评价、导游司机评价等;第四,教师应综合各级评价结果,按一定比例对学生进行等级评定,对于优秀的社会实践活动典型可以通过颁章、升旗仪式表彰、红领巾广播学习等形式加以表扬和肯定,从而激发同学们学习、实践的积极性,形成良性循环。

《社区资源融入社会主义核心价值观教育的实践研究》附件4

利用农耕展示馆进行社会主义核心价值观教育的实践思考

一、背景分析

　　社会主义核心价值观是中华民族的道德精髓,体现了中华民族的传统美德和民族节气。在农耕展示馆内可系统、形象、直观地了解农耕文化历史及主要农作物知识,里面有模拟制作的从耕耘、播种、管理、收割、脱粒、归仓整个过程劳动的动画场景。馆内收集展示了耕地工具、播种工具、灌溉工具、植保工具、施肥工具、运输工具、收割工具、盛放工具、脱粒工具、翻晒工具等具有江南特色的农耕工具,可以让学生了解传统农耕文化,熟悉祖辈们的劳作工具、生活用具,切实感受过去人们无穷的智慧和伟大的力量。

　　我们所在地区的学生,虽然都是农民的后代,但是随着时代的发展,特别是开发、拆迁和城市化进程的大推进,他们已经远离了传统的农耕生活,不了解农田耕种,不认识传统的农耕工具,男耕女织的田园生活他们知之甚少,历代农民身上那种勤恳、奋斗、执着等闪光品质他们也不甚了解。我们觉得,时代的进步、农业科技的快速发展,不能影响我们对传统农耕文化的精髓的记载和传承,这对于培养学生的爱国爱家乡情怀,培养他们勤劳敬业等精神品质是相当有益的。

二、实践过程

(一) 目标

　　通过农耕展示馆主题活动的设计和实施,探索学生认识农耕工具、了解农耕文化的途径和方法,让学生认识农耕展示馆里的农耕工具,了解过去家乡劳动人民的劳动生活和农耕习俗,感受劳动人民的勤劳俭朴和聪明才智,培养学生的自豪感,从而积淀学生对家乡的热爱之情,培养他们的刻苦学习、勤劳敬业精神。

(二)内容

1. 农耕展示馆主题活动的设计

时间	主题	形式	对象	目标	场馆资源利用情况说明	预期成果
5月	童眼看展馆——认识家乡的农耕工具	农耕展示馆参观	3~8年级	认识农耕展示馆里的农耕工具,了解家乡劳动人民过去的劳动生活,增强自豪感,培养爱家乡情怀。	参观农耕展示馆,认识里面的农耕工具	农耕工具摄影作品;农耕工具使用推介会
10月	快乐大走访——了解家乡的农耕工具文化	社会小调查	3~8年级	通过对农民家庭的走访,了解过去的农家生活,感受劳动人民过去的艰苦生活,培养小学生的勤劳俭朴意识。	通过走访,结合农耕展示馆中所了解到的农耕工具和农耕习俗,互为融合,提高认知。	调查小报告;小报设计作品
12月	未来大畅想——热爱家乡的农业未来	"科技创造未来"征文大赛	3~8年级	发挥想象,憧憬未来,通过科技创想大赛让学生充分想象未来的美好,从而从小立志,建设更加美好的家乡和国家。	通过展示馆中的农耕工具所具备的功能,从而畅想未来如何扩大其功能且具备更高的未来科技,展示馆的工具为畅想基础。	学生征文;未来农业科技想象画

2. 实施途径和方法

(1)活动组织形式

① 主题教育活动:班主任根据活动主题设计主题活动方案,以主题教育活动的形式,开展各项主题活动,让学生在班主任的教育和引导下,更好地参与到各类活动中,取得更好的教育效果。

② 社会实践活动:要组织学生走出校门,走进社会,在社会大课堂中深入体验。如家乡农耕馆的参观活动,如农耕文化的小调查活动,等等,让他们在参

观走访中增加见识，提高认识。

③ 各类比赛竞技活动：举办摄影作品比赛、小报评比、征文比赛、想象画比赛等多种比赛，让学生在积极参与的同时培养竞争意识，也可在参评获奖的过程中培养自信心和表现力。

(2) 多种评价方式

① 规范达标：对参与活动的体会、摄影作品等进行展示，对学生在活动后的目标达成度进行评定。

② 评比表彰：对各类比赛活动进行评比，对优秀作品的作者进行表彰。

③ 示范宣传：综合各类活动，评选出活动小标兵、校园之星，与各类比赛优秀作品一起，利用学校的宣传廊、广播台、学校网站、校园电视直播等进行宣传辐射，从而起到示范引领的作用。

三、实践成果

(一) 学生认识了很多传统的农耕工具，知识得到拓展，能力得到培养

通过家乡农耕展示馆系列活动的开展，学生从原先对传统农耕工具基本不认识的情况，到活动开展一个阶段之后，大家都能认识一些传统的农耕工具。特别是农耕工具摄影作品的收集过程中，我们的学生与自己的爸爸妈妈一起，到还没有拆迁的农民家庭中走访，寻找现在还留有的一些传统农耕工具，对这些农耕工具进行拍摄，并从农民老爷爷老奶奶那里了解这些农耕工具的使用方法以及功能功效，等等，亲眼所见加亲耳所闻，让学生对这些农耕工具充满好奇，记忆也尤为深刻。一些现在还可以找到的传统农耕工具，比如镰刀、锄头、竹篮、簸箕等，孩子们都能如数家珍了。在之后的农耕工具使用推介会上，孩子们一个个上台，声情并茂地介绍自己所拍摄的农耕工具，把从农民老爷爷老奶奶那里了解的知识传播给其他的同学，让大家都来认识这些农耕工具。亲身实践去寻找到的农耕工具，亲手拍摄的农耕工具照片，让孩子们充满成就感，也对这些农耕工具充满了感情，他们互相交流，互相欣赏，不知不觉中认识了很多传统农耕工具，也大致了解了这些工具的使用方法。

(二) 了解了不少农耕文化知识，感受到了农民身上的闪光特质，特别是敬业精神的培养

在童眼看展馆、快乐大走访等活动中，孩子们不仅认识了不少农耕工具，更在参观听讲解、调查听介绍的过程中了解了很多农耕文化知识。他们知道了以前水稻种植都是需要育苗和插秧的,偌大一块水田,秧都需要农民们一棵一棵去播种到田里。在炎热的夏天,太阳炙烤,农民需要弯着腰,一行一行,边插秧边后退,就像绘就一幅极大的图画,一笔一笔,把它慢慢完成。腰酸背疼,忍着,汗流浃背,忍着,被蚂蟥咬了,忍着,手啊背啊被晒得脱皮了,还得忍着。他们身上的那种勤奋、坚忍、执着、今天的任务一定要今天完成的信念决心,让孩子们极为钦佩。而农民一年四季都要在农田中不停耕耘,依靠农田收成来改善生活,他们虽然辛苦,却依然乐天开朗,对生活充满热爱。农民身上的这些闪光特质,都深深地震撼了我们的学生。

(三)学生对未来充满信心,立志为建设更加美好的家乡和国家而努力,提升了爱国情怀

在认识了传统的农耕工具,了解了家乡的农耕文化的基础上,我们开展了对家乡的农业未来进行头脑风暴的"未来大畅想"活动,让学生们结合之前了解到的农耕工具所具备的农业功能和农业知识,充分发挥想象,憧憬未来,畅想未来的高科技农业。孩子们天马行空,在征文活动和未来农业科技想象画比赛中,把自己的创意设想淋漓尽致地进行了表达。如五(1)班的单同学是这样写的:

"现在的农业耕作方式比较落后,农民伯伯春天要在地里耕地、播种。生长期间还要下地除草、杀虫、浇水。到了秋天才可以收获庄稼。辛勤劳作大半年,才能获得收成。而收成的好坏,还取决于天气。如果干旱、少雨,或者发生洪涝灾害,这点收成也就没什么指望了。

"未来的农业又是什么样呢?二十年后的一天早上,农民伯伯吃完早饭,带着他的机器人助理'小黑'下地去了。到了地里,农民伯伯按下遥控器按钮'播种',机器人就开始工作了。只见它迅速地翻地,播下有机种子,又浇上了水。大约一小时后,种子就开始发芽,尽情吸收阳光雨露,疯狂地生长。又过了几个小时,庄稼开始抽穗了,长势喜人,农民伯伯看了高兴得合不拢嘴。下午5点钟的时候,麦子就已经成熟了。微风吹过,金色的麦浪朝人们频频点头、微笑致意!这时候,农民伯伯笑着按下'收割'按钮。助理'小黑'就开始紧张有序地工作了。短短半个小时的时间,'小黑'就完成了收、碾、磨三道工序,并把磨好的面粉放入了仓库。

"晚上,饭桌上摆满了美味佳肴,其中那盘香喷喷的饺子就是用今天种的麦子做的。这种麦子磨出的面粉,不仅口感好、筋道,而且营养丰富。一家人围坐在桌旁,品尝着美味、营养的食品,禁不住啧啧称赞:还是现代农业好,当天种、当天收。有机种子有魔力,生长周期短,营养价值一样好。机器人'小黑'也不赖,地里的活全靠它,省时省力还听话!

"这就是未来的农业,很奇妙吧!有机种子、机器人将成为人们的好伙伴。只要人们有勤劳的双手,聪明的头脑,在不久的未来,一定会拥有这样的美好生活!"

四、讨论与分析

(一)传统农耕文化熠熠闪光,我们必须记载和传承

在我们的调查报告中,我们了解到孩子的爷爷奶奶一辈都是农民一代,但是孩子的爸爸妈妈已经很少接触农业,而我们的孩子们更是与农业生活基本远离,他们对于家乡的传统农耕生活知之甚少。但是在传统的农耕文化中,有很多熠熠闪光的东西,不可以随着时代的发展而忘却,应该把它们好好地记载和传承下来,让我们这些农民后代的孩子,也得到熏陶和培养。比如传统农耕工具的产生,都是在农民的实践劳动中摸索和发明创造出来的,体现了农民的勤劳智慧,这种实践产生创造的精神需要传承。比如农民在田间耕种劳作的过程中所展现出来的勤劳、坚忍、俭朴、敬业的精神品质,更需要现在娇生惯养的新一代孩子们来学习和培养。

(二)农耕文化的记载学习迫在眉睫,学校应该担起重任

学校作为培育和实践社会主义核心价值观教育的主要阵地,就要在这样的重要时刻承担起责任来,充分地利用好家乡农耕展示馆这样的教育场馆,充分地发动孩子们到爷爷奶奶那里去获取关于农耕文化的相关知识,把最生动鲜活的农耕文化情景、最有趣活泼的农耕文化故事保留下来,并进行科学的分析整理,形成传统农耕文化的相关教本和教育方案等,把这些教育资源变成学校践行和培育社会主义核心价值观的重要载体进行宣传、组织教育。我们不能让传统农耕文化随着时代的发展而流失,而让传统农耕文化的精神精华在时代的发展变化中不断映射出时代的特质,成为我们家乡农民后代身上应该具备的精神品质。

（三）社会主义核心价值观教育与传统教育场馆资源的融合，可以更好助推学校的特色发展

小学生的思想道德观念还未成形，他们的人生价值观念还未形成，面对信息时代，新生事物层出不穷，好的坏的各类信息不断冲击碰撞，如何对他们进行教育指引，帮助他们学会观察、学习、辨别，学会接受正面教育，形成正确的三观，从而坚持正确的人生方向，是学校需要思考和实践的重要课题。像家乡农耕展示馆这样的传统教育场馆，里面的农耕工具展示，农耕文化介绍，汲取了源远流长的家乡传统农耕生活中的生活和思想精髓，思想内涵极为深厚，活动外延又极为广阔，学校可以充分利用好这样的场馆，开发建设活动课程体系，将场馆中的文化精髓与学校的育人目标相融合，不断地进行实践探索，寻找到适合本地学生学习成长的教育教学模式，寻找到适合学校专业发展的努力方向，从而在借助场馆进行实践体验的过程中，推动学校的特色和内涵化发展。

（四）社会主义核心价值观的培育和践行，是一项长期育人目标，要不断传承，要不断更新

在利用家乡农耕展示馆进行社会主义核心价值观教育的过程中，我们让学生认识传统农耕工具，了解传统农耕文化，在丰富多彩的活动过程中，学生们不仅通过学习感知更加了解家乡，热爱家乡，热爱祖国，培育了孩子们的"爱国"情怀，也在不断深入实践中了解和感受到了劳动人民身上的勤劳、俭朴、尽责等思想品质，在一定程度上培养了孩子们的"敬业"意识。一系列围绕家乡农耕展示馆而开展的实践体验活动，很好地体现了学校在培育和践行社会主义核心价值观教育过程中对学生进行"爱国""敬业"两大教育点的深入渗透，并取得了卓然的成效。

《社区资源融入社会主义核心价值观教育的实践研究》附件5

社会主义核心价值观教育与社会实践活动相融合的研究

党的十八大明确提出"三个倡导",强调要积极培育和践行社会主义核心价值观。学校是进行社会主义核心价值观教育的主阵地,应当把社会主义核心价值观教育融入到学校教育全过程。社会实践活动作为学校教育的重要组成部分,可以让学生走出校门,在广阔的社会大课堂中接触社会、体验生活、感受时代气息、获得知识技能、得到品德锤炼、陶冶艺术情怀。充分发挥好社会实践活动功能,把社会主义核心价值观教育与其互为融合,可以更好地实现育德价值,从而培养出更具时代性的全面发展的现代少年。

一、挖掘校本特色,将社会主义核心价值观教育融入主题教育实践活动中

主题实践活动是社会实践活动最常见的形式之一,可以根据学校德育工作中多年实践积累而形成的特色主题、特别模式、品牌项目等,注入社会主义核心价值观体系的育德因素,从而使学校的德育品牌得以进一步拓展延伸,更具时代性和生命力。结合我校多年的特色主题教育实践活动,可组织开展如下活动来进一步深化社会主义核心价值观教育。

"四小行动,红色寻根"活动:我们把积极培育和践行社会主义核心价值观教育的理念融入其中,给"四小行动"赋予了新的形式和内涵。"小小讲解员"活动,让学生在讲述革命历史的过程中,充分感知家乡辉煌的红色历史,感受为了祖国解放全国各地掀起的阵阵爱国浪潮,感受为了祖国和家乡的解放和繁荣富强,一代代革命儿女和建设人才付出的血汗和智慧。"小小艺术家"活动,让学

生利用家乡的芦苇制作精美且有创意的芦苇画,更可结合社会主义核心价值观,制作"爱国、敬业、诚信、友善"的系列芦苇画,以孩子的视角和灵巧的双手,展示对社会主义核心价值观的理解和诠释。"小小炊事员"活动,我们以假日小队活动形式,让学生与家长一起学习烧饭烧菜,并组织到野外野餐活动,让他们感知美好生活的不易,学会合作,真诚相待。"小小侦察员"活动,以寻访芦苇丛中的革命足迹的形式,听战斗故事,寻烽火足迹,高唱起爱国爱家乡的红色歌曲,红色的革命历史教育在不经意中深深烙入学生的心灵。

"家乡的回忆"系列主题教育活动:家乡身处临港开发腹地,日新月异的变化让学生迫切需要把家乡"昨天、今天、明天"的变化好好牢记。结合社会主义核心价值观教育,我们开展"记录家乡"系列活动,让学生牢记祖国和家乡的变化,感受更加富强、文明、和谐的新生活。"我是小考察员"——带领学生感受腾空而起的东海大桥,领略碧波万顷的滴水湖,走入上海汽车企业感受现代化汽车的组装过程。"我是小记录员"——孩子们用手中的相机记录下家乡的变化,记录下身边的美景,以小记者报道的形式写下心灵的震撼。"我是小实践家"——走出校门,来到社区,为社区争创文明城区进行义务宣传,与民警叔叔一起进行外来人口登记,为社区的文明和谐献力。"我是小梦想家"——走进中国航海博物馆,了解最先进的航海科技知识,开展船模车模比赛。走进海洋大学和海事大学,感受大学校园内浓郁的学术氛围和建筑风情。在开阔学生视野的同时,也帮助他们从小树立理想,为长大后建设更加富强昌盛的祖国而努力。

二、联合场馆资源,将社会主义核心价值观教育融入社区基地活动中

社区实践基地是学生体验社会生活、提升操作技能和社会实践能力的重要活动平台,也是实践社会主义核心价值观教育的重要载体。我们联合社区的基地场馆,构建德育基地网络,开展系列活动,深入推进社会主义核心价值观教育。

春红园艺场——热爱生命、善待生命:春红园艺场花团锦簇,绿意盎然。我们带着学生来到其中,在技术员的指导下,开展"学学认认小植物""我是小小园艺师"等活动,让孩子们懂得关注每一个生命,学会尊重教师、关爱同学,开创充满爱的绿色世界。

空军部队——责任意识、意志锻炼：在空军部队基地活动中开展"学军人，整队容"行动，让孩子们"敬规范的队礼、有整洁的仪表、踏有力的步伐、喊响亮的口号、唱嘹亮的队歌"等队容队貌训练活动，从而锻炼他们坚强的意志，感受学好本领保家卫国是每一个公民的责任。

红色主题馆——继承传统、爱国爱家：在烈士墓碑前，我们举行庄严肃穆的清明祭扫仪式，鞠躬、献花圈、呼誓言，用心接受革命史情的熏陶。走进展馆，学生们为大家带来倾情讲述，用少年的激情表达对家乡的热爱，展现少年的风采。

家乡农耕展示馆——勤劳敬业、努力奋斗：农耕展示馆内模拟呈现了耕耘、播种、管理、收割等整个劳动过程的动画场景，学生们通过参观了解过去家乡的农耕工具，亲身感受农耕工具的运作方式和科学原理，又通过社会实践小走访，从农民爷爷奶奶叔叔伯伯那里感受劳动人民的不易，从而让他们知道唯有勤劳敬业、努力奋斗才能创造更美好的明天。

三、倡导自主自动，将社会主义核心价值观教育融入学生社团活动中

学生社团是学生自主服务、自主管理、自主提升的一种自发性组织形式，可以让学生展示智慧才华、锻炼实践能力、互为学习帮助、团队合作提升，它在发展学生的交往合作能力、增强社会经验和全面提高能力方面起着重要作用。将社会主义核心价值观教育活动融入学生社团活动中，可以更好地发挥学生的主观能动性，通过自身的体验和实践，将社会主义核心价值观进行充分内化。

"小足球"社团：足球是我校的传统品牌项目，除了聘请专业教练组建的足球梯队以外，各个班级也自发组建了不少小足球社团。他们在彼此互约对战的同时，也走出校门参与各类足球竞技和嘉年华活动等，足球成为学校的一股潮流、一种精神。足球小社团的孩子们心中牢记着习近平主席"中国世界杯出线、举办世界杯比赛及获得世界杯冠军"的三个愿望，他们把足球运动中的拼搏奋进作为自己愿祖国富强、足球雄起的一种精神源泉。

"琴棋书画"社团：艺术让生活充满浪漫色彩，琴棋书画社团则让学生们散发出优雅又睿智的气质。学校的围棋社团中学生们斗智斗勇，在黑白世界中展示谋略。电子琴社团的学生们轻抚琴键，美妙乐声如行云流水。儿童画社团的

学生以爱美的心和灵巧的手描绘着精美画卷。在这些社团活动中,学生们接受着艺术的熏染,感受着彼此的合作和竞争,感受着社团成员之间的友善和共同志趣的情投意合。

"魅力芦苇"社团:魅力芦苇,是我们学校多年的艺术教育特色,利用家乡的芦苇,制作精美的艺术作品,是魅力芦苇社团孩子们爱生活爱家乡的一种情怀寄托。他们制作芦苇风车、举行包粽子比赛、进行芦苇剪贴画创意大赛等,用一种执着敬业、认真投入的精神创造出他们心中最美的"魅力芦苇新世界"。

四、发扬服务精神,将社会主义核心价值观教育融入社区志愿服务中

志愿者服务活动是指在课堂教学之外,学生运用所学知识参加的各类志愿服务活动。我们组织学生走进社区,参与社区的公益宣传、公益劳动、文艺展演等,学生们运用自己的知识、才能和主人翁精神,为社区的文明和谐献一份力量。在社区志愿服务活动中,学生用自己的亲身参与体验社会主义核心价值观,用小主人翁精神来体验社会责任感和使命感。

"红马甲"天使行动:穿上红马甲,我们的守护交通秩序小天使们走上街头,在交通繁忙的十字路口担当交通疏导员。他们手挥小红旗,劝诫想要闯红灯的爷爷奶奶叔叔阿姨要遵守交通信号灯,为他们讲解交通文明规则。他们手拿"文明签名行"的承诺板,让社区的居民进行文明交通签名承诺活动。小小少年,用他们的责任心,伸出温暖的小手牵起社区居民的大手,让大家共同为社区的文明出行尽力。

关爱孤老行动:我们与养老院建立了长期的活动合作关系,经常带着学生走进养老院,为那里的孤老们带去关怀、送去欢乐。为爷爷奶奶送上精心准备的节目,为他们梳梳头剪剪指甲,与他们一起包馄饨吃馄饨。对孤老们的友善关爱,让孤老们感受天伦之乐,更在孩子们心中播下爱的种子。

社区展演活动:社区周周演活动,是社区居民的文化大餐,不仅丰富了居民的休闲生活,更为他们带来精神上的愉悦和道德情感认知上的共振。我们的学生是社区周周演的主力军,他们小小的身影经常活跃在大舞台上,用优美的童声赞颂祖国的伟大、生活的美好,用绚丽的舞姿展现生命的活力,用娴熟的乐器演奏流动的音符,用少年最真挚的话语传递真、善、美。

社会实践活动的形式和内容可以灵活多样,除了以上这些活动以外,我们还可以组织其他各类丰富多彩的活动,比如春秋游活动、社会考察活动、军政训练活动等,从而构建更加饱满丰盈的社会实践活动体系。社会实践活动深受学生喜爱,是锤炼学生全面素养的重要舞台,是实现学生全面发展的重要平台。把社会主义核心价值观教育与社会实践活动相融合,可以真正从学生主观出发,以学生喜闻乐见的活动形式,把教育化为最生动的活动体验,把社会主义核心价值观内化为学生最真实的自我感悟,实现社会主义核心价值观教育的"润物细无声"。

《社区资源融入社会主义核心价值观教育的实践研究》附件6

以桃为媒　润德无痕

《中小学德育工作指南》也这样指出：要积极争取家庭、社会共同参与和支持学校德育工作，助力广大中小学生健康成长。社会主义核心价值观之爱国主义情操的产生，源于对"生于斯，养于斯"的家乡的热爱，是对家乡爱的升华。爱家乡就是爱祖国的具体表现。可见，学校教育和家庭教育是相辅相成、不可分割的，构建家校合作平台，能促进学生爱祖国爱家乡的情怀，也是推进素质教育的有效途径。

一、"桃"香满园

这里素有"桃源之乡"的美称，是有名的蜜露桃之乡。学校大部分家长都是当地种桃能手，有的还是技术专家，他们身上蕴藏着巨大的教育能量。而我们的学生从小生活在"宅前屋后皆蜜露"的桃乡之中，从小受到桃文化的浸润。因此，我校依托地域优势和家长资源，挖掘家乡"桃文化"的丰富内涵，用课程的形式把"桃文化"引入校园，引入课堂，丰富学生学习生活，完善学校课程结构，提升学生综合素质。

"桃文化"校本课程自2008年启动至今，已经初步形成一门比较完整、规范、有特色的课程。学校编写了《我爱家乡水蜜桃》《桃之源》《桃之韵》《桃之美》等5本校本教材，课程根据不同年级学生的年龄特点、能力状况，确定相应的活动主题，分年段实施。低年级段主要以《桃之美》校本教材为载体，了解有关桃的知识，中高年级段以《桃之源》《桃之韵》和《我爱家乡水蜜桃》英语读本三本教材了解"桃"的历史、文化内涵等。我们又创编了《我爱家乡水蜜桃》德育主题活动校本教材，依托家长资源，带领学生开展各类校内外"桃文化"主题教育活动。

"桃文化"校本课程实施至今,已然成为我们学校的特色课程。

二、"桃"源魅力

为了更好地架起家校合作的桥梁,我们整合各类资源,从"硬件"与"软件"两方面,双管齐下,着手建设,为"桃文化"德育活动的开展奠定基础。

(一) 架构基地,保障实践

1. 建立"桃文化"实践基地。家乡桃园是国家级 AAA 旅游景区,园区内有二十多个品种,水果种植面积 183 亩,并积极认真按无公害标准进行生产管理。为方便学生走进桃园去观察、去实践,真正体验校外大课堂的魅力,我校把这两处建设成为学校"桃文化"实践基地,让缤纷桃园也成为孩子们快乐的课堂。

2. 成立"探秘桃园"探究实验室。学校成立了桃园探究实验室,作为孩子们学校里的"桃文化"小基地,里面陈列着各种各样有趣的工具,有很多是家长们提供的,如授粉的小毛刷、劳作的锄头、整枝的工具等,有的是小朋友们完成的,如环保桃袋等,还有许多桃园实践的照片、桃园探究的记录表等,活脱脱就是一个小小"桃文化"博物馆。

(二) 组建队伍,运行通畅

1. 组建校外辅导员队伍。在我们家乡,几乎家家户户有桃园,每位家长都是出色的果树管理专家,谈起桃树的四季管理颇有心得。学校请这些"土专家"家长作为我校的校外辅导员,使孩子们在家长的带领下,走进桃林去观察实践。在"土专家"的引领下,使学生回归大自然、走向社会、走向生活,真正体验校外大课堂的魅力。

2. 创建少先队活动社团。各人眼中有各人眼中的"桃",为了挖掘"桃"的丰富内涵文化,浸润孩子们的品性,我们成立了少先队活动社团,有摄影、绘画、文学社、布贴画、编手链、DIY 纸盘、简笔画、手工坊等,孩子们通过各种各样的方式来描绘自己心中的"桃"。丰富多彩的少先队活动是我们学校德育主题活动中一道充满活力的风景线,为孩子们的成长与进步增添了不少动力。

三、"桃"淘不绝

正如《指南》中所提出的,家长、社区的积极参与,将会成为学校德育工作顺利开展的有力法宝。我校依托富有特色的"桃文化"社区资源,开展了丰富多彩的家校合作实践活动,成为促进家长、学生、教师、学校多方面共赢的助力器。

(一)聚焦生长:探秘桃园乐趣多

1. 开展"探秘桃文化"主题探究活动。因为家乡几乎家家户户有桃树,因此,我们把桃文化主题活动与社会实践相结合。要求班主任发动每个孩子和家长一起认领一棵桃树,纵向聚焦桃的一年四季的生长,为它做一本"成长记录册",观察它的变化,并记录下来,如花期何时,较去年有何变化,影响桃花花期的是什么?如何授粉?如何疏果?秋冬如何备耕?和家长一起了解并学着去做,通过这样的探究活动,把学习生活化,做中学,更有利于提高学生的学习兴趣,在这个过程中不仅加深了对桃的知识的认识,还通过亲自动手操作,锻炼了学生的劳动实践能力。

2. "桃文化"微视频制作亲子大赛。我们组织开展"桃文化"微视频制作亲子大赛,分为"春暖花开篇""盛夏收获篇""秋冬整枝篇"。每个微视频或者每一组微视频要有一个主题,有一个过程性描述,都有孩子和家长共同参加的身影,而且角度与题材都丰富多彩,有家长讲述桃知识的科教微片,如《桃袋的制作》《疏果的奥秘》等,有的是家长学生一起参与的活动微片,像《美丽的桃花》《学授粉》等。从确定主题、设计方案到撰写文字,再拍摄成视频,这个过程中,我们看到了亲子的合作、探索、观察、发现、反思、总结,他们所获得的进步与成长是让我们备感欣慰的。

3. 家长进课堂,桃农展风采。借助家长大讲堂,让家长进入校园,将科学种桃以活泼多样的形式在课堂中向学生展示。我校每年开展"桃文化"知识大讲堂,介绍科技种桃的奥秘。如一位家长在大讲堂"大棚中的桃花"讲座中,让学生对桃花的花期产生了浓厚兴趣,而且在探索大棚桃花为什么比自然桃花要早开一个月时间、大棚中的湿度和温度如何控制等问题中,积极思考生态环境、科学技术发展等问题,在心中播下了一颗探究科学、热爱生活的种子,可谓意义深远。

(二)拓宽内涵:品味"桃"香收获多

1. "桃文化"亲子土布设计大赛。我们充分利用周边社会资源,吸引社会、家长的参与。每到春暖花开之际,联手桃园开展别开生面的"桃文化"亲子土布设计比赛,在搜集土布的过程,让孩子了解土布的制作过程及用途。然后组织家长带领孩子对土布进行工艺品设计,家长们纷纷拿出了压箱底的土布,并和孩子们一起动手设计、制作。每次活动上交布艺作品都达上百件,《玉兔献桃》等多件作品在桃园橱窗里陈列。一件件作品的诞生,不仅是一个动手学习的过程,加深了学生对家乡的民俗文化、民间工艺的了解,增进学生对家乡的认识,更体现了一种浓浓的乡土眷恋之情,让学生更加感受到家乡的魅力。

2. 区域联手,共享"桃"之美。桃之美,人人皆爱,跳跃在文字之间的桃之韵更是让人由衷赞叹,每到盛夏收获时节,我校联手图书馆、文化中心,开展"桃"海拾韵、余"音"绕梁朗诵大赛,我校班主任精心设计方案,发动班主任联合家长创作了许多有关桃的诗歌、童谣作品,并挑选优秀作品通过学生表演搬上舞台。这些活动不仅让学生感受到桃之美,感受到中国文学之美,更有利于学生们创作能力和语言素养的提升。

3. 桃花节开幕式,桃农桃娃展风采。在每年的桃花节开幕式和闭幕式的舞台上,总少不了我们桃娃和家长的身影,他们穿着一起设计并制作的土布衣服,扛着施肥用的铲、手捧大桃子,在欢快的节奏中,给来自各地的游客展现桃农桃娃风采,让他们感受家乡人民的热情。看,孩子们身着"盛装",踏着动感十足的音乐节奏,或一人独步,或两人共舞,在舞台上一一亮相,向在场的来宾展示他们那份无邪与童真,这边是春天忙碌地耕种的桃农,那边的小精灵们已经围绕着盛放的桃花翩翩起舞了。不一会儿,戴着头巾的娃娃们来到了桃园,在桃农的教授下学习授粉,丰收的果实在孩子们的劳作中收获……学生不仅收获了种桃知识,也感受到了桃农的质朴与勤劳,学到了要努力为家乡做贡献的情感。

4. 构建"微社区"。桃李不言,下自成蹊。创建学校微信公众号、微信群、微社区,通过信息技术,向家长与社区宣传学校办学理念,展示学校办学成效,同时邀请家长参与学校的活动。如:我们开展桃文化童谣征集、桃园写生大赛、桃园摄影大赛等,家长不仅协同孩子亲自参赛,还可以将作品发到班级微信群里,通过家长评选出优秀作品,上传到学校微社区,再参与欣赏与评价。

四、"桃"韵未尽

游桃园,赏桃花,观桃树,品桃韵,创桃诗……随着主题活动的不断推进,"桃文化"的内涵与外延都得到不断丰富与完善,家校合作建设都成为德育特色活动开展的助力器,为学生的学习、老师的专业发展都提供了更多的平台。更重要的是,让我们深刻认识到,建立有效的家校合作,让家长、教师、孩子融为一体,让老师、家长、学校成为一个共同体,给孩子一个全面、温暖的教育环境。

在社会主义核心价值观的引领下,在今后的"桃文化"德育主题活动中继续发挥家校合育的作用,我们向阳师生也将继续品"桃"修身,努力做更好的自己。

《社区资源融入社会主义核心价值观教育的实践研究》附件7

校园吉祥物与社会主义核心价值观教育的教育融合点

一踏进这所学校,在扑面而来的校园美景之间,五只形态各异、活泼可爱的小松鼠动画雕塑呈现眼前,这便是学校的吉祥物——慧慧、点点、优优、乐乐和多多。

一、校园吉祥物的简介和由来

慧慧——智慧、道德。他热爱学习,崇尚道德,用知识武装大脑,用修养塑造内心。睿智如他,真诚如他。

点点——创造、创新。世界如此神秘莫测,到处充满了知识和奥秘,他热衷于探究与发现,他擅长于创造与发明,金点子数他最多。

优优——友善、合作。待人友善,乐于合作,帮助别人是他觉得最快乐的事情,与人携手合作是他觉得最愉悦的活动,予人玫瑰,主动牵手,让心与心贴得更近。

乐乐——运动、健康。她酷爱运动,崇尚健康生活,在运动中挥洒汗水,在积极进取中创造快乐,和她一起寻觅最健康的生活方式,乐观向上,勇往直前。

多多——艺术、气质。她热爱艺术,多才多艺,用艺术创造更加绚烂多姿的生活,努力塑造更加优雅的自己。和她一起舞出精彩人生吧。

慧点优乐多这五个校园吉祥物,充分体现了学校"开学敏行,和智慧一起幸福成长"的办学理念,以智慧教育、多元发展为核心,让学生在开放、自主、创新的氛围中逐渐养成学会学习、学会探究、学会创造、学会合作等核心素养,从而培养学生全面的人文精神和素质能力。校园吉祥物也与学校课程建设相结合，慧点探索号、民族精神人文读本、科学精神读本、慧点电视台、慧点创客空间、经典诗词诵读等一系列的校本课程活动都将以校园吉祥物为切入口全面铺展，从而培养具有爱国情怀、努力树立志向、拥有探究意识、学业能力较强、全面发展的学生群体。

二、校园吉祥物宣传教育活动，营造浓郁的社会主义核心价值观教育氛围

（一）校园吉祥物雕塑讲解和保管行动

校园内，身高似四五年级学生的吉祥物雕像，生动活泼，色彩鲜艳，它们错落于绿树红花之间，张扬着热情，演绎着个性，成为孩子们的校园好伙伴。学校开展"我做小小讲解员，我来介绍吉祥物"活动，让孩子们通过讲解行动，增加对吉祥物的了解，深刻铭记吉祥物身上所包含的社会主义核心价值观教育内涵。学校开展"我做小小保管员"活动，让孩子们学做小主人，学会保管吉祥物雕像等公共财产，激发学生的主人翁意识和爱家、爱校、爱国的情怀。

（二）校园吉祥物动画片制作和观摩活动

请老师和孩子们一起参与制作动画片《吉祥五宝来了》的动画片，组织孩子们进行校园吉祥物的诗歌创作活动，从而让孩子们挖掘五个校园吉祥物身上的多种寓意，为校园吉祥物赋予生命，让他们在其间展示自己的个性和才华。

（三）以校园吉祥物为主题的校园文化布置

开展校园吉祥物DIY教室装饰展活动，开展"我最爱的校园吉祥物"演讲赛，让孩子们发挥创意梦想，与校园吉祥物一起畅想美好未来。

三、校园吉祥物，核心价值观教育活动的代言人和引领者

明珠临港小学有精彩纷呈的校园文化活动，而五个吉祥物分别成为各项主题文化活动的代言人和引领者，和孩子们一起欢度快乐的校园生活，一起把社会主义核心价值观教育融入日常活动之中。

（一）学习月代言人

每年9月，是一个学年的新开始，结合9月的民族精神月，我们把9月定为

"学习月",学习月的内容分为两部分——知识技能学习和民族精神学习。知识技能学习中,我们特别关注学生学习兴趣、学习习惯的培养以及学科类的兴趣活动比赛等。民族精神学习,则涵盖多项主题活动,如今年的活动主要有:民族精神齐弘扬(专题国旗下讲话)、长征精神我参与(观摩开学第一课《先辈的旗帜》)、长征精神我学习(专题主题教育课《那些年,在长征路上》)、特色板报我设计("感受奥运精神,争做阳光少年"专题板报设计展)、奥运精神我来说("我心目中的奥运英雄"微视频展示)等活动。每年的学习月,都从慧慧新学年在校门口向孩子们的欢迎和结伴开始,并根据学校实际开展有时代性和校本化的特色活动,在学习月中,孩子们充分得到民族精神的浸染,爱国情愫不断积累;在学习月中,孩子们的学习兴趣愈加浓厚,学习习惯愈加良好,充分体验到学习的乐趣,从而成为学会学习、热爱学习的学生。

(二)科技节代言人

每年4月,学校的科技节隆重开幕,点点便是我们的科技节代言。在它的倡议下,所有明珠临港的孩子都信心满满地参与各类科技活动。作为一所以"智慧教育"为理念的学校,科技教育是学校的特色项目,科技节自然也别有风味——车模、船模、飞机模型的制作比赛只是科技节的热身项目,是科技节的第一篇章。第二篇章的活动项目才是真正的异彩呈现、夺人眼球——创客大赛、机器人PK赛、3D设计制作比赛、特色绿植大赛、创意美工设计大赛等一一拉开序幕。每一项都充满了创意和创造,每一项都展示着对未来的想象和憧憬。

(三)友爱月代言人

每年5月,结合心理健康月,我们以优优为代言,开启友爱月的序幕。友爱月中,我们举办各类知识讲座,帮助孩子们解决一些日常学习和生活中的困惑,帮助爸爸妈妈们寻找更加科学合理的育儿观念。我们举办"我爱我自己、我爱同学、我爱老师、我爱父母、我爱自然"等一系列以"爱"为主题的活动,让孩子们学着悦纳自己,学着关爱别人,学着团结互助。在友爱月中,我们特别关注对孩子们"诚信、友善、以爱待人"的引导和渗透,良好的道德涵养,在其间慢慢生成。

(四)体育节代言人

酷爱运动的乐乐,当然是给孩子们带来健康理念的小天使,更是学校每年11月体育节的代言。体育节上,学校举办快乐的田径运动会、亲子趣味运动会、教工运动会等,宣传屏上乐乐的活动倡议、运动会上乐乐的运动项目介绍、颁奖时乐乐的总结陈词,使乐乐成为体育节最好的宣传大使、最好的形象代言。体育节的活动,让校园充满生机和活力,也让孩子们在其中培养起良好的集体意识和合作精神,让孩子们知道,唯有拥有强健的体魄,拥有团队合作的精神,才有可能更好地塑造美好的未来,长大后为祖国效力。

(五) 艺术节代言人

多才多艺的多多,自然是每年3月校园艺术节的最大明星了。在她的倡议下,孩子们投身多姿多彩的艺术世界,在其间张扬个性魅力,彰显艺术气质。艺术节的活动,以器乐类、声乐类、舞蹈类、书画类、演讲类、戏剧类、绿植创意类等多种类别分别进行,多维度挖掘孩子们的艺术潜质,营造浓郁的校园艺术氛围。艺术渲染生活,艺术陶冶情操,我们希望孩子们在艺术熏陶下塑造良好的文艺素养和人文情怀。

(六) 学校社团活动的代言人

学校有丰富的社团活动,点点、乐乐和多多分别代言和引领着不同的社团活动,以自身的特长督促孩子们更好地投身其中。点点代言的社团有:创客工坊社、机器人社、增强虚拟现实社、3D设计打印社、美工养成社、智慧英语社、智慧数学社;乐乐代言的社团有:网球社、足球社、太极拳社;多多代言的社团有:演讲社、戏剧表演社、合唱社、舞蹈社、书法社。三个吉祥物带着孩子们了解社团魅力、参与社团活动、进行社团展示,与点点、乐乐和多多一起享受个性化成长的快乐。在丰富多彩的社团活动中,我们充分融入社会主义核心价值观教育,开展以"爱国,敬业,诚信,友善"为主题的社团活动,全面弘扬民族情怀,张扬爱国精神,沿袭中国传统文化,发挥科学精神努力开创未来,为建设更美好的未来中国而努力的渗透教育。

(七) 学校文明礼仪养成教育的代言人

为了促成每个孩子的文明礼仪养成,学校每月推出一个主题,以争星达标的形式让孩子们逐渐养成良好的文明礼仪,这些主题分别是:礼仪优、学习优、岗位优、纪律优以及语言雅、行为雅、环境雅和交往雅。每一项主题都根据学生年级不同,设置有分层的达成目标。优雅少年的达成,我们分别以慧慧和优优来做代言,对于"四优"或"四雅"全部达标的孩子,我们将予以表彰和奖励。在优雅少年行动中,我们注重孩子在一点一滴的行为礼仪上的不断提升,从而塑造学生良好的行为规范、文明知礼的待人之道、勤学奋进的学习姿态和全面发展的个人志愿等。

四、利用校园吉祥物开展社会主义核心价值观教育的重要意义

(一)校园吉祥物,是培育和践行社会主义核心价值观与学校教育理念的高度融合

社会主义核心价值观,要培育公民"爱国、敬业、诚信、友善"的特质,而我们的校园吉祥物,正是在新时代背景下,充分结合学校"开学敏行,与智慧一起幸福成长"的教育理念,结合学校"智慧教育"的办学特色,并与社会主义核心价值观教育高度融合的产物。慧慧代表智慧和道德,优优代表友善与合作,他们的形象和精神,与"爱国、诚信、友善"的特质不谋而合。点点代表创造和创新,乐乐代表运动和健康,多多代表艺术和气质,这些都是孩子们在漫漫人生路上必须学会的"智、体、美"的最好诠释,是孩子们的学习责任,是"敬业"的象征。所以,五个校园吉祥物,就是社会主义核心价值观教育在校园内培育和践行的最好载体。

(二)校园吉祥物,以孩子们最喜爱的动画松鼠形象,使社会主义核心价值观教育更加童趣化、生动化

培育和践行社会主义核心价值观,需要契合孩子们的年龄特点,需要寻找最适合孩子们接受教育和感染熏陶的切入口,生涩而枯燥的理论教育,只会让孩子们更茫然,难以接受。我们的校园吉祥物,以他们最喜爱的动画小松鼠的形象呈现,让孩子们一见倾心,由衷喜爱。在一见钟情之后,了解他们的来历,感受他们的个性特色和特长,知道他们的精神特质,从而学习他们身上的闪光点,与他们交朋友,成为孩子们的心之所向。

(三)校园吉祥物,是孩子们成长的好伙伴,是提升社会主义核心价值观教育实效的最好伴侣

喜爱校园吉祥物,希望得到校园吉祥物的小徽章,从而争当学校的"优雅好少年",是学校每个孩子的愿望。我们把社会主义核心价值观的教育目标分解在学校的日常行为礼仪教育之中,分解在学校的文化主题活动之中,分解在平

时的学习和生活当中,让孩子们乐于与吉祥物交朋友,用自己的努力学习来获得吉祥物小徽章,从而自然而然地在点点滴滴中得到社会主义核心价值观的熏陶和教育,一切仿佛春风化雨,润物无声,这就是社会主义核心价值观教育最好的培育途径。

《社区资源融入社会主义核心价值观教育的实践研究》附件 8

在"成长俱乐部"里践行社会主义核心价值观教育活动

一、活动背景

每个学校都会有这样让老师头疼、让同伴不喜的学生,他们或是因为糟糕的行为习惯,或是因为缺失的学习习惯和生活习惯。因为得不到老师的认可和伙伴的认同,他们往往会通过破坏课堂秩序来吸引大家的注意,在课间大声叫嚷、追打同学来赢得同学的关注。他们的成绩不好、行为不佳、习惯缺失,但从另一个角度来看他们,可以认为他们的成绩有更大的提升可能,行为规范有更大的进步可能,习惯养成有更大的转变可能。因此在我们学校,他们被赋予一个友善的称呼"潜力生",希望他们能在外界的帮助下,不断激发自我的成长潜力,拓宽自己的发展空间。

二、设计思路

在孩子的成长过程中,友善是他必须养成的品性之一。潜力生虽然被排斥、被讨厌,但内心依旧对同伴的友谊、老师的表扬、友善的环境充满渴望。为他们营造一个友善的成长环境,让他们在接受他人善意帮助的同时能尽自己所能去帮助需要帮助的人,相信会对他的成长有所触动。所谓赠人玫瑰,手留余香。经过考虑,决定成立"成长俱乐部",希望能通过结对互助的形式传递友情和善意,用友善的力量激发他们的潜能,完善他们的品性。

三、活动过程

(一)组建"成长俱乐部"

1. 得到家长的配合和支持。"每个问题孩子的背后都有一个问题家庭。"

所以,得到家长的认同和共识是首先要做的事情。首先,在心理老师的帮助下,通过"树屋绘图测试法"为每个孩子进行了专业的心理分析。接着,通过个别约谈的方式把家长请到学校,在告知他们心理测试分析报告的同时,也把针对性的家庭教育指导建议告诉他们。通过约谈让家长明白,要摒弃简单粗暴的家庭教育方式,要以身作则,以理服人,在家庭营造友善温暖的成长环境。然后,把学校要开展的"成长俱乐部"活动为他们做简单的介绍,让家长知道学校非常重视孩子的身心健康发展,作为孩子的父母更加不可以懈怠,一定要配合学校,帮助孩子养成正确的学习习惯和良好的生活习惯。最后,相互留下通信方式,以保持联系。

2. 得到"潜力生"的认可和欢迎。"成长俱乐部"的首批会员是由潜力生和学生干部组成的,学生干部被提前告知自己要在俱乐部内承担主动向小伙伴传递友善的职责。在开幕式上,会员们被告知,他们都是学校的幸运儿,被抽签选中成为俱乐部会员,拥有其他同学没有的特权:特别的导师结对,特别的兴趣课程,特别的社会实践,特别的团队活动和特别的表彰奖励。但同时他们也必须遵守俱乐部制定的公约:干净整齐的着装,主动问好的礼貌,上课不打扰他人,准时完成作业,等等。通过这种友善的组建方式让潜力生们体验被幸运眷顾的惊喜,激发自主自信的成长动力。通过规则的约束让潜力生明白要想享受特权就必须接受公约,而这个公约最终也是为了帮助自己养成良好的习惯,赢得大家的接纳。

(二) 开展俱乐部活动

1. 特别的导师结对。与学校党支部牵手,邀请学校的党员老师与潜力生结对,担任他们的成长导师。成长导师的任务包括:定期与潜力生的任课老师沟通,了解他们的课堂表现与作业完成情况。定期与潜力生父母沟通,了解孩子在家庭里的表现,给予家长正确的家庭教育指导。定期与潜力生谈心,了解他们的思想动态与情绪波动。导师们传递给孩子的是友善的关爱,让他们不再害怕困难和困惑,因为有导师随时会为他们提供解决的方法,分享成长的喜悦。

2. 特别的兴趣课程。与学校教导处牵手,邀请学科老师为这批孩子上他们喜欢的兴趣课程。在劳技老师的航模课上,他们自己动手制作橡皮筋动力飞机,看着飞机飞上天空,那种兴奋与自豪感让他们体验到成功的喜悦。在自然老师的叶脉书签制作课上,他们小心翼翼地清洗叶肉,锻炼自己的耐心和仔细。

在信息老师的电脑课上,他们学习绿色上网的方法和PPT的制作,学习利用网络搜索信息,用PPT将自己的学习成果呈现。在美术老师的涂鸦课上,他们信手涂抹,用图画表达自己的情绪和灵感。在口语老师的课本剧排练中,他们学习朗诵、走台,勇敢地展现自我,表达自我。这些课程都是为他们量身定做的,重在参与。在一次次的课堂学习成果展示时,他们能亲眼看到同学们羡慕友善的眼神,能亲耳听到同学们真诚友善的喝彩,能感受到来自老师和同伴快乐友善的情绪。

3. 特别的社会实践。与学校大队部牵手,策划开展公益性的社会实践活动。潜力生们在感受着、享受着他人友善言行的同时,要学会表达和传递自己的友善言行。当他们来到敬老院时,看到老人们因为他们表演的节目热烈地鼓掌,因为他们送上的苹果乐得合不拢嘴,因为他们腼腆的交流而鼓励的大拇指,他们感受到了原来付出自己的友善是最温暖的。当他们来到福利院,看到那些残障儿童绽放的笑脸,听到他们对生活的感恩话语,与他们互动游戏时开心的笑声,他们感受到了原来付出自己的友善是最快乐的。与人相处,只要你心怀友善,就一定会收到友善的回馈。

4. 特别的团队活动。每个月俱乐部都会举行一次微展示活动,参加对象仅限于俱乐部会员。大家彼此分享一个月来自己的成长收获,展示参加兴趣课程后的学习成果;在"心享卡"上写下最想感谢的一个人,把感谢的话写下来交给他;还会邀请心理老师指导开展团队心理游戏,在快乐的游戏活动后,分享自己的体验,聆听心理老师的分析与指导。我们是生活在群体当中的个体,我们不可以游离于团队之外,要用友善的言行融入团队之中,学会团队合作。

5. 特别的表彰奖励。潜力生由于自身原因,能得到老师表扬和学校表彰的机会不多。为此,俱乐部专门为他们设立了表彰奖项:最佳进步奖、最佳表现奖、信息小能手、动手小专家、天才小画家、爱心小天使等。只要俱乐部会员能具备友善的言行,遵守俱乐部公约,那都能获得奖励荣誉。在周一的升旗仪式上进行主题表彰,让全校师生见证他们的荣誉时刻,还特别邀请他们担任升旗手,让五星红旗在他们的手中冉冉升起。特别的表彰奖励就是要让他们明白,友善能让人拥有荣誉,赢得骄傲的时刻。

四、活动成效

通过对任课老师的问卷调查、对同班同学的随访座谈和对家长的谈话反馈，我们欣喜地看到潜力生们有以下几方面的改变：

（一）学习习惯方面，自律性和自觉性有明显提高

潜力生们通过"成长俱乐部"的活动明白，要得到他人的友善，首先要做到不做影响他人的事情。经过一段时间的训练，他们基本能做到在课堂上遵守上课纪律，哪怕实在不想上课，也能做到看自己感兴趣的课外书，不做影响他人的事情。对于要完成的课堂作业，能自己独立完成的先自己做，不能独立完成的请结对的学生干部帮忙指点。良好的学习习惯在渐渐养成，他们的学习成绩也有不同程度的提高。

（二）行为习惯方面，规范化和友好化有明显改善

良好学习习惯的养成促进了良好行为习惯的养成。因为他们不再影响他人，老师的态度有所缓和。因为他们懂得与同伴交流时保持友善的言行，同学们也愿意与他们交往，一起聊天做游戏。其中，班主任老师的正面引导起到了非常积极的作用，潜力生们因为同伴的友情和鼓励，能正确对待课堂学习，潜力生的成长进入了良性循环。

（三）生活习惯方面，自主性和整洁化有明显进步

在与同伴的交往过程中，在导师的谆谆教诲中，潜力生渐渐明白良好的卫生习惯有助于朋友圈的建立，没有人会和一个邋遢的人交朋友。整洁的衣着、洁净的气息是表达友善的方式之一，所以主动洗澡、勤换衣物、整理好自己物品的好习惯在正确引导下逐渐养成。家长在其中起到了非常好的督促作用，他们充分发挥言传身教的力量，帮助孩子养成良好的生活习惯。

（四）学生干部的成长更加喜人

在"成长俱乐部"里，学生干部挑起活动的大梁。他们主动与潜力生结对互助，成为随时帮助他们的好朋友。他们主动与潜力生合作活动，成为传递友善、收获自信的好搭档。潜力生的每一点进步都离不开学生干部的善意提醒和帮助，责任心和使命感在活动中得到锻炼和提升。小小的善举让他人拥有光明的未来，这种体验对于学生干部来说难能可贵，受益终身。

《社区资源融入社会主义核心价值观教育的实践研究》附件9

彩豆文化：为了民族精神的弘扬

校园文化是一所学校的活力与灵魂，我们学校在新三年发展规划中确立了"培育彩豆文化"的办学目标，旨在通过加强校园文化建设，探索一种学校德育管理的新模式。

一、彩豆文化培育的内涵

我们学校以"品牌立校、特色发展"为主要目标，成功开发了"彩豆画"校本课程。在此基础上，我们确立了"培育彩豆文化"的发展目标。在彩豆的世界中，积极寻找生命教育的结合点、民族精神培养的切入点，突出管理方式的精细化、教育内容的本土化、操作流程的课程化。通过"彩豆宝宝""彩豆制作""彩豆情怀"等一系列的教育过程，让师生感悟生命的多彩和珍贵、体验民族的骄傲和自豪感。

二、彩豆文化培育的方式

校园文化是隐性的，它必须依赖于各种载体来体现，我们所培育的彩豆文化亦是如此。几年来，我们利用各种载体推进校园彩豆文化的建设和培育，形成了自己的办学特色。

（一）凸显学校精神，形成精神文化。学校精神是校园文化的最高体现和概括，是学校的校风、教风、学风的总和，是对一定时期内全校师生员工在建设和发展学校的过程中形成的群体意识和精神境界的总结、概括与升华，是学校在不同时期所追求的一种精神风貌，是学校办学理念、办学特色的集中反映。几年来，我们扎实开展了校园文化、班级文化、组室文化建设，努力培养"坦诚、正直"的学校人文精神。

(二) 彰显彩豆个性，营造校园环境

1. 文化墙壁。"为中华之崛起而读书"文化墙，正是顺应了学校发展的要求和学生成长的特点。我们组织开展了"三个一"系列化活动：胸前一枚铭章、心中一个理想、追寻一位偶像。让每个学生树立正确的学习态度，逐步营造良好的学风和班风。

2. 温馨教室。基于学校彩豆画的特色，学校的每个班级都以孩子们熟悉和喜欢的豆宝宝的名字命名，并制作了班级铭牌悬挂在教室门上。教室的四周布置着孩子们制作的彩豆画，并配上了孩子自己设计的宣传标语，充分体现艺术化、本土化和儿童化。让每个孩子天天有快乐的心情、时时有奋斗的目标、处处有进步的喜悦。

3. 绿化校园。我们成功获得了"上海市花园单位"称号，这离不开全校师生的共同努力。我们组织学生参与绿化布局的设计，凸现以人为本的理念，还一个属于孩子自己的绿色空间。按照孩子们的创意，我们开辟了彩豆种植园，以孩子自己的双手为校园增添绿色，让学生感悟生命的成长历程。

(三) 聚焦课堂教学，渗透德育内涵。在争创学习型学校、争做学习型教师的氛围中，我们着力建设一支精神像彩豆一样饱满、身心像彩豆一样健康、个性像彩豆一样灿烂、收获像彩豆一样丰硕的教师队伍，课堂便是造就这支队伍的重要阵地。我们的教师把微笑带进教室、把爱心带进课堂、把趣味带进教学。京剧脸谱系列、家乡古镇系列、十二生肖系列、十大名花系列、锦绣山水系列等等，一张张京剧脸谱、一个个生肖动物、一幅幅小桥流水的古镇风土人情……民族文化的弘扬，生命价值的真谛，教师专业的成长，尽显在彩豆的世界里，渗透于课堂教学中达成。

三、彩豆文化培育的成效

我们着力通过"四个系列"，即：课题研究——新课程理念下培育学校特色文化的实践研究；课堂改革——和谐课堂教学模式的初探；课程开发——学校"彩豆文化"为活动主线，课程开发与研究；课外实践——构建学校与社区互动的教育模式，以学校精神为育人支柱，寻找生命教育与民族精神培育的结合点，构建彩豆文化的育德体系。

(一)品德培养。 我们充分挖掘家乡的教育资源——家乡古镇的保护与建设,紧紧把握家乡的发展契机——海港空港的发展与建设,适时传承民族的文化——精彩纷呈的系列主题教育。通过这些精美的具有民族特色、时代特色的妙趣横生的彩豆画,不仅装点了校园,更使孩子们在感叹我国民族艺术的博大精深的同时,促使民族自豪感油然而生。

(二)智力发展。 在课堂教学中,我们通过引导学生如何构图(点、线、面的有机结合),如何选豆(形状、颜色、大小的协调组合),如何摆放(平面、立体、层次的相得益彰),促使学生去探究、去思考、去创新。通过实践,升华学生的思想情感、培养学生的综合创意,提高教师的科研能力,丰富校本培训的内涵。

(三)身心健康。 在引导学生认识各种各样的彩豆的过程中,了解它们的生长过程。从植物的播种、开花、结籽到采摘,感悟到生命是来之不易的,从而珍惜生命、热爱生命,提高生存技能。在这一过程中,激发了孩子的上进心,培养了孩子的意志力。知识的学习、技能的培养、文化的传承、精神的体验,促进了孩子健康成长。

(四)和谐关系。 彩豆文化的培育,构建了和谐的人际关系,使得学校师生在愉快中教学,在愉快中学习。学校领导能做好表率,多关心中青年教师的成长,多深入群众,多求真务实,正确面对政绩观,搞好干群关系。作为教师,能虚心求教,以身作则,能深入学生、关心学生。

(五)社会关注。 彩豆文化的培育得到了各级领导、教师和家长的称赞。市教研室在我校召开了市级现场研讨会,在桃花节、家乡民俗活动中开展了专场展示活动。社会的广泛关注和支持,为这一彩豆画教育活动的实施提供了强有力的保障。

(六)品牌效应。 我们的彩豆画项目成功申请了国家专利。该项目也连续两年成功申请为区级学校教育特色项目,也曾荣获了"市艺术教育百花奖"。通过这一项目的实施,学生的生命教育得到了彰显,民族文化得到了传承与发扬,民族精神得到了培育与弘扬。

彩豆文化的培育是我们学校前进与发展的主题,通过丰富多彩的系列化活动,能规范学生的行为习惯,培养学生的意志品质,塑造学生健全的人格,促进教师的专业成长。

《社区资源融入社会主义核心价值观教育的实践研究》附件10

融合乡土资源　培养爱乡情怀

在践行社会主义核心价值观教育活动中,我们发现,当今学生对中华民族的历史、文化的认同感是不容乐观的。调查数据表明:60%左右的年轻一代与生养、培育自己的这块土地,在认识、情感以至心理上有疏离,陌生感越来越严重了。为此,我们学校从整合乡土资源着手,旨在培养学生的爱乡情怀。

一、确立目标

通过对乡土文化资源的挖掘、梳理与整合,确定了相关的研究目标,并开展了一系列主题教育活动。

(一)通过主题教育活动的组织与开展,挖掘、整理家乡的教育资源,开发一本符合学校实际、贴近学生生活、满足家乡建设的校本课程。

(二)引导学生加深对家乡六灶乡情乡韵的了解,帮助学生拓展视野、丰富知识,引导学生学会探究、沟通与合作,关注生活与劳动,战胜困难与弱点,培养习惯与能力,从而增强热爱家乡的情感和建设家乡的责任感。

(三)改变学生传统的学习方式,由课内向课外拓展。让学生关注课外生活,拓宽学习途径,激发学生的学习兴趣,开发学生的多元智能,使学生能运用课内学到的知识、能力去参与活动,能自主地选择、收集相关资料。

二、实践研究

我们以乡土文化为载体,以"收集乡土文化素材—整合乡土文化资源—形成乡土文化教材"为研究主线,近三年的实践证明,这是行之有效的。

(一)了解——从"收集乡土文化素材"中开始

1. 收集的方法

(1)调查。引导学生们通过上网、查阅图书、发放问卷等形式,采撷乡土文化素材。

(2)访问。组织学生走进社区、走进家庭、走进文化馆,听爷爷奶奶讲讲过去的事、听革命老前辈讲讲家乡的革命历史、听文化局专家讲讲家乡的文物古迹与文化特色等。

(3)考察。在分析调查的信息、梳理访问的内容之后,组织学生进行实地考察,看看家乡的今昔变化,感受家乡的风土人情,留下家乡的直观印象。

2. 收集的内容

序号	内 容	要 求
1	镇区所在地、面积	知道位置、面积(认一认地图)
2	家乡的地理风貌、气候特征	气候特征,龙卷风的危害
3	家乡的自然资源	土壤植被,河流分布,水产资源(画一画风景)
4	家乡地名的由来,姓氏的变迁	六灶、陈桥、鹿溪等,学生调查自己周围的姓氏
5	传统节庆	春节、元宵、上巳节等
6	家乡的古建筑	旧时庙会、集市、祠堂、古石桥
7	家乡的游击战	朱家店伏击战
8	家乡的英雄人物	抗日战争、解放战争、抗美援朝、响应征兵及建设功臣
9	家乡的民间习俗	民乐队、讲故事比赛、山歌、俗语、谚语
10	新镇的开发与建设	新农村建设
11	家乡的工农业	寻找家乡的工厂(品牌)、特色瓜果、家畜畜禽牧场等

(二)感悟——在"整合乡土文化资源"中凸显

有机整合这些乡土文化资源,把课堂教学与丰富多彩的活动结合起来,把传授知识与情感体验、实践锻炼结合起来。整合的过程就是育人的过程,让学生浸润在乡土文化的深厚底蕴中,激发爱乡情怀。

1. 在主题活动中展示。育人是活动的最终目的,通过开展一系列的主题教育活动,让学生在活动中进一步受到乡土文化的熏陶,体会家乡的富饶和美丽,在主题教育活动中激发热爱家乡的情怀。

2. 在班队活动中研讨。把丰富的乡土文化资源以一定的主题进行归类,引导学生在班队活动中进行研讨,如开展"过去的名人、现在的名人、未来的名人"大讨论,让如何建设家乡、绘制发展蓝图的理想早早地在学生心头萌生。

3. 在学科教学中渗透。为了配合乡土教材的实施,我们每周安排一课时,要求教师有目的、有计划地授课,同时,也要求全校教师紧紧抓住课堂这一主阵地,针对各学科的特点,有机渗透乡土文化。

4. 在社会实践中感悟。通过参观、访问、远足等活动,使学生熟悉社区在地理环境、人文景观、物产特色、民间风俗等方面的特点,继而萌生亲切感、自豪感;通过调查等活动,引导学生学会关注热点问题;通过参与"争做文明小市民"等活动,让学生形成参与意识和较强的公民意识。

(三) 传承——在"形成乡土文化教材"中实践

我们积极搭建舞台,让乡土文化进校、进班、入脑、入心,渗透到教育的时时处处。本课程大致分为"江南水乡,农家风貌""悠久历史,民间风俗""爱国激情,光辉战斗""现代工、商业,发达农、副业""文化繁荣,社区新貌"五个部分。

次序	单元主题	教学内容	教学要求	设计说明
第一单元	江南水乡农家风貌	镇区所在地、面积、	知道位置、面积(认一认地图)	本单元通过学生"认一认,画一画"使学生知道六灶的地理位置,联系自己的周围环境理解自然环境和农家的特征。
		地理风貌、气候特征	气候特征,龙卷风的危害	
		自然资源	土壤植被,河流分布	
		鱼米之乡	植物资源、水产资源(画一画风景)	

续　表

次序	单元主题	教学内容	教学要求	设计说明
第二单元	悠久历史民间风俗	地名的由来，姓氏的变迁	学生调查自己周围的姓氏（调查一下）	本单元安排了学生调查、实践体验，让学生在自己亲身的活动与体验后，更好地认识民间风俗，了解我们的悠久历史。
		传统节庆	春节、元宵、上巳节等（过一过）	
		庙会集市	旧时庙会、集市	
		古建筑、树木	祠堂、古石桥（寻访）	
第三单元	爱国激情光辉战斗	保家卫国	参与抗日战争、解放战争、抗美援朝、响应征兵（调查自己周围参加兵役的人）	通过学生调查和瞻仰活动，让学生认识我们地区的优良传统，学习革命先烈面对困难挺身而出的精神，培养学生的爱国激情。
		纪念碑下的沉思	朱家店伏击战（瞻仰纪念碑）	
		游击战的胜利	储家店战斗、陈桥伏击战	
		英雄人物	认识革命战士	
第四单元	现代工商业发达农副业	工业	塑造品牌，追求效益（找一找自己周围的工厂）	本单元通过学生寻找自己周围的工厂、品尝瓜果等活动，让学生明白自己社区的经济发展状况，从而培养学生热爱家乡，为家乡努力奋斗。
		农业	特色瓜果远扬名（品一品）	
		商业	多家经营（说一说自己去过的商店）	
		养殖业	家畜饲养、畜禽牧场（阿强蛋的辉煌）	
第五单元	文化繁荣社区新貌	民间文化	民乐队、讲故事比赛、山歌、俗语谚语（学生故事比赛、一技之长）	通过学生参与比赛和拍一拍活动，让学生感受我镇浓烈的文化气息、崭新的面貌，让学生对本镇的前景充满希望，为了家乡的发展而认真学习，学好本领。
		社区设施的新建	文化宫、电影院、学校、医院等	
		环境和谐	环境保护、广场增多、绿化普及	
		新镇的开发	新的集镇、设施的设计、开发、前景（学生拍一拍新貌）	

三、研究成效

我们先后两次对学生进行了问卷调查,我们让学生走近了自己的家乡,从而了解乡土文化、表现乡土文化、传承乡土文化,培养爱乡情怀。

(一)学生的知识领域得以拓宽

对比 项目	课题实施前		课题实施后	
	"知道" 人数/百分比	"不知道" 人数/百分比	"知道" 人数/百分比	"不知道" 人数/百分比
家乡的地理风貌、气候特征	59/29.5%	141/70.5%	186/93%	14/7%
家乡地名的由来	36/18%	164/82%	191/95.5%	9/4.5%
你的姓氏变迁	62/31%	138/69%	182/91%	18/9%
发生在家乡的游击战	52/26%	148/74%	196/98%	4/2%
家乡的英雄人物	73/36.5%	127/63.5%	194/97%	6/3%
家乡的特色产品	98/49%	102/51%	198/99%	2/1%
民间游戏	84/42%	116/68%	197/98.5%	3/1.5%

注:实施前下发问卷200份,对象为3~5年级部分学生;实施后下发问卷200份,对象为1~5年级(有学生前后都参加了问卷)。

从调查表中可以看出,在实施前,学生对有关的知识不是很了解,如他们对家乡特色产品的了解只停留在知道一两种特产的名称,至于特产的特点、加工工序等知之甚少,对家乡民俗民风了解得更少;在开展研究后,学生的课外(乡土)知识得到了较大程度的丰富和拓展,在整个实施过程中,学生的学习不再局限于学校中规定的课程知识,他们还在实践中了解了关于自然、生活、社会和人文等方面的知识。

(二)学生的学习兴趣得以激发

面对传统的课堂,学生曾有些许的"厌烦",走进"乡土文化课堂",他们发现"自己成了活动的主体",乡土文化实践活动让他们的情感得到了体验,从中他们享受到了那份"特有的快乐",学习态度也发生了改变。

(三)学生的实践能力得以锻炼

在以乡土文化为载体的实践活动中,我们学生学习不再是那样死板了,呈现的是鲜活、富有个性的状态。在"探索乡土文化之源"活动中,引导学生去寻找祖先的"痕迹",探索他们的生命之旅,瞻仰他们的文明成果,在游览、思考、感悟中,为家乡感到自豪的感情也油然而生。在"寻访家乡的英雄人物"活动中,学生不仅明白了采访的真正要求,还能编写科学的采访提纲,语言表达能力、信息整理能力和写作能力都得到了很好的锻炼。

四、实践思考

通过以"收集乡土文化素材、整合乡土文化资源、实施乡土文化教材"为主要框架的实践研究,我们可以发现:

(一)校园文化建设的内涵有了新的提升

我们用乡土文化的丰富底蕴来充实、完善我们校园文化的内涵,特色显而易见。当国外一些精美卡通片、动漫游戏、网络游戏等文化占据着学生的课余时间,学生不辨菽麦,盲目去追捧、去模仿,结果民族的经典文化、乡土文化正在一点点消失。

(二)学生爱乡情怀的培养有了新的载体

深入开展"悠久历史,民间风俗"等爱家乡的教育活动,激发了学生热爱家乡的传统美德,提高了学生的道德素养,而且,爱家乡教育最终要延伸到热爱祖国的传统美德教育中来。我们从"了解家乡的乡土文化"入手,引导学生在尝试中熟悉、在参与中学习、在实践中体悟。

(三)教师专业发展的途径有了新的拓展

校本课程开发正是教师专业化发展的一条重要途径。我们要求教师不断提高自己的业务素质和专业水平,提高自己的能力,在这个过程中,教师不仅是课程的实施者,而且是课程的开发者。因为,校本课程开发的过程,也正是教师专业化发展的过程。正如斯宾浩斯提出的——"教师即研究者"。

(四)乡土校本课程的体系有了新的完善

挖掘乡土文化,培养爱乡情怀,不仅提升了学校的办学特色,而且使每位参与的师生都得到了不同层次需求的满足。经过这样的实践,我们把乡土文化以各种方式引入校园、引入课堂、引入家庭、引入社区,使乡土文化的内容有形化、系列化、具体化,构建了新型的校本课程体系。